PRINCIPES
D'ALGÈBRE,

Par E.-E. BOBILLIER,

ANCIEN ÉLÈVE DE L'ÉCOLE POLYTECHNIQUE,

CHEVALIER DE LA LÉGION D'HONNEUR, ANCIEN CHEF DES ÉTUDES AUX ÉCOLES ROYALES D'ARTS ET MÉTIERS DE CHALONS ET D'ANGERS, PROFESSEUR DE MATHÉMATIQUES SPÉCIALES, MEMBRE DE PLUSIEURS ACADÉMIES, ETC., ETC.

NOUVELLE ÉDITION.

PARIS.

Librairie scientifique-industrielle de MATHIAS (Augustin), quai Malaquais, 15.

CHALONS-SUR-MARNE.

Chez L'ÉDITEUR, rue du Grenier-à-Sel, 4.

1845.

CHALONS.— IMP. DE BONIEZ-LAMBERT.

Ces Principes d'Algèbre ont été spécialement rédigés pour mes élèves; j'espère cependant qu'ils pourront être de quelque utilité à ceux qui entreprendront l'étude de cette science sans le secours d'un professeur, et même à ceux qui, plus avancés, se proposeront de revoir ce qu'ils ont appris précédemment.

Ils sont divisés en trois livres. Je me suis efforcé d'y comprendre tout ce qu'il est essentiel de connaître pour suivre avec quelque succès les cours de Géométrie analytique et de Mécanique rationnelle qui m'étaient confiés.

Le premier livre contient la Théorie complète des opérations algébriques; j'y ai joint, en forme de supplément, une démonstration tout-à-fait élémentaire de la formule du Binome de Newton. Le deuxième, traite de la résolution des problèmes et des équations auxquelles ils conduisent; le dernier, de certains procédés que fournit l'algèbre pour abréger le calcul des nombres.

J'ai choisi parmi les démonstrations qui me sont connues, celles qui m'ont paru les plus claires et les plus simples. Je me suis attaché surtout à mettre beaucoup d'ordre dans la distribution des matières, et à énoncer les résultats avec une précision géométrique, bien convaincu que cette méthode est la plus lumineuse et la plus propre à hâter les progrès des commençans.

LIVRE PREMIER.

OPÉRATIONS ALGÉBRIQUES.

CHAPITRE PREMIER.

NOTIONS PRÉLIMINAIRES.

I. *But de l'Algèbre.*

1. L'ALGÈBRE est une science qui apprend à résoudre sans tâtonnement et d'une manière générale les problèmes relatifs aux nombres.

Pour parvenir à ce double but, on a imaginé, 1° de représenter les nombres par des *lettres*; 2° d'indiquer les opérations qui les lient et les divers rapports dont ils sont susceptibles par des *signes abréviatifs*.

2. Les *lettres* sont très propres à représenter les nombres d'une manière générale, car, ne jouissant d'aucune valeur particulière, elles peuvent prendre toutes celles qu'on juge à propos de leur attribuer. Les premières a, b, c, etc., servent ordinairement à désigner les quantités connues, et les dernières x, y, z, etc., à désigner des quantités inconnues; mais il ne faut pas perdre de vue que chaque lettre exprime toujours un certain nombre d'unités abstraites ou concrètes.

3. Les *signes* de l'algèbre sont en petit nombre et d'un usage fréquent. Voici les principaux :

1° $+$ indique l'addition et signifie *plus*. Exemple : $a + b$ s'énonce *a plus b*;

2° $-$ indique la soustraction et signifie *moins*. Exemple : $a - b$ s'énonce *a moins b*;

3° $\times$ et . sont les signes de la multiplication, et signifient *multiplié par. Exemple :* $a \times b$ ou $a \cdot b$ s'énonce *a multiplié par b.*

Plus souvent on indique la multiplication entre plusieurs lettres en les mettant simplement les unes à la suite des autres. Ainsi les expressions $a\,b$, $a\,b\,c$, $a\,b\,c\,d$ s'énoncent comme elles sont écrites et remplacent $a \times b$, $a \times b \times c$, $a \times b \times c \times d$. On doit avoir le soin de rétablir les signes lorsqu'on donne aux lettres a, b, c, d des valeurs numériques, car il est visible que le produit de plusieurs nombres ne s'obtient pas en les écrivant les uns à la suite des autres ;

4° : placé entre deux quantités marque la division de la première par la seconde et s'énonce *divisé par*. On emploie aussi, pour désigner cette opération, le signe — au-dessus et au dessous duquel on écrit le dividende et le diviseur. *Exemple :* $a : b$ ou $\dfrac{a}{b}$ signifie *a divisé par b.* Le dernier signe est le plus usité.

5° $=$ est le signe de l'égalité et s'énonce *égale.* Les quantités placées à gauche et à droite du signe se nomment *premier* et *second membre. Exemple :* $10 - 7 = 2 + 1$ signifie 10 *moins* 7 *égale* 2 *plus* 1. $10 - 7$ est le premier membre, et $2 + 1$ le second ;

6° $>$ et $<$ sont les signes de l'inégalité et signifient *plus grand que, plus petit que. Ex.* $10 > 3$, $7 < 12$ s'énoncent 10 *plus grand que* 3, 7 *plus petit que* 12. On peut remarquer que le plus grand des deux nombres est toujours placé dans l'ouverture du signe.

4. Actuellement, pour éclaircir autant que possible la définition que nous avons donnée de l'algèbre, proposons-nous le problème suivant : *trouver deux nombres dont la somme soit* 20 *et la différence* 6.

Représentons par x le plus grand des deux nombres inconnus, et par y le plus petit, nous aurons en vertu de l'énoncé :

Le plus grand nombre x augmenté du plus petit y égale 20.

Le plus grand nombre x diminué du plus petit y égale 6.

Ce qui, à l'aide des signes, s'écrit ainsi $x + y = 20$, $x - y$

$= 6$. Egalités dont nous allons retirer les valeurs des inconnues x et y.

Pour obtenir l'inconnue x, ajoutons membre à membre les deux égalités $x + y = 20$, $x - y = 6$, nous aurons $x + y + x - y = 20 + 6$, ou $2x = 26$ en observant que $y - y = 0$. Les quantités $2x$ et 26 étant égales, leurs moitiés x et 13 le sont aussi ; donc $x = 13$.

Afin de déterminer y, retranchons x de chaque membre de l'égalité $x + y = 20$, et dans le résultat $y = 20 - x$, remplaçons x par 13, ce qui produit $y = 20 - 13$ ou $y = 7$.

Les deux nombres inconnus sont donc 13 et 7, et en effet $13 + 7 = 20$ et $13 - 7 = 6$.

Ce seul exemple suffit pour faire apercevoir tout le parti qu'on peut tirer des signes algébriques, lorsqu'on les manie convenablement ; leur brièveté rapprochant en quelque sorte les pensées, permet d'en saisir plus aisément l'ensemble et conduit à la solution d'un grand nombre de problèmes auxquels on n'aurait pu s'élever en arithmétique que par des tâtonnemens plus ou moins longs.

5. Un second avantage de l'algèbre sur l'arithmétique consiste dans les moyens qu'elle fournit de présenter les résultats sous une forme tout-à-fait générale. Tant que l'on emploie des nombres pour exprimer les données, ils se mêlent et se fondent pour ainsi dire les uns dans les autres par l'effet du calcul, les résultats ne conservent aucune trace des opérations que l'on a faites pour y parvenir et ne peuvent être utilisés pour résoudre les questions de même espèce. Mais que l'on désigne ces données par des lettres, cet inconvénient disparaît, et on retrouve dans les résultats toute la généralité, toute la partie essentielle du raisonnement.

Afin que l'on puisse entrevoir dès à présent toute la fécondité de l'algèbre envisagée sous ce nouveau point de vue, reprenons le problème précédent dont nous généraliserons ainsi l'énoncé. *Trouver deux nombres dont la somme soit* a *et la différence* b.

Soit toujours x le plus grand des nombres inconnus et y le plus petit. L'énoncé du problème traduit algébriquement fournit évidemment $x + y = a$, $x - y = b$.

Ajoutons ces égalités membre à membre en observant que $y - y = 0$, nous aurons $2x = a + b$. Or la moitié de $2x$ est x et celle de $a + b$ est $\dfrac{a}{2} + \dfrac{b}{2}$ donc $x = \dfrac{a}{2} + \dfrac{b}{2}$.

Retranchons x des deux membres de $x + y = a$ et dans $y = a - x$ mettons $\dfrac{a}{2} + \dfrac{b}{2}$ à la place de x, on a $y = a - \dfrac{a}{2} - \dfrac{b}{2}$ ou $y = \dfrac{a}{2} - \dfrac{b}{2}$ à cause que $a - \dfrac{a}{2} = \dfrac{a}{2}$.

Les deux expressions générales $x = \dfrac{a}{2} + \dfrac{b}{2}$, $y = \dfrac{a}{2} - \dfrac{b}{2}$ peuvent s'énoncer ainsi en langage ordinaire : *le plus grand des deux nombres inconnus est égal à la demi-somme augmentée de la demi-différence, et le plus petit, à la demi-somme diminuée de la demi-différence.*

Soit maintenant, à trouver deux nombres dont la somme soit 20 et la différence 6. On substituera 20 et 6 aux lettres a et b dans les expressions $x = \dfrac{a}{2} + \dfrac{b}{2}$, $y = \dfrac{a}{2} - \dfrac{b}{2}$ et on trouvera comme dans le numéro qui précède $x = \dfrac{20}{2} + \dfrac{6}{2} = 10 + 3 = 13$, $y = \dfrac{20}{2} - \dfrac{6}{2} = 10 - 3 = 7$.

Soit encore à déterminer deux nombres ayant pour somme 31 et pour différence 19. On posera $a = 31$, $b = 19$, et on aura $x = \dfrac{31}{2} + \dfrac{19}{2} = \dfrac{50}{2} = 25$, $y = \dfrac{31}{2} - \dfrac{19}{2} = \dfrac{12}{2} = 6$. Cette solution est exacte, car $25 + 6 = 31$, $25 - 6 = 19$.

6. On appelle *formule* le résultat d'un calcul général, présentant le tableau des opérations à effectuer sur les données pour en déduire les nombres inconnus, telles sont les deux expressions $x = \dfrac{a}{2} + \dfrac{b}{2}$, $y = \dfrac{a}{2} - \dfrac{b}{2}$ auxquelles nous venons de parvenir.

II. *De quelques autres notations de l'Algèbre.*

7. Outre les signes et les lettres dont il vient d'être question, on emploie encore d'autres notations dont le but est toujours de simplifier l'écriture algébrique. Les principales sont celles des *coefficiens*, des *exposans* et des *racines*.

8. Le *coefficient* d'une quantité est un nombre placé à sa gauche, qui indique combien de fois elle doit être répétée. Les expressions $5a$, $4ab$, $3abc$ ont pour coefficiens 5, 4, 3 et remplacent, 1° $a + a + a + a + a$; 2° $ab + ab + ab + ab$; 3° $abc + abc + abc$. Elles s'énoncent *cinq a, quatre ab, trois abc.*

Les coefficiens peuvent être fractionnaires, *Ex.* $\frac{2}{3}a$, $\frac{17}{12}ab$. Lorsque le coefficient d'une quantité est l'unité comme dans $1ab$, on le supprime par convention et on écrit simplement ab, réciproquement $ab = 1\,ab$.

9. On appelle 1re *puissance*, 2e *puissance*, 3e *puissance*..... en général m^e *puissance* d'une quantité, cette quantité rendue une fois, deux fois, trois fois.... m. fois facteur. La seconde puissance s'appelle aussi *carré* et la troisième *cube*. *Ex* : La 1re puissance de 10 est 10, la 2e ou carré est 10×10 ou 100; la 3e ou cube est $10 \times 10 \times 10$ ou 1000; la 4e est $10 \times 10 \times 10 \times 10$ ou $10,000$, etc., etc. *Autre ex* : Les puissances successives de $\frac{2}{3}$ sont $1^{re}\,\frac{2}{3}$, $2^e\,\frac{2}{3} \times \frac{2}{3} = \frac{4}{9}$, $3^e\,\frac{2}{3} \times \frac{2}{3} \times \frac{2}{3} = \frac{8}{27}$, $4^e\,\frac{2}{3} \times \frac{2}{3} \times \frac{2}{3} \times \frac{2}{3} = \frac{16}{81}$, etc., etc. *Autre ex* : les puissances de a sont a, aa, aaa, $aaaa$, etc. ; celles de ab sont ab, $abab$, $ababab$, etc., etc.

10. *L'exposant* d'une quantité est un nombre placé à sa droite et un peu au-dessus, qui marque la puissance à laquelle elle est élevée. Ainsi $a^2 = aa$ et s'énonce *a exposant deux* ou simplement *a deux*. $a^3 = aaa$ et s'énonce *a trois*, $a^4 = aaaa$ et s'énonce *a quatre*, et généralement a^m est l'abréviation de a rendu m. fois facteur et s'énonce *a exposant m. Exemples*, $12^4 = 12 \times 12 \times 12 \times 12 = 20.736$, $a^4b^3 = aaaabbb$, $a^5b^4c^2d = aaaaabbbbccd$.

On est convenu de supprimer l'exposant d'une quantité quand il vaut l'unité. Ainsi $a^2 b^1 c^1 = a^2 bc$ et réciproquement $a^2 bc = a^2 b^1 c^1$.

11. Afin de mieux sentir la nécessité de se familiariser avec les notations précédentes et pour prendre une idée exacte de leur brièveté, il suffira d'essayer d'écrire une seule quantité sans le secours des coefficiens et des exposans, en donnant aux lettres qu'elle renferme des valeurs numériques. Qu'on prenne, par exemple, la quantité $5a^4 b^3 c^2 d$ elle s'écrira $aaaabbbccd + aaaa$ $bbbccd = aaaabbbccd \times aaaabbbccd \times aaaabbbccd$; que serait-ce donc si les coefficiens et les exposans étaient plus grands, et si l'on remplaçait chaque lettre par un nombre de plusieurs chiffres? Dans la supposition de $a = 2$, $b = 3$, $c = 4$, $d = 5$ la quantité $5a^4 b^3 c^2 d$ prend la valeur numérique $5 \times 2^4 \times 3^3 \times 4^2 \times 5 = 5 \times 16 \times 27 \times 16 \times 5$ ou bien 172800 tout calcul fait.

12. L'opération inverse de la formation des puissances porte le nom d'*extraction des racines*.

On appelle *racine carrée, cubique, quatrième, etc......*, en général m^{me} d'une quantité, une autre quantité qui, élevée au carré, au cube, à la 4ᵉ puissance, etc..., à la m^{me} puissance reproduit la première. Cette opération s'indique au moyen du signe $\sqrt{}$ (c'est un *r* déformé) qui signifie *racine de* et dans l'ouverture duquel on place le degré de la racine que l'on veut extraire, excepté dans le cas où il est égal à 2. *Ex* : $\sqrt{100} = 10$, $\sqrt[3]{27} = 3$, $\sqrt[4]{16} = 2$ à raison de ce que $10^2 = 100$, $3^3 = 27$, $2^4 = 16$. Ces expressions s'énoncent : *Racine carrée de* 100 *égale* 10, *racine cubique de* 27 *égale* 3, *racine quatrième de* 16 *égale* 2. *Autres exemples* : $\sqrt{a^2} = a$, $\sqrt[3]{a^3} = a$, $\sqrt[4]{a^4} = a$, ... $\sqrt[m]{a^m} = a$.

III. *Des différentes espèces de quantités.*

13. On entend par *quantité* ou *grandeur* tout ce qui est susceptible d'augmentation ou de diminution, c'est-à-dire tout ce qui peut être soumis au calcul.

Les algébristes conçoivent qu'il arrive un point où les quantités sont tellement grandes qu'il n'est plus possible de les faire croître, et qu'il en est un autre où elles ne peuvent plus diminuer, à raison de leur petitesse, c'est ce qu'ils appellent l'*infini* et l'*infiniment petit* et ce qu'ils introduisent dans le calcul au moyen des symboles ∞ et o.

Toutes les autres quantités sont renfermées entre ces deux limites et se nomment quantités *finies*.

14. Les quantités sont *numériques* ou *algébriques*. *Numériques*, quand elles sont exprimées par des chiffres. *Ex :* 164, $\frac{3}{5}$. *Algébriques*, quand elles sont exprimées par des lettres, ou des lettres combinées avec des nombres. *Ex :* $a - bc$, $a^3 - 3a^2b + 6ab^2 - 4b^3$.

15. On appelle *termes* d'une quantité les différentes parties de cette quantité séparées par les signes $+$ et $-$, l'expression $a^3 - 3a^2b + 6ab^2 - 4b^3$ renferme quatre termes, savoir : a^3, $- 3a^2b$, $+ 6ab^2$, $- 4b^3$.

16. Lorsque le 1er terme d'une quantité a le signe $+$ on se dispense de l'écrire. *Ex :* $+ a^3 - 3a^2b = a^3 - 3a^2b$, et réciproquement toute quantité dont le 1er terme n'a pas de signe est censé avoir le signe $+$. *Ex :* $2a^3 - 4abc = + 2a^3 - 4abc$.

17. On appelle 1° *Monome*, une quantité d'un seul terme. *Ex.* $6ab^3$, $- 3ab^2$. 2° *Binome*, une quantité composée de deux termes. *Ex :* $3a - b^2$. 3° *Trinome*, une quantité de trois termes. *Ex :* $3a^2 + 2ab - b^2$. 4° *Quadrinome*, une quantité de quatre termes, etc. On appelle *Série* ou *Infinitinome*, une expression composée d'une infinité de termes; telle est : $a + a^2 + a^3 + a^4 + a^5 + a^6 +$ etc.

On appelle aussi *Polynome*, toute expression composée de plusieurs termes; cette dénomination convient donc aux binomes, trinomes, quadrinomes, etc.; ainsi la quantité $3ab - ab^3 + 4bc^2$ est un polynome.

18. Le *degré* d'un terme est le nombre des facteurs littéraux dont il est le produit et s'obtient en prenant la somme de tous les exposans; ainsi le terme $5a^5b^2c$ ou $5aaaaabbc$ est du $5 + 2 + 1$ ou huitième degré et renferme en effet huit facteurs littéraux.

19. Une quantité *homogène* est celle dont tous les termes sont du même degré; dans le cas contraire, on dit qu'elle est *hétéro-*

gène. Le polynome $a^5 - 3a^2b^3 - 3ab^4 - b^5$ est homogène, puisque tous ses termes sont du cinquième degré, $a^3 - 3ab + b^2$ est un polynome hétérogène.

20. La *valeur numérique* d'une quantité est le résultat que l'on obtient, lorsque l'on substitue des nombres aux lettres qu'elle renferme. Ainsi dans la supposition de $a = 3$, $b = 2$ le polynome $a^3 - 2ab + 2b^2$ prend la valeur numérique $3^3 - 2 \times 3 \times 2 + 2 \times 2^3 = 27 - 12 + 8 = 23$; dans celle de $a = 1, b = 7$ il devient $1^3 - 2 \times 1 \times 7 + 2 \times 7^2 = 1 - 14 + 98 = 85$.

21. *L'ordre des termes d'un polynome est indifférent :* car il est visible que cet ordre n'influe en rien sur les valeurs numériques qu'il peut acquérir, lorsqu'on remplace ses lettres par des nombres : ainsi $a^3 - 2ab + 2b^2 = -2ab + a^3 + 2b^2 = 2b^2 + a^3 - 2ab$.

22. Lorsqu'on se sert des signes algébriques pour indiquer des opérations à effectuer sur les polynomes, pour éviter toute fausse interprétation et pour faire entendre que ces signes portent sur l'ensemble des termes dont ils sont composés, on renferme chaque polynome dans une *parenthèse*. Ainsi pour indiquer les quatre opérations de l'arithmétique entre les deux polynomes $a^2 - 2ab - b^2$ et $-a^3 + 3ab - 2b^3$, on écrit :

$$(a^2 - 2ab - b^2) + (-a^3 + 3ab - 2b^3)$$
$$(a^2 - 2ab - b^2) - (-a^3 + 3ab - 2b^3)$$
$$(a^2 - 2ab - b^2) (-a^3 + 3ab - 2b^3)$$
$$(a^2 - 2ab - b^2) : (-a^3 + 3ab - 2b^3).$$

Cette précaution devient inutile quand on emploie le second signe de la division, qu'il suffit alors de prolonger de manière qu'il dépasse le dividende et le diviseur.

Ex : $\dfrac{a^2 - 2ab - b^2}{-a^3 + 3ab - 2b^3}$ indique la division des deux polynomes précédens.

Si à l'une de ces quantités on substituait un monome, on devrait supprimer en même temps la parenthèse correspondante. *Par ex.,* veut-on indiquer que $5a$ doit être multiplié par $-a^3 + 3ab - 2b^3$, on écrit $5a(-a^3 + 3ab - 2b^3)$.

IV. *Sur les Quantités négatives.*

23. On distingue deux espèces de termes relativement aux signes dont ils sont affectés. Ceux qui ont le signe $+$ comme $+ 3ab^2$, $+ 3c^3$ se nomment *termes additifs* ou *positifs*. Ceux qui ont le signe $-$ comme $- 3ab^2$, $- 3c^3$ se nomment *termes soustractifs* ou *négatifs*.

24. On conçoit sans peine la signification des termes négatifs lorsqu'ils sont liés à d'autres termes positifs; mais il en est autrement lorsqu'ils sont isolés comme $- 5$, $- 10$, $- b$.

On peut faire voir à ce sujet que *tout nombre négatif isolé, est le résultat d'une soustraction dans laquelle le nombre à retrancher est plus grand que celui dont on veut retrancher* : soustraction que l'on regarde comme inexécutable en arithmétique, mais qui devient possible en interprétant convenablement le signe $-$.

Cette proposition revient évidemment à démontrer celle-ci, *pour retrancher un nombre d'un autre plus petit, il faut retrancher le plus petit du plus grand, et affecter le reste du signe* $-$.

En effet, soit à retrancher 11 de 6 ou ce qui revient au même $6 + 5$ de 6 le reste sera $6 - 6 - 5$ ou 5; puisque $6 - 6 = 0$.

Soit encore à soustraire 22 de 12 ou ce qui est la même chose $12 + 10$ de 12, la différence est visiblement $12 - 12 - 10$ ou $- 10$; en observant que $12 - 12 = 0$.

En général soit à retrancher $a + b$ de la quantité plus petite a, on a $a - (a + b) = a - a - b$ ou à cause que $a - a = 0$, $a - (a + b) = - b$.

25. 1° *Tout nombre négatif est plus petit que zéro.*

2° *Les nombres négatifs sont d'autant plus petits qu'ils paraissent plus grands abstraction faite des signes.*

En effet, si d'un nombre quelconque 5 par exemple, on retranche ce même nombre 5 et ceux qui suivent 6, 7, 8, 9, etc., les restes iront évidemment en diminuant. Or, ces restes sont d'après le numéro précédent 0, $- 1$, $- 2$, $- 3$, $- 4$, etc.; donc, 1° les

nombres négatifs — 1, — 2, — 3, etc. sont plus petits que zéro.
2° De deux nombres négatifs comme — 2, — 5 le plus petit — 5 serait le plus grand, suppression faite des signes.

26. Il suit de là, que *l'on peut changer les signes des membres d'une inégalité pourvu que l'on change l'ouverture du signe.* Ainsi, les inégalités

$$10 > 7, \; 3 < 4, \; 5 > 0, \; 10 > -3, \; -8 > -12, \; -3 < -1;$$

peuvent se remplacer par

$$-10 < -7, \; -3 > -4, \; -5 < 0, \; -10 < 3, \; 8 < 12, \; 3 > 1.$$

27. *Tous les nombres positifs et négatifs sont compris entre l'infini positif et l'infini négatif.* Car tous les nombres positifs sont compris entre ∞ et 0 et tous les nombres négatifs entre 0 et $-\infty$.

28. *Les Signes* $+$ *et* — *qui indiquent des opérations opposées, peuvent aussi servir à marquer une opposition dans les manières d'être des quantités qui en sont affectées.* Cette assertion sera vérifiée dans la suite par un grand nombre d'exemples. Dans ce moment nous nous bornerons à un seul. Supposons qu'un marchand vende a^f un objet qui lui coûte b^f; son bénéfice sera évidemment $a - b^f$; tant que b est plus petit que a, $a - b$ est positif et exprime un gain réel; mais si b est plus grand que a, $a - b$ devient négatif et constitue une véritable perte. Ainsi la quantité $a - b$ étant positive ou négative représente donc un gain ou une perte, états de chose visiblement opposés. Dans le cas de $a = b$, $a - b = 0$, ce qui indique qu'il n'y a ni gain ni perte.

CHAPITRE II.

ADDITION ET SOUSTRACTION ALGÉBRIQUES.

29. Avant de nous occuper de la résolution des problèmes, but spécial de l'algèbre; nous devons apprendre à effectuer les quatre opérations de l'arithmétique sur les quantités littérales; elles seront en conséquence le sujet de ce premier livre, qui comprendra en outre la formation des puissances et l'extraction des racines des nombres et des expressions algébriques.

L'addition et la soustraction dont nous traiterons d'abord, sont fondées sur une opération secondaire, connue sous le nom de réduction des termes semblables, que nous allons exposer.

I. *Réduction des termes semblables.*

30. On appelle *termes semblables*, ceux qui sont composés des mêmes lettres affectées des mêmes exposans, quels que soient d'ailleurs leurs signes et leurs coefficiens : tels sont $7a^3b^2c$, — $21a^3b^2c, \frac{2}{7}a^3b^2c$. Les termes $5ab^2$, $5ab^2c$ qui ne renferment pas les mêmes lettres sont *dissemblables*, ainsi que $8a^3b^2$, $8a^2b^3$ dont les mêmes lettres ne sont pas affectées des mêmes exposans.

31. *La réduction des termes semblables* consiste à les exprimer par un seul, en effectuant les additions et les soustractions indiquées par les signes dont ils sont affectés.

Pour faire cette réduction, *on prend d'une part la somme des termes semblables affectés du signe* $+$, *et de l'autre la somme de ceux qui sont affectés du signe* —, *on retranche la plus petite somme de la plus grande, et on donne au reste le signe de la plus grande.* Soit, pour exemple, à réduire le polynome

$$5\,ab^2 - 6ab^2 + 10\,ab^2 - 8\,ab^2 - ab^2 + 4\,ab^2 - 20\,ab^2,$$

qui ne se compose que de termes semblables. La somme des termes qui ont le signe $+$ est $5\,ab^2 + 10\,ab^2 + 4\,ab^2$ ou $19ab^2$. Celle de ceux qui ont le signe — est $6ab^2 + 8ab^2 + ab^2 + 20\,ab^2$ ou 35 ab^2, retranchant la plus petite somme $19\,ab^2$ de la plus grande $35\,ab^2$, on obtient $16\,ab^2$, reste auquel il faut donner le signe — de la plus grande somme ; ce polynome, toute réduction faite, est donc égal à — $16\,ab^2$.

Le plus souvent on effectue la réduction au fur et à mesure que les termes se présentent et l'on fait de vive voix les calculs suivans : $5ab^2 - 6ab^2 = -ab^2$, $-ab^2 + 10ab^2 = 9ab^2$, $9ab^2 - 8ab^2 = ab^2$, $ab^2 - ab^2 = 0$, $4ab^2 - 20ab^2 = -16ab^2$.

Lorsqu'un polynome renferme plusieurs espèces de termes semblables, on applique à chaque espèce la règle précédente. Ainsi le polynome

$$6ab^2 - 7ab^3 - 18c^2 - 3 + 15ab^3 - 18ab^2 + 10 + 17c^2 - 2ab^2 - 11 + c^2.$$

qui en renferme de quatre espèces conduit aux calculs suivans :

1° $6ab^2 - 18ab^2 = -12ab^2$, $-12ab^2 - 2ab^2 = -14ab^2$;

2° $-7ab^3 + 15ab^3 = 8ab^3$;

3° $-18c^2 + 17c^2 = -c^2$, $-c^2 + c^2 = 0$;

4° $-3 + 10 = 7$, $7 - 11 = -4$;

et se réduit à $-14ab^2 + 8ab^3 - 4$.

II. *Addition algébrique.*

32. Le but de cette opération est de trouver la somme de plusieurs nombres exprimés algébriquement.

33. Pour faire l'addition des quantités littérales, il faut *les écrire les unes à la suite des autres avec leurs signes tels qu'ils sont et faire la réduction des termes semblables.* (n° 31.)

1er *Exemple.* $(a^3 + 3a^2b) + (2a^3 + 4a^2b + b^6) + (5a^3 + 2b^6)$
$= a^3 + 3a^2b + 2a^3 + 4a^2b + b^6 + 5a^3 + 2b^6,$
ou en réduisant $8a^3 + 7a^2b + 3b^6$.

2e *Exemple.* $(5a^3b^2 - 8ab) + (2a^3b^2 - 3b^3 + 9ab) + (-3ab + 3b^3) = 5a^3b^2 - 8ab + 2a^3b^2 - 3b^3 + 9ab - 3ab + 3b^3,$
ou après les réductions $7a^3b^2 - 2ab$.

Pour abréger, on fait souvent la réduction des termes semblables en même temps que l'addition, en se dispensant d'écrire d'abord les termes des quantités données, les uns à la suite des autres.

DÉMONSTRATION. Cette règle est évidente, lorsque, comme dans le 1er exemple, tous les termes des quantités à ajouter sont positifs.

Supposons donc que ces termes, comme dans le 2e exemple, soient en partie positifs et en partie négatifs, alors nous dirons ajouter la quantité $2a^3b^2 - 3b^3 + 9ab$ à la quantité $5a^3b^2 - 8ab$, c'est évidemment l'augmenter de $2a^3b^2 + 9ab$ et la diminuer en même temps de $3b^3$, donc la somme de ces deux expressions est bien $5a^3b^2 - 8ab + 2a^3b^2 + 9ab - 3b^3$, ou $5a^3b^2 - 8ab + 2a^3b^2 - 3b^3 + 9ab$; puisqu'il est permis d'intervertir l'ordre des termes d'un polynome (n° 24) ; ensuite faire la somme de cette dernière quantité et du binome $- 3ab + 3b^3$, c'est lui ajouter le terme $3b^3$ et en retrancher le terme $3ab$. Donc la nouvelle somme est $5a^3b^2 - 8ab + 2a^3b^2 - 3b^3 + 9ab + 3b^3 - 3ab$, ou (n° 24), $5a^3b^2 - 8ab + 2a^3b^2 - 3b^3 + 9ab - 3ab + 3b^3$, ou bien enfin après la réduction $7a^3b^2 - 2ab$. Ce qu'il fallait démontrer.

III. *Soustraction algébrique.*

34. On se propose, dans la *soustraction algébrique*, de trouver la différence de deux nombres exprimés par des lettres.

35. Pour faire cette opération, *on écrit la quantité dont on veut soustraire avec ses signes tels qu'ils sont et à sa suite celle que l'on veut retrancher en changeant les signes de tous ses termes. Puis l'on fait la réduction des termes semblables.*

1er *Ex.* $a - (b - c) = a - b + c$.

2e *Ex.* $(3a^3 - 2ab) - (5a^3 - 6ab - c^2) = 3a^3 - 2ab - 5a^3 + 6ab + c^2$, ou toute réduction faite $- 2a^3 + 4ab + c^2$.

Démonstration. Raisonnons d'abord sur le 1er exemple. La quantité a peut visiblement s'écrire ainsi $a + b - b + c - c$, puisque $b - b = 0$, $c - c = 0$. Supprimons, dans cette dernière expression, la quantité $b - c$ que l'on veut retrancher, on a pour reste $a - b + c$. Pour vérifier, ajoutons $b - c$ et $a - b + c$, la somme $b - c + a - b + c$ se réduit à a, ce qui indique que la soustraction a été bien faite.

Répétons cette démonstration sur le 2e exemple. La quantité $3a^3 - 2ab = 3a^3 - 2ab + 5a^3 - 5a^3 + 6ab - 6ab + c^2 - c^2$; à raison de ce que $5a^3 - 5a^3 = 0$, $6ab - 6ab = 0$, $c^2 - c^2 = 0$. En enlevant la quantité à soustraire $5a^3 - 6ab - c^2$, on aura pour différence $3a^3 - 2ab - 5a^3 + 6ab + c^2$, expression qui, comme nous l'avons vu, se réduit à $- 2a^3 + 4ab + c^2$.

44. *Tout polynome peut se mettre sous la forme* $M - N$, M

étant la somme de ses termes positifs et N celle de ses termes négatifs. En effet, soit le polynome

$$5a^3 - 3a^2b - 6ab^2 + 7ab - 63 + 8.$$

On peut d'abord déplacer ses termes de la manière suivante (n° 24) :

$$5a^3 + 7ab + 8 - 3a^2b - 6ab^2 - 63,$$

et ensuite, d'après la règle de la soustraction, l'écrire ainsi :

$$(5a^3 + 7ab + 8) - (3a^2b + 6ab^2 + 63),$$

c'est-à-dire, sous la forme $M - N$, en posant

$$M = 5a^3 + 7ab + 8, \; N = 3a^2b + 6ab^2 + 63.$$

CHAPITRE III.

MULTIPLICATION ALGÉBRIQUE.

37. Le but de cette opération est d'effectuer le produit de deux nombres exprimés par des termes algébriques.

Pour procéder avec ordre, nous distinguerons deux cas; la multiplication d'un monome par un monome, et celle d'un polynome par un polynome.

I. *Multiplication des monomes.*

58. Pour faire le produit de deux monomes, il est nécessaire de suivre à la fois quatre règles, connues sous le nom de règles, des *lettres*, des *coefficiens*, des *exposans* et des *signes*.

39. Règle des lettres. *Elle consiste à écrire les lettres du multiplicateur à la suite de celles du multiplicande sans interposition de signe.* Ce qui résulte évidemment de ce que l'on indique la multiplication entre plusieurs lettres en les mettant les unes à la suite des autres (n° 3), *Ex.* $a \times b = ab$, $ab \times cde = abcde$, $a^3b \times c^2d^5 = a^3bc^2d^5$.

40. Règle des coefficiens. *Le coefficient du produit est égal au coefficient du multiplicande multiplié par celui du multiplicateur.* Ainsi $7a \times 5b = 35ab$, en effet $7a \times 5b = 7 \times a \times 5$

$\times b$. Or, sans altérer un produit, on peut intervertir l'ordre des facteurs; donc $7a \times 5b = 7 \times 5 \times a \times b = 35ab$. Cette règle a également lieu dans le cas où les coefficiens sont fractionnaires. Ainsi $\frac{2}{3} ab \times \frac{5}{7} c = \frac{2}{3} \times ab \times \frac{5}{7} \times c = \frac{2}{3} \times \frac{5}{7} abc$ ou $\frac{10}{21} abc$.

41. RÈGLE DES EXPOSANS. *L'exposant d'une lettre quelconque du produit égale la somme des exposans de cette même lettre dans le multiplicande et le multiplicateur.* Ex. $a^4 b^3 \times a^3 b = a^7 b^4$. En effet $a^4 b^3 \times a^3 b = aaaabbbaaab$, ou bien, en changeant l'ordre des facteurs $a^4 b^3 \times a^3 b = aaaaaaabbbb = a^7 b^4$.

Généralement $a^m b^p c^s \times a^n b^q c^t = a^{m+n} b^{p+q} c^{s+t}$. Car $a^m b^p c^s \times a^n b^q c^t = a^m a^n b^p b^q c^s c^t$. Mais $a^m a^n = a^{m+n}$, puisque la lettre a étant m fois facteur dans le multiplicande et n fois facteur dans le multiplicateur doit se trouver $m+n$ fois facteur au produit. On voit de même que $b_p b_q = b^{p+q}$, $c^s c^t = c^{s+t}$. Donc $a^m b^p c^s \times a^n b^q c^t = a^{m+n} b^{p+q} c^{s+t}$.

42. RÈGLE DES SIGNES. *On donne au produit le signe $+$ quand le multiplicande et le multiplicateur ont le même signe, et le signe $-$ dans le cas contraire.* Ainsi $+a \times +b = +ab$, $+a \times -b = -ab$, $-a \times +b = -ab$, $-a \times -b = +ab$. Ce que l'on a coutume d'énoncer de la manière suivante. *Plus multiplié par plus donne plus, plus par moins donne moins, moins par plus donne moins, moins par moins donne plus.*

1° $+a \times +b = +ab$. Cette vérité résulte immédiatement de la multiplication arithmétique, car dire, par exemple $5 \times 3 = 15$, c'est dire que $+5 \times +3 = +15$.

2° $+a \times -b = -ab$. En effet, supposons que l'on ait à multiplier a par $b-b$, le produit se composera évidemment de deux parties, l'une provenant de la multiplication de a par b et l'autre de a par $-b$. Or, le multiplicateur $b-b$ étant nul, le produit doit aussi être nul et conséquemment les deux parties qui le constituent doivent se détruire, ce qui ne peut arriver à moins qu'elles ne soient égales et de signe contraire. La première partie $a \times b = ab$, donc la seconde $a \times -b = -ab$.

3° $-a \times +b = -ab$. La démonstration est semblable à la précédente, seulement on supposera que l'on a à multiplier $a -$ a par b.

$4^{\circ} - a \times - b = + ab$. Si l'on avait à multiplier $- a$ par $b - b$ le produit serait zéro, puisque $b - b = 0$. Mais ce produit se compose de deux parties, savoir, de $- a \times b = - ab$ et de $- a \times - b$, et afin qu'elles puissent s'annuller il faut essentiellement que $- a \times - b = + ab$.

43. Voici des exemples de la multiplication des monomes :

$$3a^2b^5 \times 7a^3b^4 = 21a^5b^9, \quad 5a^3b^2c \times - 4a^2b^3d^2 = - 20a^5b^5cd^2,$$
$$- \tfrac{2}{5} a^5b^4c \times 3abc^7 = - \tfrac{6}{5} a^6 b^5 c^8, \quad - \tfrac{2}{3} a^p b^q \times - \tfrac{5}{7} a^m b^n = \tfrac{10}{21} a^{p+m} b^{q+n}.$$

II. *Multiplication des polynomes.*

44. Lorsque les deux quantités à multiplier sont composées chacune de plusieurs termes, la règle énoncée se modifie de la manière suivante : *on écrit le multiplicateur au-dessous du multiplicande et l'on souligne le tout. On multiplie successivement tous les termes du premier polynome par chacun des termes du second et on écrit les produits partiels que l'on obtient les uns sous les autres. Enfin on les ajoute en faisant en même temps la réduction des termes semblables, afin d'obtenir le produit total.*

1er Exemple de multiplication.

$$3ab^2 + 2b^3c^2 + 3c^3 \quad \ldots \ldots \ldots \ldots \quad \text{multiplicande.}$$
$$4ac^2 + 5b^2 \quad \ldots \ldots \ldots \ldots \ldots \quad \text{multiplicateur.}$$

$$\overline{12a^2b^2c^2 + 8ab^3c^4 + 12ac^5 \quad \ldots \ldots \ldots} \quad 1^{er} \text{ produit partiel.}$$
$$15ab^4 + 10b^5c^2 + 15b^2c^3 \quad \ldots \ldots \ldots \quad 2^e \text{ produit partiel.}$$

$$\overline{12a^2b^2c^2 + 8ab^3c^4 + 12ac^5 + 15ab^4}$$
$$+ 10b^5c^2 + 15 b^2c^3 \quad \ldots \ldots \quad \Big\} \quad \text{produit total.}$$

2ᵉ *Exemple de multiplication.*

$$2a^4 - 3a^3b + ab^3 - 2b^4 \quad \ldots \ldots \ldots \ldots \text{ multiplicande.}$$
$$- 5a^2b + 2ab^2 - b^3 \quad \ldots \ldots \ldots \ldots \text{ multiplicateur.}$$

$$\left.\begin{array}{l} - 10a^6b + 15a^5b^2 - 5a^3b^4 + 10a^2b^5 \\ + 4a^5b^2 - 6a^4b^3 + 2a^2b^5 - 4ab^6 \\ - 2a^4b^3 + 3a^3b^4 - ab^6 + 2b^7 \end{array}\right\} \quad \text{produits partiels.}$$

$$\left.\begin{array}{l} - 10a^6b + 19a^5b^2 - 8a^4b^3 - 2a^3b^4 \\ + 12a^2b^5 - 5ab^6 + 2b^7 \end{array}\right\} \quad \text{produit total.}$$

Démonstration. D'abord, si tous les termes des deux facteurs sont positifs, comme dans le 1ᵉʳ exemple, on pourra raisonner ainsi : multiplier $3ab^2 + 2b^3c^2 + 3c^3$ par $4ac^2 + 5b^2$, c'est prendre $3ab^2 + 2b^3c^2 + 3c^3$ autant de fois qu'il y a d'unités dans $4ac^2$, plus autant de fois qu'il y en a dans $5b^2$, donc $(3ab^2 + 2b^3c^2 + 3c^3)(4ac^2 + 5b^2) = (3ab^2 + 2b^3c^2 + 3c^3)\,4ac^2 + (3ab^2 + 2b^3c^2 + 3c^3)\,5b^2$; actuellement, pour faire le produit de $3ab^2 + 2b^3c^2 + 3c^3$ par $4ac^2$, ou celui de $3ab^2 + 2b^3c^2 + 3c^3$ par $5b^2$, il faut évidemment ajouter les trois produits que l'on obtient en multipliant $3ab^2$, $2b^3c^2$, $3c^3$ par $4ac^2$ ou $5b^2$, donc

$$(3ab^2 + 2b^3c^2 + 3c^3)(4ac^2 + 5b^2) = \left\{\begin{array}{l} 3ab^2 \times 4ac^2 + 2b^3c^2 \\ \times 4ac^2 + 3c^3 \times 4ac^2 \\ 3ab^2 \times 5b^2 + 2b^3c^2 \\ \times 5b^2 + 3c^3 \times 5b^2 \end{array}\right.$$

ce qui démontre la règle de la multiplication pour des polynomes composés de termes positifs.

Supposons maintenant que les deux polynomes se composent en partie de termes additifs et en partie de termes soustractifs, auquel cas (n° 36) ils sont de la forme $M - N$, $P - Q$; M et N désignant les sommes des termes positifs et négatifs du premier, et P et Q les sommes des termes analogues du second. Il est clair d'abord que le produit $(M - N)(P - Q)$ est égal à $M - N$ pris P fois diminué de $M - N$ pris Q fois ; et qu'en conséquence $(M-N)(P - Q) = (M - N)\,P - (M - N)\,Q$. Afin d'obtenir le produit $(M - N)\,P$, remarquons que si le multiplicande était M, le produit serait MP ; mais comme ce multiplicande est $M - N$ le produit est trop grand de $N \times P$ ou NP, donc $(M - N) P = MP - NP$. On démontrerait par le même raisonnement que $(M - N) Q = MQ - NQ$. Substituant ces valeurs dans le produit cherché, il vient : $(M - N) (P - Q) = MP - NP - (MQ - NQ)$, ou en faisant la soustraction $(M - N) (P - Q) = MP - NP - MQ + NQ$. On voit ainsi que l'on est ramené à opérer sur des polynomes M, N, P, Q dont tous les termes sont positifs, en affectant toutefois les produits obtenus, des signes convenables ; ce qui est en tout conforme à la règle énoncée au commencement de ce numéro.

III. *Le produit de plusieurs polynomes homogènes est aussi homogène et d'un degré égal à la somme des degrés des facteurs.*

45. En vertu de la règle des exposans (n° 41), le degré du produit de deux monomes est égal à la somme de leurs degrés particuliers ; et comme un terme quelconque du produit de deux polynomes homogènes de degré m et n résulte de la multiplication d'un terme du premier par un terme du second, il s'ensuit que le produit est encore homogène et du degré $m + n$, on prouverait de la même manière qu'en multipliant ce produit homogène, par un troisième polynome homogène du degré p, on doit obtenir un polynome homogène du degré $m + n + p$. En continuant ainsi, on étendrait cette démonstration au produit d'un nombre quelconque de facteurs homogènes.

IV. *Sur le produit de la somme de deux quantités par leur différence.*

46. *Le produit de la somme de deux quantités par leur différence, égale la différence des carrés de ces quantités; et réciproquement, la différence des carrés de deux quantités égale la somme de ces deux quantités multipliée par leur différence.*

Désignons par A et B deux quantités quelconques, monomes ou polynomes, entières ou fractionnaires ; et multiplions leur somme $A + B$ par leur différence $A - B$.

$$A + B$$
$$A - B$$

$$A^2 + AB$$
$$- AB - B^2$$

on a donc $(A + B)(A - B) = A^2 - B^2$.

Voici des exemples :

$$(10 + 7)(10 - 7) = 10^2 - 7^2 = 100 - 49 = 51.$$

et en effet :

$$(10 + 7)(10 - 7) = 17 \times 3 = 51.$$
$$(5a + 6b)(5a - 6b) = (5a)^2 - (6b)^2 = 25a^2 - 36b^2.$$
$$(-3a^2 + 2b^2c)(-3a^2 - 2b^2c) = (-3a^2)^2 - (2b^2c)^2 = 9a^4 - 4b^4c^2.$$
$$(a + b)(a - b)(a^2 + b^2) = (a^2 - b^2)(a^2 + b^2) = a^4 - b^4.$$

Réciproquement $A^2 - B^2 = (A + B)(A - B)$; car cette égalité n'est autre chose que la précédente dont on a changé les membres. *Exemples :*

$$13^2 - 7^2 = (13 + 7)(13 - 7) = 20 \times 6 = 120.$$
$$a - b = (\sqrt{a} + \sqrt{b})(\sqrt{a} - \sqrt{b}).$$
$$(a + b)^2 - (a - b)^2 = (a + b + a - b)(a + b - a + b) = 2a \times 2b = 4ab.$$

V. *Ce que c'est qu'ordonner.*

47. *Ordonner une quantité par rapport aux puissances croissantes ou décroissantes d'une lettre;* c'est disposer les termes de manière que les exposants de cette lettre aillent en augmentant ou en diminuant de gauche à droite. La lettre par rapport à laquelle on ordonne se nomme *lettre principale*. Ainsi le polynome $7a^2b - ab - 4a^4b^3 + b^2 - 5a^3$ devient $b^2 - ab + 7a^2b - 5a^3 - 4a^4b^3$, ou $-4a^4b^3 - 5a^3 + 7a^2b - ab + b^2$, suivant qu'il est ordonné par rapport aux puissances croissantes ou décroissantes de la lettre principale a.

Cette manière de disposer les termes d'une quantité a été tirée de l'arithmétique où tous les nombres peuvent être considérés comme des polynomes numériques ordonnés selon les puissances décroissantes de 10. C'est ainsi que

$$25983 = 2.10000 + 5.1000 + 9.100 + 8.10 + 3,$$

ou $25983 = 2.10^4 + 5.10^3 + 9.10^2 + 8.10 + 3,$
en observant que $10^4 = 10000$, $10^3 = 1000$, etc.

48. Si, parmi les termes du polynome à ordonner, plusieurs sont affectés d'une même puissance de la lettre principale, on *n'écrit cette puissance qu'une seule fois, en lui donnant pour coefficient, une parenthèse qui renferme toutes les quantités qui la multiplient, et on ordonne ensuite les polynomes placés entre parenthèses par rapport à une seconde lettre.*

Soit, pour fixer les idées, à ordonner le polynome
$$6a^3b - b^2 - 5ac - 3a^2b^3 + 15a^2b^2 - 2abc + b^3 + 2a^3b^3 - 4a^3b^2,$$
par rapport aux puissances décroissantes de la lettre a; on remarquera que,

1° $6a^3b + 2a^3b^3 - 4a^3b^2 = (6b + 2b^3 - 4b^2)a^3,$

2° $-3a^2b^3 + 15a^2b^2 = (-3b^3 + 15b^2)a^2,$

3° $-5ac - 2abc = (-5c - 2bc)a,$

ce qui permettra de l'écrire ainsi :
$$(6b + 2b^3 - 4b^2)a^3 + (-3b^3 + 15b^2)a^2 + (-5c - 2bc)a + b^3 - b^2,$$

ou bien en ordonnant les parenthèses par rapport aux puissances décroissantes de b,
$$(2b^3 - 4b^2 + 6b)a^3 + (-3b^3 + 15b^2)a^2 + (-2bc - 5c)a + b^3 - b^2.$$

Ces transformations résultent évidemment de ce que, pour former le produit d'un polynome par un monome, il faut multiplier successivement tous les termes du polynome par le monome (n° 44).

Si dans les parenthèses, il y avait plusieurs termes affectés d'une même puissance de la lettre b, il faudrait ordonner les parenthèses par rapport à une troisième lettre c, et ainsi de suite.

Les polynomes ordonnés par rapport à deux ou plusieurs lettres se nomment *quantités complexes*. On peut encore, comme nous allons le faire voir, abréger l'écriture de ces sortes d'expressions.

49. Pour simplifier une quantité complexe, *on fait précéder chaque parenthèse des facteurs numériques et littéraux communs à tous les termes qui y sont renfermés, et on les supprime en même temps dans ces différens termes.* En simplifiant par ce procédé le polynome du n° précédent :

$$(2b^3 - 4b^2 + 6b)\,a^3 + (-3b^3 + 15b^2)\,a^2 + (-2bc - 5c)\,a + b^3 - b^2.$$

On trouve,

1° $(2b^3 - 4b^2 + 6b)\,a^3 = (2b \times b^2 - 2b \times 2b + 2b \times 3)\,a^3 = 2b\,(b^2 - 2b + 3)\,a^3.$

2° $(-3b^3 + 15b^2)\,a^2 = (3b^2 \times - b + 3b^2 \times 5)\,a^2 = 3b^2\,(- b + 5)\,a^2.$

3° $(-2bc - 5c)\,a = c\,(-2b - 5)\,a.$

4° $b^3 - b^2 = b^2 \times b - b^2 \times 1 = b^2\,(b - 1).$

ce qui le ramène à la forme

$$2b\,(b^2 - 2b + 3)\,a^3 + 3b^2\,(- b + 5)\,a^2 + c\,(-2b - 5)\,a + b^2\,(b - 1).$$

50. Enfin l'on est dans l'usage de faire en sorte que *le premier terme de chaque parenthèse soit positif.* On se sert à cet effet du principe suivant : *un produit de deux facteurs n'est pas altéré lorsqu'on change en même temps les signes des deux facteurs.* Car d'après la règle des signes exposée dans la multiplication (n° 42), l'on a $+ a \times + b = ab$, $+ a \times - b = - ab$, $- a \times + b = - ab$, $- a \times - b = + ab$, d'où il est facile de conclure $+ a \times + b = - a \times - b$, $+ a \times - b = - a \times + b$. C. Q. F. D.

En vertu de ce principe, $3b^2\,(- b + 5)\,a^2 = - 3b^2\,(b - 5)\,a^2$, $c\,(-2b - 5)\,a = - c\,(2b + 5)\,a$; et le polynome que nous nous sommes proposé d'ordonner devient par ces nouvelles transformations :

$$2b\,(b^2 - 2b + 3)\,a^3 - 3b^2\,(b - 5)\,a^2 - c\,(2b + 5)\,a + b^2\,(b - 1).$$

51. *De deux polynomes ordonnés suivant les puissances décroissantes d'une même lettre, celui dont le premier terme est affecté de la plus haute puissance de cette lettre, est regardé comme le plus grand.* De deux nombres ordonnés, comme nous l'avons dit (n° 47), le plus grand est visiblement celui qui renferme la plus haute puissance de 10. Par analogie on a étendu ce principe aux polynomes algébriques, quoique souvent il se trouve en défaut lorsqu'on substitue des nombres aux lettres. Ainsi, algébriquement parlant, $a^3 - 3a^2 - 10a + 1 > a^2 + 7a + 10$; cependant cette inégalité, comme il est facile de s'en convaincre, est fausse lorsqu'on suppose $a = 3$.

VI. *Avantage d'ordonner dans la multiplication.*

52. Lorsque le multiplicande et le multiplicateur sont ordonnés par rapport aux puissances décroissantes d'une lettre commune, et qu'il n'existe pas d'interruption dans les exposans du multiplicande, on peut reculer vers la droite les différens produits partiels de manière que tous les termes du produit affectés d'une même puissance de la lettre principale, se trouvent les uns sous les autres. Par ce moyen : 1° *on sera dispensé de rechercher les termes semblables qui se trouveront essentiellement dans la même colonne verticale*; 2° *on aura l'avantage d'obtenir le produit tout ordonné.*

$$3^e\ Exemple\ de\ multiplication.$$

$$\frac{2}{3}a^3 - 3a^2b - \frac{1}{2}ab^2 + 5b^3$$
$$-2a^2 + \frac{2}{3}ab - \frac{1}{3}b^2$$

$$
\begin{array}{c|c|c|c|c}
-\frac{4}{3}a^5 + 6b & a^4 + b^2 & a^3 - 10b^3 & a^2 & \\
+\frac{4}{9}b & -2b^2 & -\frac{1}{3}b^3 & +\frac{10}{3}b^4 & a \\
& -\frac{2}{9}b^2 & +b^3 & +\frac{1}{6}b^4 & -\frac{5}{3}b^5 \\
\end{array}
$$

$$-\frac{4}{3}a^5 + \frac{58}{9}b\,a^4 - \frac{11}{9}b^2\,a^3 - \frac{28}{3}b^3\,a^2 + \frac{7}{2}b^4\,a - \frac{5}{3}b^5.$$

4^e *Exemple de multiplication.*

$$(b + 1)\,a^2 - 2ba - 2(b - 2)$$
$$2ba^2 + (b - 1)\,a - b.$$

$$2b\ (b + 1)\,a^4 - 4b^2 \quad \Big|\quad a^3 - 4b(b-2) \quad \Big|\ a^2$$
$$+ b^2 - 1 \qquad\qquad - 2b(b-1) \qquad - 2(b-1)(b-2)\ \Big|\ a$$
$$\dotsb\ b(b+1) \qquad + 2b^2 \qquad\qquad + 2b(b-2)$$

$$2b(b+1)a^4 - (3b^2 + 1)\ a^3 - b(7b - 9)\ a^2 + 2(3b - 2)\ a + 2b(b - 2).$$

En ajoutant les produits partiels on remarquera que ,

$1^o\ -4b^2 + b^2 - 1 = -3b^2 - 1 = -(3b^2 + 1)$;

$2^o\ -4b(b-2) - 2b(b-1) - b(b+1) = -b[4(b-2) + 2(b-1) + b + 1] = -b[4b - 8 + 2b - 2 + b + 1] = -b(7b - 9)$;

$3^o\ -2(b-1)(b-2) + 2b^2 = -2b^2 + 4b + 2b - 4 + 2b^2 = 6b - 4 = 2(3b - 2).$

S'il existait des lacunes dans les exposans du multiplicande, on pourrait encore employer les mêmes dispositions pourvu qu'on laissât en blanc les places que devraient occuper les termes manquans.

Enfin l'on peut remarquer que tout ce qui précède s'applique également au cas où les deux polynomes seraient ordonnés par rapport aux puissances ascendantes d'une lettre commune.

53. *Les termes extrêmes du produit de deux polynomes ordonnés, sont égaux l'un au produit des premiers termes du multiplicande et du multiplicateur, et l'autre au produit des derniers termes de ces mêmes quantités.* En portant les yeux sur les deux multiplications précédentes, on voit en effet que la première et la dernière colonne, ne contenant chacune qu'un seul terme, ne donnent lieu à aucune réduction. Ainsi (3ᵉ *exemple*)

$$-\tfrac{4}{3}a^5=\tfrac{2}{3}a^3\times-2a^2,\ -\tfrac{5}{3}b^5=5b^3\times-\tfrac{1}{3}b^2$$

et (4ᵉ *exemple*)

$$2b(b+1)a^4=(b+1)a^2\times 2ba^2,\ 2b(b-2)=-2(b-2)\times-b.$$

Ce principe, sur lequel nous fonderons la règle de la division des polynomes, n'a visiblement lieu que dans le cas où les coefficiens des mêmes puissances de la lettre principale sont réunis dans des parenthèses; au reste, il n'est qu'un cas particulier de ce principe beaucoup plus général. *Les termes extrêmes du produit de plusieurs polynomes ordonnés selon les puissances ascendantes ou descendantes d'une lettre commune, sont égaux aux produits des premiers et des derniers termes de tous les facteurs.*

54. *Le produit de deux polynomes composés, l'un de* m *termes et l'autre de* n, a *au moins deux termes et au plus* mn. 1° Ce produit a au moins deux termes, puisque parmi les termes d'un produit il y en a toujours au moins deux qui ne subissent aucune réduction (n° 53), *Ex.* $(a^2+ab+b^2)(a-b)=a^3-b^3$; 2° Ce produit ne peut avoir plus de *mn* termes. En effet, dans la supposition qu'aucun de ses termes ne soient susceptibles d'être réduits, chaque terme du multiplicateur ne peut en donner que *m* au produit, les *n* du multiplicateur ne pourront donc produire plus de

mn termes. Cette circonstance se présente dans le 1er exemple de multiplication du (n° 44).

CHAPITRE IV.

DIVISION ALGÉBRIQUE.

55. Le but de la *division algébrique* est : connaissant un produit et l'un de ses facteurs, déterminer l'autre facteur. Ces trois quantités sont appelées, comme en arithmétique : *dividende, diviseur, quotient.*

I. *Division des monomes.*

56. La division des monomes exige, comme la multiplication, la connaissance de quatre règles relatives aux *lettres,* aux *coefficiens,* aux *exposans* et aux *signes,* que nous allons successivement exposer.

57. RÈGLE DES LETTRES. *Elle consiste à supprimer dans le dividende les lettres du diviseur qui lui sont communes et à indiquer simplement la division pour les lettres du diviseur étrangères au dividende.* Ex. $ab : a = b$, $abc : bd = \dfrac{ac}{d}$, $a^3 b^2 : a^3 c^5 = \dfrac{b^2}{c^5}$. En effet, $ab : a = \dfrac{ab}{a} = b$, $abc : bd = \dfrac{abc}{bd} = \dfrac{ac}{d}$, $a^3 b^2 : a^3 c^5 = \dfrac{a^3 b^2}{a^3 c^5} = \dfrac{b^2}{c^5}$, puisqu'on ne change pas la valeur d'une fraction en divisant ses deux termes par le même nombre.

58. RÈGLE DES COEFFICIENS. *Le coefficient du quotient est égal au coefficient du dividende divisé par le coefficient du diviseur.* Ex. $6ab : 3a = 2b$, $\frac{2}{3} abc : \frac{5}{7} ad = \frac{14}{15} \dfrac{bc}{d}$. Car si l'on faisait la preuve, le coefficient du dividende serait le produit du coefficient du diviseur par celui du quotient (n° 40). Or, si l'on divise un produit par l'un de ses facteurs, on doit avoir pour quotient l'autre. Donc *le coefficient du quotient est égal au coefficient du dividende*, etc.

59. RÈGLE DES EXPOSANS. *L'exposant d'une lettre quelconque du quotient est égal à la différence des exposans de la même lettre dans le dividende et le diviseur.* Ex. $6a^5b^4c : 2a^3b = 3a^2b^3c$, $a^mb^pc^s : a^nb^qc^t = a^{m-n}p^{-q}bc^{s-t}$. En effet, le diviseur multiplié par le quotient devant reproduire le dividende, l'exposant d'une lettre quelconque du dividende est égal à la somme des exposans de la même lettre dans le diviseur et le quotient. (n° 41.) Mais si d'un tout composé de deux parties, on retranche l'une de ses parties, on obtient pour reste l'autre. Donc, *l'exposant d'une lettre quelconque du quotient est égal*, etc.

60. RÈGLE DES SIGNES. *Le quotient prend le signe $+$, quand le dividende et le diviseur ont le même signe, et le signe $-$ quand ils sont de signes différens.* Ainsi $+ab : +a = +b, -ab : -a = +b, +ab : -a = -b, -ab : +a = -b$. Ces quotiens sont visiblement exacts, car ce sont les seules quantités qui, multipliées par leurs diviseurs respectifs, reproduisent les dividendes correspondans (n° 42).

61. Voici des exemples de la division des monomes :

$$12a^5b^2c : 4a^2b = 3a^3bc, \quad -24a^{18}b : -6a^5bc^2 = \frac{4a^{10}}{c^2}$$

$$3a^5b : -\frac{5}{3}abc^3 = -\frac{9}{5}\frac{a^4}{c^3}, \quad -\frac{3}{11}a^mb^p : \frac{2}{7}a^mc^q = -\frac{21}{22}\frac{b^p}{c_q}$$

II. *De l'Exposant* o.

62. *Toute expression qui a pour exposant o est égale à l'unité.* Ainsi, que A représente une expression quelconque, on a $A^0 = 1$. En effet, quelque soit m (n° 59.), l'on a $\frac{A^m}{A^m} = A^{m-m}$, ou en observant que $m - m = 0$, $\frac{A^m}{A^m} = A^0$. Mais on a aussi $\frac{A^m}{A^m} = 1$ puisque les deux termes de cette fraction sont égaux ; de ces deux égalités on déduit évidemment $A^0 = 1$. C.Q.F.D. Ex. $6^0 = 1, \left(\frac{2}{3}\right)^0 = 1, (a^2 - 2a - 5)^0 = 1$.

63. *Toute quantité indépendante d'une lettre* (c'est-à-dire qui ne la renferme pas) *peut être considérée comme ayant pour facteur la puissance o de cette lettre.* Ainsi, $b = ba^o$, $3b^2 = 3b^2a^o$, $3c - d^2 = (3c - d^2)a^o$. Ce qui est évident puisque $a^o = 1$.

64. Puisque $A^o = 1$ quel que soit A, on doit avoir aussi $o^o = 1$, ce qui paraît absurde puisque toutes les puissances de o sont égales à o. Pour éclaircir ce résultat, remarquons que o^o provient de la division de o^m par o^m ou simplement de o par o; or, $\frac{o}{o}$ représente un nombre quelconque, car quel que soit le quotient, multiplié par le diviseur o, il produira toujours le dividende o. L'égalité $o^o = 1$, ou $\frac{o}{o} = 1$ n'est donc pas absurde, elle est seulement trop particulière. L'expression $\frac{o}{o}$ est d'un grand usage dans l'algèbre où elle est connue sous le nom de *Symbole de l'indétermination.*

III. *Théorie des exposans négatifs.*

65. *Les exposans négatifs proviennent des divisions dans lesquelles les exposans du dividende sont plus petits que les exposans de même lettre dans le diviseur.* Ainsi le quotient de a^{12} divisé par $a^{17} = a^{12-17}$ ou a^{-5}; celui de a^3b^2 par $a^7b^3 = a^{3-7}b^{2-3}$ ou $a^{-4}b^{-1}$. En général, $A^{-m} = \dfrac{A^k}{A^{k+m}}$ quel que soit k, car en effectuant la division, $\dfrac{A^k}{A^{k+m}} = A^{k-k-m}$ ou A^{-m}, à cause de $k - k = o$.

66. *Toute expression affectée d'un exposant négatif ou positif, égale l'unité divisée par cette expression dans laquelle on a changé le signe de l'exposant.* Ainsi, $A^{-m} = \dfrac{1}{A^m}$, $A^m = \dfrac{1}{A^{-m}}$.

1° Quel que soit k, $A^{-m} = \dfrac{A^k}{A^{k+m}}$ posant $k = o$ et observant que $A^o = 1$, l'égalité précédente devient $A^{-m} = \dfrac{1}{A^m}$. *Autrement :* $A^{-m} = \dfrac{A^k}{A^{k+m}}$ peut s'écrire ainsi $A^{-m} = \dfrac{A^k}{A^k \times A^m}$ divisant les deux termes de la fraction du second membre par A^k l'on a $A^{-m} = \dfrac{1}{A^m}$.

$$Ex. \quad a^{-5} = \frac{1}{a^5} \; , \; (a-b)^{-3} = \frac{1}{(a-b)^3} \; , \; (a^2-2a+3)^{-1} =$$

$$\frac{1}{a^2-2a+3} \; .$$

2° L'égalité $A^{-m} = \dfrac{1}{A^m}$ fait voir que A^{-m} est le quotient d'une division dont le dividende est l'unité et dont le diviseur est A^m. Or si l'on divise le dividende par le quotient, on doit retrouver le diviseur, donc $A^m = \dfrac{1}{A^{-m}}$. $Ex.$ $a^7 = \dfrac{1}{a^{-7}}$, $(a+2b)^2 = \dfrac{1}{(a+2b)^{-2}}$.

Il sera facile actuellement d'évaluer un nombre affecté d'un exposant négatif. Soit pour exemple 5^{-3} on remarque que $5^{-3} = \dfrac{1}{5^3}$, mais $5^3 = 5 \times 5 \times 5 = 125$, donc $5^{-3} = \dfrac{1}{125}$. Soit encore 10^{-5}, on a $10^{-5} = \dfrac{1}{10^5}$, mais $10^5 = 10.10.10.10.10 = 100000$ donc $10^{-5} = \dfrac{1}{100000} = 0,00001$.

On peut encore conclure de ce principe que tout nombre décimal peut être ordonné suivant les puissances décroissantes de 10, car, soit pris pour exemple le nombre $2579,318$, on pourra le mettre sous la forme.

$$2.1000 + 5.100 + 7.10 + 9 + 3.\frac{1}{10} + 1.\frac{1}{100} + 8.\frac{1}{1000}$$

et par suite sous celle-ci :

$$2.10^3 + 5.10^2 + 7.10 + 9 + 3.\frac{1}{10} + 1.\frac{1}{10^2} + 8.\frac{1}{10^3}$$

en observant que $10^3 = 1000$, $10^2 = 100$, etc. Ou bien enfin sous cette autre :

$$2.10^3 + 5.10^2 + 7.10^1 + 9.10^0 + 3.10^{-1} + 1.10^{-2} + 8.10^{-3}$$

67. *On peut faire passer un facteur d'un terme d'une fraction dans l'autre, en changeant le signe de son exposant.* Ainsi $\dfrac{a^m b^n}{c^p d^q}$ $= \dfrac{a^m b^n c^{-p}}{d^q}$ et $\dfrac{a^m b^n}{c^p d^q} = \dfrac{b^n}{a^{-m} c^p d^q}$. En effet; 1° $\dfrac{a^m b^n}{c^p d^q} = \dfrac{a^m b^n}{d^q}$

$$\times \frac{1}{c_p}, \text{ mais } \frac{1}{c_p} = c^{-p} \text{ donc } \frac{a^m b^n}{c_p d_q} = \frac{a^m b^n}{d_q} \times c^{-p} = \frac{a^m b_n c^{-}}{d^q} ;$$

$$2^o \ \frac{a^m b^n}{c^p d^q} = \frac{b_n}{c^p d^q} \times a^m, \text{ mais } a^m = \frac{1}{a^{-m}} \text{ substituant } \frac{a^m b^n}{c^p d^q} =$$

$$\frac{b^n}{c^p d^q} \times \frac{1}{a^{-m}} = \frac{b^n}{a^{-m} c_p d^q} \ .$$

Au moyen de cette transformation, toute expression fractionnaire peut se mettre sous forme entière et réciproquement. $Ex. \ \dfrac{a^3 \, b^2}{c^4 \, d^5}$

$$= a^3 b^2 c^{-4} d^{-5} , \ a^8 b^6 = \frac{1}{a^{-8} b^{-6}} \ .$$

68. *La règle de la multiplication relative aux exposans*, démontrée (n° 41) dans le cas où ils sont positifs, *convient également aux exposans négatifs.* Ainsi $a^m \times a^{-n} = a^{m-n}$, $a^{-m} \times a^n$ $= a^{-m+n}$, $a^{-m} \times a^{-n} = a^{-m-n}$. En effet : $1^o \ a^m \times a^{-n} = a^m \times \dfrac{1}{a^n}$ $= \dfrac{a^m}{a^n} = a^{m-n}$; $2^o \ a^{-m} \times a^n = \dfrac{1}{a^m} \times a^n = \dfrac{a^n}{a^m} = a^{n-m} = a^{-m+n}$; $3^o \ a^{-m} \times a^{-n} = \dfrac{1}{a^m} \times \dfrac{1}{a^n} = \dfrac{1}{a^{m+n}} = a^{-m-n}.$

69. *La règle des exposans de la division* (n° 59) *convient également aux exposans négatifs.* Ainsi $a^m : a^{-n} = a^{m+n}$, $a^{-m} : a^n$ $= a^{-m-n}$, $a^{-m} : a^{-n} = a^{-m+n}$. En effet : $1^o \ a^m : a^{-n} = a^m : \dfrac{1}{a^n} =$ $a^m a^n = a^{m+n}$; $2^o \ a^{-m} : a^n = \dfrac{1}{a^m} : a^n = \dfrac{1}{a^{m+n}} = a^{-m-n}$; $3^o \ a^{-m} :$ $a^{-n} = \dfrac{1}{a^m} : \dfrac{1}{a^n} = \dfrac{a^n}{a^m} = a^{n-m} = a^{-m+n}.$

IV. *Division des polynomes.*

70. Pour effectuer la division de deux polynomes ; *on ordonne le dividende et le diviseur par rapport aux puissances décroissantes d'une lettre commune, en ayant le soin de renfermer entre parenthèses, les coefficiens des termes affectés des mêmes puissances* *de cette lettre. On écrit le diviseur à la suite du dividende en les séparant par un trait vertical ; enfin on souligne le diviseur pour écrire au-dessous les termes du quotient.*

Cela fait, on divise le 1ᵉʳ terme du dividende par le 1ᵉʳ terme du diviseur ; le résultat est le 1ᵉʳ terme du quotient.

On retranche du dividende le produit du diviseur par le 1ᵉʳ terme du quotient, et après avoir ordonné le reste, on divise son 1ᵉʳ terme par le 1ᵉʳ terme du diviseur ; le résultat est le 2ᵉ terme du quotient.

On retranche du 1ᵉʳ reste le produit du diviseur par le 2ᵉ terme du quotient et on obtient un 2ᵉ reste dont le 1ᵉʳ terme divisé par le 1ᵉʳ terme du diviseur, fournit le 3ᵉ terme du quotient, etc.

On continue ainsi jusqu'à ce que l'on soit parvenu à un reste nul auquel cas la division est dite exacte, ou à un reste algébriquement plus petit que le diviseur (n° 54).

Voici plusieurs exemples dans lesquels le dividende et le diviseur ont été ordonnés préalablement.

Exemple de division exacte.

$$\begin{array}{l|l}
\textbf{Dividende.} & \textbf{Diviseur.} \\
15a^5 - a^4 + 13a^3 + 22a^2 - 12a + 5 & 3a^2 - 2a + 5. \\
15a^5 - 10a^4 + 25a^3 & \\
\hline
& \textbf{Quotient.} \\
& 5a^3 + 3a^2 - 2a + 1.
\end{array}$$

1ᵉʳ Reste. $9a^4 - 12a^3 + 22a^2 - 12a + 5$
$$9a^4 - 6a^3 + 15a^2$$

2ᵉ Reste. $-6a^3 + 7a^2 - 12a + 5$
$$-6a^3 + 4a^2 - 10a$$

3ᵉ Reste. $3a^2 - 2a + 5$
$$3a^2 - 2a + 5$$

4ᵉ Reste. 0

Exemple de division avec reste.

Dividende. | Diviseur.

$$3a^4 - \tfrac{5}{2}a^3b - \tfrac{5}{3}a^2b^2 + \tfrac{1}{2}ab^3$$
$$3a^4 - \tfrac{1}{2}a^3b + a^2b^2$$

Diviseur.
$$3a^2 - \tfrac{1}{2}ab + b^2$$

Quotient.
$$a^2 - \tfrac{2}{3}ab - b^2$$

1er Reste.
$$-2a^3b - \tfrac{8}{3}a^2b^2 + \tfrac{1}{2}ab^3$$
$$-2a^3b + \tfrac{1}{3}a^2b^2 - \tfrac{2}{3}ab^3$$

2e Reste.
$$-3a^2b^2 + \tfrac{7}{6}ab^3$$
$$-3a^2b^2 + \tfrac{1}{2}ab^3 - b^4$$

3e Et dernier reste.
$$\tfrac{2}{3}ab^3 + b^4$$

Exemple de division complexe.

Dividende. | Diviseur.

$$3(b+1)a^4 + (b^2 - 3b - 1)a^3 - (b^2 + 4)a^2 + a + 1$$
$$3(b+1)a^4 \qquad -3ba^3 \qquad -3a^2$$

Diviseur.
$$(b+1)a^2 - ba - 1$$

Quotient.
$$3a^2 + (b-1)a - 1$$

1er Reste.
$$(b^2 - 1)a^3 - (b^2 + 1)a^2 + a + 1$$
$$(b^2 - 1)a^3 - (b^2 - b)a^2 - (b-1)a$$

2e Reste.
$$-(b+1)a^2 + ba + 1$$
$$-(b+1)a^2 + ba + 1$$

3e Reste. 0

La preuve de la division se fait comme en arithmétique. On multiplie le diviseur par le quotient, et, si l'on a bien opéré, en ajoutant le produit avec le reste, on doit retrouver le dividende.

DÉMONSTRATION. Le dividende étant égal au diviseur multiplié par le quotient, si l'on conçoit ce quotient ordonné suivant les puissances décroissantes de la même lettre que le dividende et le diviseur, le premier terme du dividende, en vertu du (n° 53), sera le produit du 1er terme du diviseur par le 1er terme du quotient ; or, si l'on divise un produit par l'un de ses facteurs , on a pour quotient l'autre : donc le résultat de la division du 1er terme du dividende par le 1er terme du diviseur est bien le 1er terme du quotient.

Si l'on retranche du dividende le diviseur multiplié par le 1er terme du quotient, le reste exprime le produit du diviseur par tous les autres termes du quotient à l'exception du 1er ; et si ce reste est ordonné, son 1er terme (n° 53), est le produit du 1er terme du diviseur par le 2e terme du quotient.

On prouverait, par le même raisonnement, que le 1er terme du 2e reste divisé par le 1er terme du diviseur doit produire le 3e terme du quotient, et ainsi de suite.

En général : *le 1er terme du m^{me} reste divisé par le 1er terme du diviseur , fournit le* m $+$ 1ième *terme du quotient*. Soit en effet A, B et R le dividende, le diviseur et ce $m^{iéme}$ reste ; soit aussi p l'ensemble des m termes connus du quotient et q la réunion des termes suivans, en sorte que le quotient complet et ordonné soit $p+q$, on aura $A = B(p+q)$ ou $A = Bp + Bq$. Retranchant Bp dans chaque membre et remarquant que $A - Bp$ n'est autre chose que R, il vient $R = Bq$; le 1er terme de R est donc le produit des premiers termes de B et q (n° 53), et par conséquent le 1er terme de R divisé par le 1er terme de B doit fournir le 1er terme de q, c'est-à-dire le $m+1^{iéme}$ terme du quotient.

Il est facile de déduire de ce qui précède, *la nécessité d'ordonner le dividende, le diviseur et les restes successifs, et de réunir en une seule parenthèse tous les termes affectés d'une même puissance de la lettre principale*. En effet, si l'on ne prenait pas cette précaution, le principe du (n° 53) sur lequel nous avons établi nos raisonnemens, ne subsisterait plus, et la règle énoncée se trouverait généralement en défaut.

Enfin, pour compléter cette démonstration, nous ferons remarquer que les puissances de la lettre principale disparaissant successivement dans les différens restes par l'effet des soustractions, on doit arriver essentiellement à un reste algébriquement plus petit que le diviseur, après un nombre de divisions partielles égal, tout au plus, à la différence des plus forts exposans de cette lettre dans le dividende et le diviseur augmenté d'une unité.

V. *Remarques sur la division des polynomes.*

71. *Lorsqu'après avoir obtenu un reste plus petit que le diviseur, on continue à faire la division, on trouve généralement au quotient une série de termes, affectés des puissances négatives de la lettre principale.* Pour vérifier cette assertion, il suffira de diviser $a^4 + 1$ par $a^3 - a^2$

$$
\begin{array}{l|l}
a^4 + 1 & a^3 - a^2 \\
\cline{2-2}
a^4 - a^3 & a + a^0 + a^{-1} + a^{-2} + 2a^{-3} + \text{etc.} \\
\hline
a^3 + 1 & \\
a^3 - a^2 & \\
\hline
a^2 + 1 & \\
a^2 - a & \\
\hline
a + 1 & \\
a - 1 & \\
\hline
\quad 2 & \\
\quad 2 - 2a^{-1} & \\
\hline
\quad\quad 2a^{-1} & \\
\end{array}
$$

72. *Lorsqu'on a trouvé au quotient, un terme dans lequel l'exposant de la lettre principale est égal à la différence des plus faibles exposans de cette lettre dans le dividende et le diviseur, on peut en conclure que la division ne se fait pas exactement.* Ainsi, dans l'exemple précédent, quand on a trouvé au quotient le terme a^{-2} dans lequel l'exposant -2 égale le plus faible exposant o du dividende diminué du plus faible exposant 2 du diviseur, on est certain que la division est inexacte.

En effet, supposons un instant que la division d'un polynome par un autre soit exacte ; et soit m, n et x les exposans de la lettre par rapport à laquelle on a ordonné, dans les derniers termes du dividende, du diviseur et du quotient, on aura entre ces trois nombres la relation $n + x = m$ puisque le dernier terme du dividende provient sans réduction du dernier terme du diviseur multiplié par le dernier terme du quotient (n° 53), et que l'exposant d'une lettre d'un produit égale la somme des exposans de la même lettre dans les deux facteurs. De cette égalité, on retire $x = m - n$; donc, si après avoir obtenu au quotient un terme affecté de la puissance $m - n$ de la lettre principale, le reste n'est pas nul, la division est essentiellement inexacte. *C. Q. F. D.*

73. En réfléchissant sur la démonstration du (n° 70), on conçoit sans difficulté que *la règle de la division peut s'appliquer également aux polynomes ordonnés suivant les puissances croissantes d'une lettre commune, et qu'alors dans ce cas, le quotient est aussi ordonné de la même manière.* Toutefois, il est à remarquer que les restes successifs croissant au lieu de décroître, il sera impossible d'arriver à un reste plus petit que le diviseur, si la division doit être inexacte surtout.

Ce nouveau procédé de division, est employé lorsqu'on veut obtenir le quotient en série procédant selon les puissances positives et croissantes de la lettre principale. Il prend alors le nom de *série reccurente,* à raison de ce que le coefficient de l'un quelconque de ses termes, peut se déduire des coefficiens des termes précédens d'après une loi uniforme. Pour fixer les idées, effectuons de cette manière la division de $1 + a$ par $1 - a - a^2$.

$$
\begin{array}{l|l}
1 + a & 1 - a - a^2 \\
\cline{2-2}
1 - a - a^2 & 1 + 2a + 3a^2 + 5a^3 + 8a^4 + \text{etc.} \\
\end{array}
$$

$$2a + a^2$$
$$2a - 2a^2 - 2a^3$$
$$\overline{\qquad 3a^2 + 2a^3 \qquad}$$
$$3a^2 - 3a^3 - 3a^4$$
$$\overline{\qquad 5a^3 + 3a^4 \qquad}$$
$$5a^3 - 5a^4 - 5a^5$$
$$\overline{\qquad 8a^4 + 5a^5 \qquad}$$

$$\cdots \cdots$$

On voit dans ce cas particulier que le coefficient de l'un quelconque des termes du quotient $1 + 2a + 3a^2 + 5a^3 + 8a^4 +$ etc. égale la somme des coefficiens des deux termes précédens, ce qui permet de le continuer comme il suit sans faire aucun calcul :

$$1 + 2a + 3a^2 + 5a^3 + 8a^4 + 13a^5 + 21a^6 + 34a^7 + \text{etc.}$$

74. *Lorsque le dividende et le diviseur sont homogènes, le quotient est homogène et d'un degré égal à la différence des degrés du dividende et du diviseur. Tous les restes sont aussi homogènes et de même degré que le dividende.* Soit m et n les degrés du dividende et du diviseur, le 1er terme du quotient résultant de la division d'un terme du degré m par un terme du degré n est du degré m—n. Le produit du diviseur par le 1er terme du quotient sera donc (n° 45) du degré n+m—n ou m, et par conséquent le 1er reste qui provient du dividende diminué de ce produit sera aussi un polynome homogène du degré m. On démontrerait de la même manière que le second terme du quotient est du degré m—n, et le 2e reste un polynome du degré m et ainsi de suite.

Cette loi peut servir à vérifier les exposans du quotient dans le cas où le dividende et le diviseur sont homogènes. Nous citerons pour exemple la 2e division effectuée dans le (n° 70).

75. *Un polynome ne peut être exactement divisible par un autre polynome indépendant de la lettre suivant laquelle il a été ordonné, que lorsque tous les coefficiens de cette lettre, dans le premier, sont exactement divisibles par le second.* Pour fixer les idées, représentons les deux polynomes par Aa^3+Ba^2+Ca+D et P; A, B, C, D et P étant des expressions indépendantes de a; et cherchons le quotient de la manière accoutumée. On trouve pour résultat $\frac{A}{P} a^3$+$\frac{B}{P} a^2$+$\frac{C}{P} a$+$\frac{D}{P}$, il faut donc, pour que les coefficiens de ce quotient soient entiers, que A, B, C, D soient exactement divisibles par P. c.q.f.d. Ainsi le polynome $(b^2$—$1)a^2$+$(b$—$1)a$+$(b$—$1)^2$ n'est pas divisible par b+1; à raison de ce que b—1, $(b$—$1)^2$ ne sont pas divisibles par b+1; mais il est divisible exactement par b—1, et l'on trouve le quotient $(b$+$1)a^2$+a+$(b$—$1)$, en observant que $\frac{b^2—1}{b—1} = b+1$, $\frac{b—1}{b—1}$ $= 1$, $\frac{(b—1)^2}{b—1} = b—1$.

76. En général, le fait seul de la division peut apprendre si un polynome est exactement divisible par un autre. Cependant, dans certaines circonstances, on peut prévoir que la division est inexacte ; c'est ce qui arrive, par exemple, lorsque le dividende étant un monome, le diviseur est un polynome ou bien lorsque le diviseur renferme des lettres qui ne se trouvent pas dans le dividende. Car, dans le 1er cas, le quotient ne peut être un monome ni un polynome, puisque si cela était, multiplié par le diviseur il reproduirait au moins un binome (n°54) et dans le second, il n'existe pas de polynomes qui, multipliés par le diviseur, donnent un produit indépendant de certaines lettres de ce diviseur.

VI. *Sur la différence des puissances* m *de deux quantités.*

77. *La différence des puissances* m *de deux quantités est exactement divisible par la différence de leur première puissance, et le quotient se compose des* m *produits homogènes du degré* m—1 *que l'on peut former avec ces deux quantités.*

Désignons par A et B deux quantités quelconques, et afin de nous préparer à la démonstration générale, divisons A^2-B^2, A^3-B^3, A^4-B^4, etc. par $A-B$.

$$
\begin{array}{ll|l}
A^2-B^2 & & A-B \\
A^2-AB & & \overline{A+B} \\
\hline
AB-B^2 & & \\
AB-B^2 & & \\
\hline
\quad 0 & &
\end{array}
\qquad
\begin{array}{ll|l}
A^3-B^3 & & A-B \\
A^3-A^2B & & \overline{A^2+AB+B^2} \\
\hline
A^2B-B^3 & & \\
A^2B-AB^2 & & \\
\hline
AB^2-B^3 & & \\
AB^2-B^3 & & \\
\hline
\quad 0 & &
\end{array}
$$

$$
\begin{array}{ll|l}
A^4-B^4 & & A-B \\
A^4-A^3B & & \overline{A^3+A^2B+AB^2+B^3} \\
\hline
A^3B-B^4 & & \\
A^3B-A^2B^2 & & \\
\hline
A^2B^2-B^4 & & \\
A^2B^2-AB^3 & & \\
\hline
AB^3-B^4 & & \\
AB^3-B^4 & & \\
\hline
\quad 0 & &
\end{array}
$$

Tous les quotiens que nous venons d'obtenir sont exacts, et conformément à l'énoncé, les termes de chacun d'eux sont d'un degré inférieur d'une unité à celui du dividende et en nombre égal à ce dernier degré.

Élevons-nous actuellement au cas le plus général et divisons $A^m - B^m$ par $A - B$.

$$
\begin{array}{c|l}
A^m - B^m & A - B \\
\hline
A^m - A^{m-1}B & A^{m-1} + A^{m-2}B + A^{m-3}B^2 + \text{etc.}
\end{array}
$$

1er Reste. $\quad A^{m-1}B - B^m$
$\qquad\qquad\quad A^{m-1}B - A^{m-1}B^2$

2e Reste. $\quad A^{m-2}B^2 - B^m$
$\qquad\qquad\quad A^{m-2}B^2 - A^{m-3}B^3$

3^e Reste. $\quad A^{m-3}B^3 - B^m$

$$\text{etc.}\ldots$$

En examinant les restes successifs $A^{m-1}B - B^m$, $A_{m-2}B^2 - B^m$, $A^{m-3}B^3 - B^m$ etc. on s'aperçoit qu'ils ont tous le même second terme $-B^m$, et que dans le 1er terme de l'un quelconque d'entre eux, l'exposant de B indique le nombre des divisions partielles effectuées, et que celui de A est égal à m diminué de celui de B ; on peut donc conclure par analogie qu'après m divisions partielles le reste sera $A^{m-m}B^m - B^m$ ou $A^0B^m - B^m$ ou bien enfin o, en observant que $A^0 = 1$. Conséquemment le quotient de $A^m - B^m$ par $A - B$ est toujours exact quel que soit m et il se compose de m, termes qui sont visiblement du degré $m - 1$, de sorte que les deux derniers termes sont $AB^{m-2} + B^{m-1}$.

Pour vérifier ce résultat, on peut multiplier le quotient que l'on vient de trouver par $A - B$, et l'on retombe bien, comme on le voit ci-dessous, sur le dividende $A^m - B^m$.

$$A^{m-1} + A^{m-1}B + A^{m-3}B^2 \ldots + AB^{m-2} + B^{m-1}$$
$$A - B$$
$$\overline{}$$
$$A^m + A^{m-1}B + A^{m-2}B^2 \ldots + A^2B^{m-2} + AB^{m-1}$$
$$\quad - A^{m-1}B - A^{m-2}B^2 - A^{m-3}B^3 \ldots - AB^{m-1} - B^m$$
$$\overline{}$$
$$A^m - B^m.$$

78. Pour faire une application de la formule précédente, cherchons les *conditions essentielles pour qu'un nombre soit divisible par 9 ou par 3*. Considérons pour fixer les idées le nombre particulier 5789. On pourra l'écrire ainsi (n° 47) $5 \times 10^3 + 7 \times 10^2 + 8 \times 10 + 9$ et par suite, en observant que toutes les puissances de l'unité sont égales à l'unité, il pourra se mettre sous la nouvelle forme $5(10^3 - 1^3) + 7(10^2 - 1^2) + 8(10 - 1)$

$$+5 \qquad +7 \qquad +8 \qquad +9$$

or, les expressions $10^3 - 1^3$, $10^2 - 1^2$, $10 - 1$ étant exactement divisibles par $10 - 1$ ou 9, la première ligne est elle-même exactement divisible par 9 ou par 3. La condition cherchée se réduit donc à ce que la seconde ligne soit en même temps divisible par 9 ou par 3 ; cette seconde ligne étant composée de la somme des chiffres du nombre donné, la règle pourra s'énoncer ainsi : *1° un nombre est divisible par 9 ou par 3 lorsque la somme de ses chiffres est un multiple de 9 ou de 3. 2° le reste que l'on obtient en divisant un nombre par 9 ou par 3, est égal à l'excès de la somme de ses chiffres, sur le plus grand multiple de 9 ou de 3 que cette somme renferme.*

CHAPITRE V.

FRACTIONS LITTÉRALES.

79. Lorsqu'il est impossible d'effectuer exactement la division des quantités algébriques, on se contente généralement d'indiquer cette opération : alors le quotient non effectué prend le nom de *fraction littérale*, et le dividende et le diviseur, ceux de *numérateur* et de *dénominateur*. Ainsi, les divisions de $a - 2b$ par $a^3 - b^3$, ou de $a^3 - 3a^2b - b^3$ par $a^2 - b^2$ conduisant à des quotiens indéfinis, on se borne à les présenter sous la forme $\dfrac{a - 2b}{a^3 - b^3}$,

$$\dfrac{a^3 - 3a^2b - b^3}{a^2 - b^2}.$$

Lorsque les deux termes d'une fraction littérale sont ordonnés par rapport à une lettre commune, on la considère comme plus grande ou plus petite que l'unité, suivant que le numérateur est algébriquement plus grand ou plus petit que le dénominateur (n° 54) ainsi, $\dfrac{a^3-3a^2b-b^3}{a^2-b^2} > 1$, $\dfrac{a-2b}{a^3-b^3} < 1$. Dans le premier cas, l'on peut en extraire les entiers en y appliquant les procédés connus pour les fractions numériques. S'il s'agit, par exemple, de la fraction $\dfrac{a^3-3a^2b-b^3}{a^2-b^2}$, on divise $a^3-3a^2b-b^3$ par a^2-b^2, on a pour quotient $a-3b$ et pour reste ab^2-4b^3, ce qui permet de l'écrire ainsi $a-3b+\dfrac{ab^2-4b^3}{a^2-b^2}$ ou $a-3b+\dfrac{b^2(a-4b)}{a^2-b^2}$

Désormais nous désignerons sous le nom de *fraction*, toute expression fractionnaire plus grande ou plus petite que l'unité; et lorsque cette expression sera essentiellement plus petite que l'unité, nous la nommerons *fraction proprement dite*.

II. *Réduction des fractions à leur plus simple expression.*

80. On réduit généralement une fraction à sa plus simple expression, en divisant ses deux termes par leur plus grand commun diviseur : mais la recherche de cette quantité, qui d'ailleurs n'est pas essentielle pour l'intelligence des théories que nous nous proposons de développer, est trop compliquée pour trouver place ici. Nous nous bornerons donc à faire voir, par plusieurs exemples, comment on peut suppléer à cette recherche, dans beaucoup de cas, par la suppression des facteurs communs aux deux termes de la fraction, facteurs que l'on aperçoit aisément lorsque l'on a un peu d'habitude.

Soit d'abord à réduire la fraction $\dfrac{abc}{acf-agc}$ on peut la mettre sous la forme $\dfrac{ac\times b}{ac\times(f-g)}$ et en supprimant au numérateur et au dénominateur le facteur ae, ce qui ne l'altère pas, l'on obtient :

$$\frac{b}{f-g}$$

Soit encore la fraction $\dfrac{ab-bc}{a^3-ac^2}$, on voit de suite qu'elle peut s'écrire ainsi $\dfrac{b(a-c)}{a(a^2-c^2)}$ ou bien $\dfrac{b(a-c)}{a(a+c)(a-c)}$ puisque $a^2-c^2 =(a+c)(a-c)$. Supprimant le facteur $a-c$ commun aux deux termes, il vient pour la fraction réduite $\dfrac{b}{a(a+c)}$

Soit, pour dernier exemple, à réduire à ses moindres termes la fraction $\dfrac{a^2b^2+b^2c^2-b^4-a^2c^2}{a^2b+a^2c-abc-ab^2}$. Remarquons que 1° $a^2b^2 +b^2c^2-b^4-a^2c^2=a^2(b^2-c^2)+b^2(c^2-b^2)=a^2(b^2-c^2)-b^2(b^2-c^2) =(a^2-b^2)(b^2-c^2)=(a+b)(a-b)(b+c)(b-c)$.

2° $a^2b+a^2c-abc-ab^2=a(ab+ac-bc-b^2)=a[a(b+c)-b(b+c)]=a(a-b)(b+c)$ et que par suite la fraction donnée devient $\dfrac{(a+b)(a-b)(b+c)(b-c)}{a(a-b)(b+c)}$, ou bien en effaçant dans les deux termes les facteurs communs $a-b$ et $b+c$; $\dfrac{(a+b)(b-c)}{a}$.

expression qui est visiblement irréductible.

III. *Calcul des fractions.*

81. Le calcul des fractions algébriques étant absolument semblable à celui des fractions numériques, nous nous contenterons d'en rappeler ici les principales règles.

1° Pour ajouter plusieurs fractions données, *il faut les réduire au même dénominateur,* (on multiplie à cet effet les deux termes de chaque fraction par le produit des dénominateurs de toutes les autres) *et prendre ensuite la somme de leurs numérateurs, en l'affectant du dénominateur commun.* Ex. $\dfrac{a}{b}+\dfrac{c}{d}+\dfrac{e}{f}=\dfrac{adf}{bdf}$

$$+\frac{bcf}{bdf}+\frac{bde}{bdf}=\frac{adf+bcf+bde}{bdf}$$

2° Pour retrancher une fraction d'une autre, *après les avoir ramenées au même dénominateur, on soustrait le numérateur de la première de celui de la seconde, et on affecte la différence du dénominateur commun.* Ex. $\dfrac{a+b}{a-b} - \dfrac{a-b}{a+b} = \dfrac{(a+b)^2}{a^2-b^2} - \dfrac{(a-b)^2}{a^2-b^2}$

$= \dfrac{(a+b)^2-(a-b)^2}{a^2-b^2} = \dfrac{(a+b+a-b)\,(a+b-a+b)}{a^2-b^2} = \dfrac{4ab}{a^2-b^2}$

3° **On** fait le produit de plusieurs fractions, *en multipliant leurs numérateurs et leurs dénominateurs séparément.* Ex. $\dfrac{a}{a-b}$

$\times \dfrac{b}{a+b} \times \dfrac{c}{a^2+b^2} = \dfrac{abc}{(a-b)(a+b)(a^2+b^2)} = \dfrac{abc}{(a^2-b^2)(a^2+b^2)}$

$= \dfrac{abc}{a^4-b^4}$

4° Pour faire la division des fractions, *on multiplie la fraction dividende par la fraction diviseur renversée,* ou bien encore, si cela est possible, *on divise numérateur par numérateur et dénominateur par dénominateur.*

$$\text{Ex. } \frac{a^2-1}{a^4-b^4} : \frac{a^4+b^4}{a^2+1} = \frac{(a^2-1)(a^2+1)}{(a^4-b^4)(a^4+b^4)} = \frac{a^4-1}{a^8-b^8},$$

$$\frac{ab}{a^2-1} : \frac{a}{a+1} = \frac{b}{a-1}$$

IV. *Changement qu'éprouve une fraction lorsqu'on retranche une même quantité de ses deux termes.*

82. Prenons l'expression générale $\dfrac{a}{b}$ qui représente une fraction proprement dite, l'unité ou un nombre fractionnaire, suivant que $a < b$, $a = b$, $a > b$, et retranchons de ses deux termes le nombre k de manière qu'elle devienne $\dfrac{a-k}{b-k}$; en désignant par x la diminution qu'elle a éprouvée par cette modification, nous aurons $x = \dfrac{a}{b} - \dfrac{a-k}{b-k}$ d'où, en faisant la soustraction, $x =$

$$\frac{ab-ak}{b(b-k)} - \frac{ab-bk}{b(b-k)} = \frac{bk-ak}{b(b-k)}$$ ou bien en mettant k en facteur dans le numérateur, $x = \dfrac{k(b-a)}{b(b-k)}$

Tant que $b-a$ et $b-k$ sont de mêmes signes, x est positif et indique, comme nous l'avons supposé, l'excès de $\dfrac{a}{b}$ sur $\dfrac{a-k}{b-k}$; mais si $b-a$, $b-k$ sont de signes différens, x devenant négatif, doit être pris dans un sens opposé, (n° 28) et indique alors que $\dfrac{a-k}{b-k}$ l'emporte sur $\dfrac{a}{b}$.

Supposons en premier lieu $a < b$ auquel cas $b-a$ est positif ; suivant que k sera $<$ ou $> b$, $b-k$ sera positif ou négatif, d'où il suit : *qu'une fraction proprement dite croit ou décroit suivant que l'on retranche de ses deux termes un nombre plus grand ou plus petit que son dénominateur.* Ainsi, $\dfrac{5}{12} < \dfrac{5-15}{12-15}$ ou $\dfrac{-10}{-3}$ ou $\dfrac{10}{3}$: et $\dfrac{5}{12} > \dfrac{5-3}{12-3}$ ou $\dfrac{2}{9}$.

Supposons maintenant $a > b$ c'est-à-dire $b-a$ négatif ; x sera positif ou négatif selon que k sera $>$ ou $< b$, ce qui permet de conclure : *qu'un nombre fractionnaire croit ou décroit suivant que l'on soustrait de ses deux termes un nombre plus petit ou plus grand que son dénominateur.* Ex. $\dfrac{12}{5} < \dfrac{12-3}{5-3}$ ou $\dfrac{9}{2}$; et $\dfrac{12}{5} > \dfrac{12-15}{5-15}$ ou $\dfrac{-3}{-10}$ ou bien $\dfrac{3}{10}$.

Si le nombre k était égal à b, on aurait $x = \dfrac{b(b-a)}{b(b-b)}$ ou $x = \dfrac{(b-a)}{0}$ pour interpréter ce résultat, remarquons qu'une fraction est d'autant plus grande que son dénominateur est plus petit relativement à son numérateur. Lors donc que le numérateur d'une fraction étant fini, son dénominateur est infiniment petit ou 0, elle doit acquérir une valeur infinie. Ainsi l'égalité $x = \dfrac{b-a}{0}$

fournit $x=\infty$ ou $x=-\infty$ suivant que a est $<$ ou $>$ b. Ce qui nous apprend que *lorsque $k=b$, la différence entre la fraction donnée et la fraction modifiée est infiniment grande.* (n° 13).

Il nous reste à examiner le cas de $a=b$ pour lequel l'expression $x=\dfrac{k(b-a)}{b(b-k)}$ devient $x=\dfrac{k(b-b)}{b(b-k)}$ ou $x=0$. *Une fraction égale à l'unité ne change donc pas de valeur, quel que soit le nombre que l'on retranche de ses deux termes ;* ce qui d'ailleurs est évident.

Enfin, si l'on a $a=b$ et en même temps $k=b$, l'égalité $x=\dfrac{k(b-a)}{b(b-k)}$ fournit $x=\dfrac{k\times0}{b\times0}$ ou bien $x=\dfrac{0}{0}$. *La différence x se présente alors sous une forme indéterminée* (n° 64) ce qui provient de ce que, dans cette circonstance, la fraction modifiée est elle-même sous cette forme.

83. Le numéro précédent offre l'exemple d'une *discussion* complète. On appelle ainsi l'examen de toutes les circonstances remarquables dont une formule est susceptible, lorsque l'on fait varier les différentes lettres dont elle est composée. On pourra s'exercer, en suivant la même méthode, sur le changement que subit une fraction, quand on augmente d'une même quantité son numérateur et son dénominateur.

⎯⎯•◦•⎯⎯

CHAPITRE VI.

FORMATION DES PUISSANCES.

I. *Généralités.*

84. La *puissance m* d'une quantité, comme nous l'avons dit (n° 9), est le produit de m facteurs égaux à cette quantité. On indique cette opération en renfermant la quantité dans une parenthèse à laquelle on donne pour exposant le degré de la puissance. Ainsi $(3a^2b)^5=3a^2b\times3a^2b\times3a^2b\times3a^2b\times3a^2b$, $(a^2-3bc)^3=(a^2-3bc)(a^2-3bc)(a^2-3bc)$, $\left(\dfrac{a}{b}\right)^4=\dfrac{a}{b}\times\dfrac{a}{b}\times\dfrac{a}{b}\times\dfrac{a}{b}$.

En général, $(a+b+c+d+$ etc.$)^m$, indique la puissance m du polynome $a+b+c+d+$ etc.

85. *La multiplication donne le moyen de développer successivement toutes les puissances d'une expression quelconque.* En effet, par définition, le carré d'une quantité est le produit de cette quantité par elle-même ; le cube, le produit du carré par cette quantité ; la 4ᵉ puissance, le produit du cube par cette quantité, etc. En général, en multipliant une puissance quelconque d'une quantité, par cette quantité on formera la puissance suivante.

Si la puissance à développer était négative, on la ramènerait au développement d'une puissance positive au moyen du principe du (n° 66).

86. Notre but, dans ce chapitre, sera d'indiquer quelques procédés pour simplifier le calcul des puissances des nombres et des quantités littérales, et en même temps de faire connaître plusieurs résultats dont nous ferons par la suite un fréquent usage.

II. *Sur les puissances des nombres.*

87. *La règle des exposans, dans la multiplication, peut servir à former une puissance déterminée d'un nombre, sans passer par toutes les puissances inférieures.* Pour fixer les idées à cet égard, proposons-nous de former la 12ᵉ puissance d'un nombre quelconque.

On formera, 1° le carré en multipliant ce nombre par lui-même ; 2° la 4ᵉ puissance en multipliant le carré par le carré ; 3° la huitième puissance en multipliant la 4ᵉ puissance par elle-même ; 4° enfin, la 12ᵉ puissance, en faisant le produit de la 8ᵉ par la 4ᵉ. En effet, si l'on représente ce nombre par A on a $A \times A = A^2$, $A^2 \times A^2 = A^4$, $A^4 \times A^4 = A^8$, $A^8 \times A^4 = A^{12}$; ainsi, pour développer 3^{12} on fera les calculs suivants : $3 \times 3 = 9$, $9 \times 9 = 81$, $81 \times 81 = 6561$, $6561 \times 81 = 531441$, donc $3^{12} = 531441$.

On aurait pu former d'abord le cube, puis multiplier le cube par lui-même, ce qui aurait produit la 6ᵉ puissance, et enfin former le carré de cette dernière pour obtenir la 12ᵉ, ce qui résulte de ce que $A^3 \times A^3 = A^6$, $A^6 \times A^6 = A^{12}$.

Ce qui précède suffit pour faire comprendre comment on peut abréger la formation d'une puissance donnée d'un nombre. Ce procédé s'applique également à toute espèce de quantités.

88. *La puissance* m *de* 10 *ou* 10^m *est égale à l'unité suivie de* m *zéros, et réciproquement l'unité suivie de* m *zéros est égale à* 10^m. En effet,

$$10^1 = 10 \qquad\qquad \text{et réciproquement} \quad 10 = 10^1$$
$$10^2 \text{ ou } 10 \times 10 = 100 \qquad\qquad 100 = 10^2$$
$$10^3 \text{ ou } 100 \times 10 = 1000 \qquad\qquad 1000 = 10^3$$
$$10^4 \text{ ou } 1000 \times 10 = 10000 \qquad\qquad 10000 = 10^4$$
$$\text{etc.} \qquad\qquad\qquad\qquad \text{etc.}$$

d'où l'on peut conclure en général que $10^m = 1$ suivi de m zéros, et réciproquement que 1 suivi de m zéros égale 10^m.

89. *Pour élever une fraction à une puissance quelconque, il faut élever ses deux termes à cette puissance.* Ainsi :
$$\left(\frac{2}{3}\right)^3 = \frac{2^3}{3^3} = \frac{8}{27}, \quad \left(\frac{7}{4}\right)^5 = \frac{7^5}{4^5} = \frac{16807}{1024}, \quad \left(\frac{2a-b}{a^3-b^2}\right)^8$$
$$= \frac{(2a-b)^8}{(a^3-b^2)^8}. \text{ Généralement } \left(\frac{A}{B}\right)^m = \frac{A^m}{B^m}\,; \text{ en effet } \left(\frac{A}{B}\right)^2$$
$$= \frac{A}{B} \times \frac{A}{B} = \frac{A^2}{B^2}, \left(\frac{A}{B}\right)^3 = \frac{A^2}{B^2} \times \frac{A}{B} = \frac{A^3}{B^3}, \left(\frac{A}{B}\right)^4$$
$$= \frac{A^3}{B^3} \times \frac{A}{B} = \frac{A^4}{B^4}, \text{ etc.}\,;$$
en continuant ainsi, on prouverait évidemment que cette règle convient à toutes les puissances, donc $\left(\dfrac{A}{B}\right)^m = \dfrac{A^m}{B^m}$.

90. 1° *Les puissances successives d'un nombre plus grand que l'unité, croissent rapidement et convergent vers l'infini ;* 2° *celles d'une fraction proprement dite décroissent au contraire et tendent vers zéro.*

1° On démontre en arithmétique que le multiplicande est plus petit que le produit, lorsque le multiplicateur est plus grand que l'unité. Donc, désignant par A un nombre plus grand que l'unité, on a $A < A \times A$ ou A^2, $A^2 < A^2 \times A$ ou A^3, $A^3 < A^3 \times A$ ou A^4, etc. Donc les quantités A, A^2, A^3 etc., croissent et convergent vers l'infini, en sorte que $A^\infty = \infty$.

2° On démontre également en arithmétique que le multiplicande est plus grand que le produit lorsque le multiplicateur est plus petit que l'unité ; ainsi A étant < 1, on a les inégalités suivantes : $A > A \times A$ ou A^2, $A^2 > A^2 \times A$ ou A^3, $A^3 > A^3 \times A$ ou A^4, etc. Les puissances de la fraction proprement dite A, décroissent donc et tendent par conséquent vers zéro, de manière que $A^\infty = 0$.

III. *Toutes les puissances d'une fraction irréductible sont irréductibles.*

91. Ainsi les puissances $\frac{2}{3}, \frac{4}{9}, \frac{8}{27}, \frac{16}{81}$, etc. de la fraction irréductible $\frac{2}{3}$ sont réduites à leur plus simple expression. Cette vérité, dont nous ferons bientôt usage, s'établit au moyen des principes suivans.

92. *Lorsqu'une fraction est égale à une autre fraction irréductible, les deux termes de la première sont des multiples égaux des deux termes de la seconde.* Soit en effet $\frac{A}{B} = \frac{a}{b}$, $\frac{a}{b}$ étant une fraction réduite à ses moindres termes, appelons D le plus grand commun diviseur entre A et B et remarquons qu'en divisant par D les deux termes de la fraction $\frac{A}{B}$, elle sera rendue irréductible et deviendra $\frac{a}{b}$ en vertu de la supposition : on a donc $\frac{A}{D} = a, \frac{B}{D} = b$, et en multipliant les deux membres de ces égalités par D ; il vient $A = aD$, $B = bD$. C.Q.F.D.

93. *Tout nombre premier qui divise un produit de deux facteurs divise exactement l'un ou l'autre de ces facteurs.* Soit le nombre premier p qui divise le produit $A \times B$, et soit Q le quotient de manière que $\frac{A \times B}{p} = Q$. Si p ne divise pas A, je dis qu'il divise B. En effet, divisons les deux membres de l'égalité précédente par B, on obtient $\frac{A}{p} = \frac{Q}{B}$. Or $\frac{A}{p}$ étant une fraction irréductible,

Q et B sont des multiples exacts de A et de p (n° 92), donc B est divisible par p.

94. *Tout nombre premier qui divise exactement une puissance quelconque d'un nombre, divise aussi exactement la première puissance.* Si le nombre premier p divise exactement A^m, il divise aussi A; en effet, $A^m = A \times A^{m-1}$; donc (n° 93), p divise A, ou A^{m-1}; admettons qu'il divise A^{m-1}, $A^{m-1} = A \times A^{m-2}$. Donc p divise aussi A^{m-2}. On démontrera de même que p divise exactement A^{m-3}, A^{m-4}, etc. Et il est clair qu'en continuant on arrivera essentiellement à prouver que p divise A.

95. *Toutes les puissances d'une fraction irréductible sont irréductibles.* Si la fraction $\dfrac{A}{B}$ est irréductible, $\dfrac{A^m}{B^m}$ jouit de la même propriété. Car, s'il en était autrement : soit p un diviseur premier commun à A^m et à B^m, p diviserait aussi A et B (n° 94); la fraction $\dfrac{A}{B}$ ne serait donc pas irréductible, ce qui est contre la supposition.

IV. *Sur les puissances des monomes.*

96. *Pour former une puissance déterminée d'un monome, il faut élever son coefficient à cette puissance et multiplier tous ses exposans par son degré.* Ex. $(3a^3b^2c)^5 = 3^5 a^{3.5} b^{2.5} c^5 = 243 a^{15} b^{10} c^5$, $\left(\dfrac{2}{3} a^5 bc^2\right)^3 = \dfrac{2^3}{3^3} a^{5.3} b^3 c^{2.3} = \dfrac{8}{27} a^{15} b^3 c^6$. Soit en effet le monome $Ca^p b^q$ dans lequel C indique un coefficient numérique quelconque; on a $(Ca^p b^q)^2 = Ca^p b^q \times Ca^p b^q = C^2 a^{2p} b^{2q}$, $(Ca^p b^q)^3 = C^2 a^{2p} b^{2q} \times Ca^p b^q = C^3 a^{3p} b^{3q}$, $(Ca^p b^q)^4 = C^3 a^{3p} b^{3q} \times Ca^p b^q = C^4 a^{4p} b^{4q}$, etc.; en continuant ainsi, on trouverait visiblement que cette loi convient à toutes les puissances. Donc en général $(Ca^p b^q)^m = C^m a^{mp} b^{mq}$.

97. *Toutes les puissances paires d'une quantité positive ou négative sont positives.* Ce qui peut s'écrire ainsi : $(\pm A)^{2m} = A^{2m}$ (en remarquant que $2m$ peut représenter tous les nombres pairs, puisque en faisant successivement $m = 0$, $m = 1$, $m = 2$, $m = 3$, etc., $2m$ devient 0, 2, 4, 6, etc.); en effet (n° 96) $(\pm A)^{2m} =$

$[(\pm A)^2]^m$, or $+A\times+A=A^2$ et $-A\times-A=A^2$, donc $(\pm A)^2=A^2$ et $(\pm A)^{2m}=(A^2)^m=A^{2m}$. *C.Q.F.D. Ex.* $(-5)^4=625$, $(-2ab^3)^6=64a^6b^{18}$.

98. *Toutes les puissances impaires d'une quantité ont le signe de cette quantité;* ou algébriquement $(\pm A)^{2m+1}=\pm A^{2m+1}$. (L'expression $2m+1$ devenant 1, 3, 5, 7, etc. lorsque l'on fait $m=0$, $m=1$, $m=2$, $m=3$, etc., peut servir à représenter tous les nombres impairs). En effet $(\pm A)^{2m+1}=(\pm A)^{2m}\times\pm A$, mais (n° 97) $(\pm A)^{2m}=A^{2m}$, donc $(\pm A)^{2m+1}=A^{2m}\times\pm A$ ou $(\pm A)^{2m+1}=\pm A^{2m+1}$. *C.Q.F.D. Ex.* $(-5)^3=-125$, $(-3a^2b)^5=-243a^{10}b^5$.

99. *La puissance* m *d'un produit égale le produit des puissances* m *de tous les facteurs.* En effet, soit A, B, C, D, etc., plusieurs expressions quelconques, monomes ou polynomes, le produit $A\times B\times C\times$ etc. pouvant être considéré comme un monome, on aura

$$(A\times B\times C\times \text{etc.})^m=A^m\times B^m\times C^m\times\dots\text{etc. } C.Q.F.D.$$

V. *Formation du carré des polynomes.*

100. Formons d'abord le carré de $a+b$.

$$
\begin{array}{r}
a+b \\
a+b \\
\hline
a^2+ab \\
ab+b^2 \\
\hline
\end{array}
$$

On trouve $(a+b)^2=a^2+2ab+b^2$.

On pourrait former de la même manière le carré du binome $a-b$; mais on peut le déduire de la formule précédente en substituant $-b$ à b dans les deux membres, ce qui donne

$$(a-b)^2=a^2+2a(-b)+(-b)^2 \text{ ou } (a-b)^2=a^2-2ab+b^2.$$

On peut réunir les deux formules en une seule $(a\pm b)^2=a^2\pm2ab+b^2$, en convenant de prendre en même temps les signes supérieurs ou inférieurs. On a coutume de l'énoncer ainsi : *le carré d'un binome se compose de trois parties, 1° le carré du 1ᵉʳ terme; 2° le double produit du premier par le second; 3° le carré du second.*

101. Pour former le carré du trinome $a+b+c$, il suffit de changer b en $b+c$ dans la formule $(a+b)^2=a^2+2ab+b^2$, ce qui produit $(a+b+c)^2=a^2+2a(b+c)+(b+c)^2=a^2+2ab+2ac+b^2+2bc+c^2$.

102. Changeons encore c en $c+d$ dans la formule précédente, afin d'obtenir le carré du quadrinome $a+b+c+d$, il vient $(a+b+c+d)^2=a^2+2ab+2a(c+d)+b^2+2b(c+d)+(c+d)^2=a^2+2ab+2ac+2ad+b^2+2bc+2bd+c^2+2cd+d^2$.

En changeant de nouveau d en $d+e$, on obtiendrait de la même manière le carré de $a+b+c+d+e$, et ainsi de suite.

103. Les termes des résultats précédents peuvent se ranger ainsi :

$$(a+b)^2=a^2+b^2+2ab.$$
$$(a+b+c)^2=a^2+b^2+c^2+2ab+2ac+2bc.$$
$$(a+b+c+d)^2=a^2+b^2+c^2+d^2+2ab+2ac+2ad+2bc+2bd+2cd.$$

etc.

d'où l'on peut conclure par analogie que *le carré d'un polynome quelconque se compose, 1° de la somme des carrés de chacun de ses termes; 2° de la somme des produits que l'on obtient en multipliant le double de chaque terme par chacun des autres.*

Cette loi remarquable peut servir à élever un polynome quelconque au carré, sans faire la multiplication. Voici des exemples :

$$(5a+2b)^2=(5a)^2+(2b)^2+2(5a)(2b)=25a^2+4b^2+20ab.$$
$$(3a^2-2b^2c)^2=(3a^2)^2+(-2b^2c)^2+2(3a^2)(-2b^2c)=9a^4+4b^4c^2-12a^2b^2c.$$
$$(a^2-2b+3)^2=(a^2)^2+(-2b)^2+3^2+2(a^2)(-2b)+2(a^2)(+3)+2(-2b)(+3)=a^4+4b^2+9-4a^2b+6a^2-12b.$$

104. Nous terminerons cet article en observant que la formule du (n° 100), combinée avec celle du (n° 46) sert à effectuer un grand nombre de décompositions très usitées. On en voit un exemple bien remarquable dans l'expression $4a^2b^2-(b^2+a^2-c^2)^2$. Il est d'abord visible qu'elle est la différence de deux carrés et qu'en conséquence :

$$4a^2b^2-(b^2+a^2-c^2)^2=(2ab+b^2+a^2-c^2)(2ab-b^2-a^2+c^2).$$

Or, $2ab + b^2 + a^2 - c^2 = (a+b)^2 - c^2 = (a+b+c)(a+b-c)$.

Et $2ab - b^2 - a^2 + c^2 = c^2 - (a-b)^2 = (c+a-b)(c-a+b)$.

Donc enfin $4a^2b^2 - (b^2 + a^2 - c^2)^2 = (a+b+c)(a+b-c)(c+a-b)$
$$(c-a+b).$$

VI. *Formation du cube des polynomes.*

105. Pour former le cube du binome $a+b$, il faut multiplier le carré de ce binome $a^2 + 2ab + b^2$, par $a+b$.

$$\begin{array}{l} a^2 + 2ab + b^2 \\ a+b \\ \hline a^3 + 2a^2b + ab^2 \\ \quad\; + a^2b + 2ab^2 + b^3 \\ \hline \end{array}$$

On trouve $(a+b)^3 = a^3 + 3a^2b + 3ab^2 + b^3$.

Changeant b en $-b$, on a $(a-b)^3 = a^3 + 3a^2(-b) + 3a(-b)^2 + (-b)^3$, ou $(a-b)^3 = a^3 - 3a^2b + 3ab^2 - b^3$. Ces deux formules peuvent se réunir en une seule $(a\pm b)^3 = a^3 + 3a^2b + 3ab^2 \pm b^3$, résultat que l'on peut énoncer de la manière suivante :

Le cube d'un binome contient quatre parties, 1° le cube du premier terme ; 2° le triple produit du carré du premier par le second ; 3° le triple produit du premier terme par le carré du second ; 4° le cube du second terme.

Voici des exemples : $(2a^2 + 3b)^3 = (2a^2)^3 + 3(2a^2)^2(3b) + 3(2a^2)$
$$(3b)^2 + (3b)^3 = 8a^6 + 36a^4b + 54a^2b^2 + 27b^3.$$

$(5a^3 - bc)^3 = (5a^3)^3 + 3(5a^3)^2(-bc) + 3(5a^3)(-bc)^2 + (-bc)^3 = 125a^9$
$$- 75a^6bc + 15a^3b^2c^2 - b^3c^3.$$

106. Pour obtenir le cube du trinome $a+b+c$, il suffit de changer b en $b+c$ dans la formule $(a+b) = a^3 + 3a^2b + 3ab^2 + b^3$, d'où résulte $(a+b+c)^3 = a^3 + 3a^2(b+c) + 3a(b+c)^2 + (b+c)^3 = a^3 + 3a^2b + 3a^2c + 3ab^2 + 6abc + 3ac^2 + b^3 + 3b^2c + 3bc^2 + c^3$.

En changeant dans ce dernier résultat c en $c+d$, on formerait le cube du quadrinome $a+b+c+d$, et ainsi de suite.

VII. *Sur les puissances de degré supérieur au troisième.*

107. Par des procédés absolument semblables à ceux que nous venons d'employer, on formerait visiblement les puissances 4e, 5e, etc. des polynomes, puissances qui se compliqueraient de plus en plus, et dont la loi générale est trop élevée pour être exposée ici.

Nous terminerons ce chapitre par les deux propositions suivantes :

108. *La puissance* m *d'un polynome homogène du degré* n *est aussi homogène et du degré* nm. En effet, la puissance m d'un polynome est le produit de m facteurs égaux à ce polynome. Donc, d'après le (n° 45), ce produit est homogène et d'un degré égal à n répété m fois ou nm. *C.Q.F.D.*

Si le polynome est du 1er degré, le produit nm se réduit à m. Le carré, le cube, etc. du binome $a+b$ sont effectivement du 2e, 3e, etc. degré.

109. *Les termes extrêmes de la puissance* m *d'un polynome ordonné, sont égaux aux puissances* m *de son premier et de son dernier termes.* Ce qui résulte immédiatement du principe du (n° 53) dans lequel on suppose que tous les facteurs sont égaux.

———◦◦◦———

CHAPITRE VII.

EXTRACTION DE LA RACINE CARRÉE DES NOMBRES.

110. Dans ce chapitre et le suivant, nous traiterons de l'extraction des racines carrées et cubiques des nombres, opérations utiles en algèbre et indispensables pour l'intelligence de la géométrie. Il existe, pour les racines de degré supérieur au troisième, des règles analogues à celles que nous allons exposer, mais elles conduisent à des calculs tellement longs qu'elles sont pour ainsi dire impraticables. Nous nous dispenserons donc d'en parler ici, avec d'autant plus de raison, que par la suite nous ferons connaître un procédé général pour extraire une racine quelconque d'un nombre donné.

I. *Principes fondamentaux.*

111. *La racine carrée* d'un nombre est un autre nombre qui, élevé au carré, reproduit le premier. Ainsi $\sqrt{64}=8$, $\sqrt{\dfrac{9}{16}} = \dfrac{3}{4}$; parce que $8^2=64$, $\left(\dfrac{3}{4}\right)^2 = \dfrac{9}{16}$; en général, quel que soit le nombre P, on a en vertu de la définition $(\sqrt{P})^2=P$.

112. 1ᵉʳ PRINCIPE. *Le carré d'un nombre composé de dizaines et d'unités contient les trois parties suivantes : 1° le carré des dizaines ; 2° le double des dizaines multiplié par les unités ; 3° le carré des unités. Ces trois parties expriment respectivement des centaines, des dizaines et des unités.* En effet, désignons par a et b les dizaines et les unités d'un nombre P, en sorte que $P=a$. $10+b$ carrant les deux membres de cette égalité, nous aurons (n° 100) $P^2=a^2$. $100+2ab$. $10+b^2$ ou $P^2=a^2$ *centaines* $+2ab$ *dizaines* $+b^2$ *unités* C. Q. F. D. Ex. $134^2=(130+4)^2=16900 +1040+16=17956$, valeur que l'on trouve effectivement en élevant 134 au carré.

113. 2ᵉ PRINCIPE. *La racine carrée d'un nombre entier, partagé en tranches de deux chiffres de droite à gauche,* (la 1ʳᵉ tranche à gauche peut n'avoir qu'un seul chiffre), *contient autant de chiffres que ce nombre a de tranches.* Ainsi $\sqrt{31}$ a un chiffre, $\sqrt{9.83}$ en a deux, $\sqrt{12.71.09}$ en a trois, etc. Remarquons en effet que les carrés de 1, 10, 100, étant 1, 100, $1.00.00$, etc. 1° Les nombres d'une tranche qui tombent entre 1 et 1.00, ont pour racine des nombres compris entre 1 et 10, c'est-à-dire d'un seul chiffre ; 2° Les nombres de deux tranches qui tombent entre 1.00 et $1.00.00$ ont pour racines des nombres compris entre 10 et 100 ou de deux chiffres, etc.

Généralement soit P un nombre composé de n tranches, $\sqrt{P}$ ne peut avoir plus ni moins de n chiffres. 1° Si $\sqrt{P}$ renfermait plus de n chiffres, cette racine vaudrait au moins l'unité suivie de n zéros ou 10^n (n° 88). On aurait donc $\sqrt{P} =$ ou $> 10^n$ et en élevant au carré; $P =$ ou $> 10^{2n}$ ce qui est contre la supposition, puisque 10^{2n} étant l'unité suivie de n tranches de deux zéros est un nombre composé de $n+1$ tranche. 2° Supposons que $\sqrt{P}$ contienne moins de n chiffres auquel cas cette racine est plus petite que le moindre nombre de n chiffres ou 10^{n-1}, on aura $\sqrt{P} <$ 10^{n-1} et en carrant $P < 10^{2(n-1)}$ ce qui est également contre la supposition, puisque $10^{2(n-1)}$ étant l'unité suivie de $(n-1)$ tranches de deux zéros, est le plus petit nombre composé de n tranches. Il suit de là que $\sqrt{P}$ doit nécessairement renfermer n chiffres. *C. Q. F. D.*

II. *Extraction de la racine carrée des nombres entiers.*

114. La racine carrée d'un nombre d'une tranche, ne contenant qu'un seul chiffre (n° 113) s'extrait sans difficulté lorsque l'on connaît les carrés $1, 4, 9, 16, 25, 36, 49, 64, 81$, des neuf chiffres $1, 2, 3, 4, 5, 6, 7, 8, 9$, et que l'on sait revenir des premiers nombres aux derniers. Soit en effet à extraire la racine de 68. Ce nombre tombant entre les carrés 64 et 81, sa racine est comprise entre $\sqrt{64}$ et $\sqrt{81}$ ou 8 et 9. Donc $\sqrt{68} = 8$ à moins d'une unité près. Le reste de l'opération est $68 - 64$ ou 4.

115. Proposons-nous actuellement d'extraire la racine carrée d'un nombre de deux tranches, de 68.39 par exemple. Cette racine renfermant deux chiffres (n° 113), se compose de dizaines et d'unités, et le nombre 68.39 qui en est le carré contient (n° 112); 1° le carré de ses dizaines; 2° le double de ses dizaines multiplié par ses unités; 3° le carré de ses unités. Or, le carré des dizaines exprimant des centaines ne peut se trouver que dans les centaines 68 du nombre 68.39, et par conséquent si l'on extrait la racine de cette tranche, comme on l'a fait dans le numéro précédent, le résultat 8 sera le chiffre des dizaines de la racine cherchée, le chiffre 8 obtenu ainsi, est essentiellement exact : En effet, 68.39 tombant entre 64.00 et 81.00, $\sqrt{68.39}$ tombe entre $\sqrt{64.00}$

et $\sqrt{81.00}$ ou 80 et 90, donc le chiffre des dizaines de $\sqrt{68.39}$ ne peut être que 8.

Si de la première tranche 68 on retranche 64 carré des dizaines obtenues, et si à côté du reste 4 on écrit la seconde tranche 39, le nombre 439 contient les deux dernières parties du carré de la racine, la première de ces parties étant le double des dizaines multiplié par les unités, exprime des dizaines et ne peut se trouver dans le chiffre 9 qui vaut des unités. Elle est donc égale à 43 moins les dizaines provenant du carré des unités, dizaines dont le nombre est toujours plus petit que 9, puisque le carré de 9 est 81. Donc, si l'on divise 43 par le double des dizaines 8, c'est-à-dire par 16, le quotient 2 sera le chiffre des unités de la racine qui sera par conséquent 82.

Pour obtenir le reste de l'extraction, il faut retrancher de 68.39 le carré de 82, ou, pour abréger, retrancher de 439 les deux dernières parties du carré de la racine, que l'on forme évidemment en multipliant 162, double produit des dizaines augmenté des unités, par 2 chiffres des unités, ce qui donne 324, ce reste est donc 439—324 ou 115.

On peut dans la pratique disposer les calculs comme ci-dessous :

$$\begin{array}{c|c} 68.39 & 82 \\ 43.9 & \\ \hline 16\ 2 & \\ 11\ 5 & \end{array}$$

116. Soit encore à extraire la racine carrée du nombre de trois tranches 68.39.29. Cette racine ayant trois chiffres (n° 113) contient des dizaines et des unités, et son carré 68.39.29 se compose de trois parties (n° 112), dont la première, le carré des dizaines exprimant des centaines ne peut se trouver que dans les deux premières tranches 68.39 : extrayant donc la racine de 68.39, ce que l'on sait faire, le résultat 82 (n° 115) représente les dizaines cherchées, actuellement joignant à 115 reste de cette extraction, la troisième tranche 29, le nombre 11529 est la somme des deux dernières parties du carré de la racine ; or, le double des dizaines multiplié par les unités ne peut se trouver que dans

les dizaines 1152 de ce nombre, et par conséquent si l'on divise 1152 par 2 fois 82 ou 164, le quotient 7 exprime les unités. La racine carrée de 68.39.29 est donc 827. Pour obtenir le reste, il faut soustraire de 11529 les deux dernières parties du carré de la racine, qui résultent évidemment de la multiplication de 1647 par 7 : en effectuant on trouve pour produit 11529 et pour reste 0, l'extraction est donc exacte. Voici le tableau des calculs :

$$\begin{array}{r|l} 68.39.29 & 827 \\ 43.9 & \\ 162 & \\ 11529 & \\ 1647 & \\ 000 & \end{array}$$

117. En général, *lorsqu'on sait extraire la racine carrée d'un nombre de* n *tranches, il est facile de trouver celle d'un nombre de* n$+$1 *tranches.* Prouvons en premier lieu qu'en extrayant la racine des *n* premières tranches à gauche, on aura les dizaines de la racine cherchée, En effet, soit P un nombre composé de $n+1$ tranches et a^2 le plus grand carré contenu dans les *n* premières tranches, en sorte que P soit compris entre a^2 centaines et $(a+1)^2$ centaines, ou ce qui revient au même que l'on ait $P > a^2.100$ et $P < (a+1)^2.100$ extrayant les racines des deux membres de chacune de ces inégalités, il vient $\sqrt{P} > a.10$ et $\sqrt{P} < (a+1).10$ le nombre $\sqrt{P}$ ayant au moins a dizaines, et ne pouvant en avoir $a+1$, en a donc exactement a.

Il est visible maintenant que le reste de l'extraction des *n* premières tranches, joint à la $n+1^{\text{ième}}$ représente les deux dernières parties du carré de la racine, et qu'en séparant un chiffre sur la droite de ce nombre, la partie à gauche exprime le double produit des dizaines par les unités. Donc si l'on divise cette partie à gauche par le double des dizaines trouvées, on doit avoir pour quotient les unités.

Enfin, pour trouver le reste de l'opération, on multiplie le double des dizaines joint aux unités, par les unités, et l'on retranche le produit du reste des n premières tranches suivi de la $n+1^{\text{ème}}$.

Des numéros précédens résulte la règle suivante :

118. Pour extraire la racine carrée d'un nombre à moins d'une unité près ; *on partage ce nombre en tranches de deux chiffres de droite à gauche, et l'on extrait la racine du plus grand carré contenu dans la première tranche à gauche. C'est le premier chiffre de la racine cherchée ;*

On soustrait ce plus grand carré de la première tranche, et à côté du reste on abaisse la seconde tranche, sur la droite de laquelle on sépare un chiffre par un point : on divise la partie à gauche de ce chiffre par le double du premier chiffre obtenu ; le quotient est le second chiffre de la racine.

On écrit ce second chiffre à la suite du diviseur, on multiplie le nombre ainsi formé par ce second chiffre et on retranche le produit, du reste de la première tranche suivi de la seconde. A côté du reste on abaisse la troisième tranche dont on sépare le dernier chiffre à droite, et l'on divise ce qui est à gauche par le double des deux premiers chiffres de la racine, afin d'en obtenir le troisième.

En général, lorsque l'on a obtenu un certain nombre de chiffres à la racine, on obtient le suivant en joignant au reste des tranches sur lesquelles on a déjà opéré, la tranche suivante, et en divisant ce nombre, abstraction faite de son dernier chiffre à droite, par le double de la partie connue de la racine ; dans le cas où le dividende est plus petit que le diviseur, on met zéro à la racine, on abaisse la tranche suivante, et l'on opère de nouveau comme on vient de le dire.

On continue ainsi jusqu'à ce que l'on ait abaissé successivement toutes les tranches du nombre proposé. Lorsque le dernier reste est nul, on dit que ce nombre est un carré parfait.

Enfin, pour faire la preuve de cette opération, on prend la somme du carré de la racine et du reste, et s'il n'y a pas eu d'erreur, on doit retrouver le nombre donné.

III. *Remarques sur la règle précédente.*

119. *Dans une opération partielle quelconque, on ne peut mettre plus de 9 à la racine carrée d'un nombre.* Car si l'on pouvait seulement y mettre 10, ces dix unités en formeraient une de l'ordre immédiatement supérieur, ce qui supposerait que les unités de cet ordre ont été mal calculées.

120. On reconnaît évidemment, *qu'un chiffre mis à la racine carrée d'un nombre est trop fort, lorsque le carré des chiffres trouvés à la racine est plus grand que l'ensemble des tranches sur lesquelles on a déjà opéré.*

121. On reconnaît *qu'un chiffre mis à la racine est trop faible, à l'inspection du reste, qui doit toujours être plus petit que le double des chiffres obtenus à la racine plus un.* Désignons par P la réunion des tranches abaissées, par a la racine trouvée et par R le reste de l'extraction; si R est $=$ ou $> 2a+1$ je dis que la racine a est au moins trop faible d'une unité. En effet, la relation $P = a^2 + R$ qui existe toujours entre les trois quantités P, a, R peut se changer, à cause de l'hypothèse, en celle-ci $P = $ ou $> a^2 + 2a + 1$; extrayant la racine carrée des deux membres, en observant que $a^2 + 2a + 1 = (a+1)^2$, il vient $\sqrt{P} = $ ou $> a+1$.
C.Q.F.D.

IV. *Extraction de la racine carrée par approximation.*

122. Il n'existe par de règles générales pour reconnaître *à priori* si un nombre est un carré parfait. Cependant dans certains cas on peut prévoir qu'un nombre n'est pas un carré. Afin d'en donner un exemple, remarquons que tous les nombres étant terminés par un certain nombre de zéros ou par l'un des chiffres 1, 2, 3, 4, 5, 6, 7, 8, 9, leurs carrés ne peuvent être terminés que par un nombre pair de zéros, ou par l'un des chiffres 1, 4, 9, 6, 5, 6, 9, 4, 1, d'où l'on est en droit de conclure que, *tout nombre terminé par un nombre impair de zéros, ou par 2, 3, 7, 8, ne peut être un carré parfait.*

123. *La racine carrée d'un nombre entier qui n'est pas un carré* *parfait, ne peut être un nombre fractionnaire.* En effet, supposons si cela est possible que le nombre entier P ait pour racine le nombre fractionnaire irréductible $\dfrac{a}{b}$ l'égalité $\sqrt{P} = \dfrac{a}{b}$ produit en élevant les deux membres au carré $P = \dfrac{a^2}{b^2}$ ce qui est absurde, puisque $\dfrac{a}{b}$ étant une fraction irréductible, $\dfrac{a^2}{b^2}$ l'est aussi (n° 95) et qu'un nombre entier ne saurait être égal à une expression fractionnaire.

124. De là résulte une nouvelle division des nombres en *commensurables* ou *rationnels* et en *incommensurables* ou *irrationnels*.

On dit qu'un nombre est *commensurable* ou *rationnel*, lorsqu'il a une *commune mesure* ou *raison* avec l'unité : (on entend par *commune mesure* entre deux nombres, un troisième nombre qui les divise exactement tous deux) : tels sont tous les nombres entiers et fractionnaires ; ainsi 15, $\dfrac{3}{7}$, $\dfrac{21}{11}$ sont des nombres commensurables ayant respectivement pour commune mesure avec l'unité 1, $\dfrac{1}{7}$, $\dfrac{1}{11}$.

Les nombres *incommensurables* ou *irrationnels* sont ceux qui n'ayant pas de commune mesure avec l'unité ne peuvent s'exprimer exactement en chiffres, tels sont $\sqrt{2}$, $\sqrt{3}$, $\sqrt{15}$ etc., et en général toutes les racines des nombres qui ne sont pas des carrés parfaits. On peut néanmoins obtenir ces sortes de nombres avec toute l'approximation désirable, comme on le verra dans les numéros suivans.

125. Pour approcher de la racine carrée d'un nombre à $\dfrac{1}{n}$ près ; *on multiplie ce nombre par le carré du dénominateur* n, *on extrait la racine du produit à moins d'une unité près, et on la divise par* n. Ainsi pour approcher de $\sqrt{2}$ à moins de $\dfrac{1}{13}$ près, on multiplie 2 par le carré de 13 ou 169, on extrait la racine du produit 338 à moins d'une unité près, et l'on divise le résultat 18 par 13 ce qui donne $\dfrac{18}{13}$ pour la racine cherchée.

Pour démontrer cette règle, soit P le nombre donné, a la racine carrée de $n^2 P$ à moins d'une unité, e la fraction incommensurable qu'il faudrait ajouter à a pour compléter cette racine, en sorte que $\sqrt{n^2 p} = a + e$ divisant les deux membres de cette égalité par n en remarquant que $\sqrt{n^2 P} = n\sqrt{P}$ puisque $(n\sqrt{P})^2 = n^2 P$; il vient $\sqrt{P} = \dfrac{a}{n} + \dfrac{e}{n}$ en prenant $\dfrac{a}{n}$ pour $\sqrt{P}$, l'erreur est donc $\dfrac{e}{n}$ quantité plus petite que $\dfrac{1}{n}$ puisque $e < 1$. $C.Q.F.D.$

126. Pour approcher de la racine carrée d'un nombre entier par le moyen des décimales, *on écrit à la suite autant de tranches de deux zéros que l'on veut obtenir de chiffres décimaux à la racine, on extrait à une unité près la racine de ce nouveau nombre, et on sépare sur la droite du résultat le nombre de décimales convenu.* Ainsi, pour déterminer les trois premières décimales de la racine carrée de 27, on ajoute à ce nombre trois tranches de deux zéros, on cherche la racine de 27.00.00.00 à une unité près, et sur la droite du résultat 5196 on sépare trois figures décimales, ce qui fournit 5,196 pour la racine demandée.

Pour nous rendre raison de ce procédé, remarquons que trouver n décimales à la racine carrée d'un nombre entier P, c'est approcher de cette racine à moins de $\dfrac{1}{1 \text{ suivi de } n \text{ zéros}}$, ou $\dfrac{1}{10^n}$; or, pour cela il faut multiplier P par le carré de 10^n ou 10^{2n} extraire la racine du produit $P\,10^{2n}$ à une unité près, et la diviser par 10^n (n° 125); ou en d'autres termes, il faut écrire n tranches de deux zéros à la suite du nombre P, extraire, à une unité près, la racine du nombre ainsi formé et séparer n chiffres décimaux sur la droite du résultat. $C.Q.F.D.$

V. *Extraction de la racine carrée des fractions.*

127. *La racine carrée d'une fraction est égale à la racine carrée du numérateur divisée par celle du dénominateur ;* ou algébriquement $\sqrt{\dfrac{a}{b}} = \dfrac{\sqrt{a}}{\sqrt{b}}$ ce qui résulte évidemment de ce que

$$\left(\frac{\sqrt{a}}{\sqrt{b}}\right)^2 = \frac{(\sqrt{a})^2}{(\sqrt{b})^2} = \frac{a}{b}\,.$$

128. Pour extraire la racine carrée d'une fraction, il faut distinguer trois cas : 1° *les deux termes de cette fraction sont des carrés parfaits ;* 2° *le dénominateur seul est un carré parfait ;* 3° *le dénominateur n'est pas un carré parfait.*

Dans le premier cas, *on extrait la racine carrée de chacun des deux termes de la fraction donnée. Exemple :* $\sqrt{\dfrac{36}{121}} = \dfrac{\sqrt{36}}{\sqrt{121}}$

$= \dfrac{6}{11}\,.$

Dans le second, *on divise la racine carrée du numérateur dont on approche à moins de* $\dfrac{1}{n}$, *par celle du dénominateur qui est exacte. L'erreur commise est alors moindre que l'unité divisée par* n *fois la racine carrée du dénominateur de la fraction proposée.* Ainsi, pour obtenir la racine carrée de $\dfrac{21}{49}$, on cherche la racine de 21 à $\dfrac{1}{100}$ près par exemple, et on divise le résultat $4,58$ par 7 ce qui donne $\dfrac{4,58}{7}$ ou $\dfrac{458}{700}$ pour la racine cherchée, l'erreur commise est moindre que $\dfrac{1}{100 \times 7}$ ou $\dfrac{1}{700}$.

Pour démontrer cette règle, soit proposé d'extraire la racine carrée de la fraction $\dfrac{a}{b^2}$ dont le dénominateur b^2 est un carré parfait. Soit r la racine carrée de a à $\dfrac{1}{n}$ près, et e ce qu'il faudrait ajouter à r pour compléter cette racine de manière que $c <$ $\frac{1}{n}$, nous aurons $\sqrt{\frac{a}{b^2}} = \frac{\sqrt{a}}{b} = \frac{r+c}{b} = \frac{r}{b} + \frac{c}{b}$, en prenant $\frac{r}{b}$ pour $\sqrt{\frac{a}{b^2}}$, l'erreur est donc $\frac{c}{b}$ quantité plus petite que $\frac{1}{nb}$ puisque $c < \frac{1}{n}$.

Enfin, dans le troisième cas, *on rend le dénominateur un carré parfait, en multipliant les deux termes par le dénominateur ou par tout autre nombre remplissant le même but, et on opère ensuite comme nous venons de le dire. Ainsi,* $\sqrt{\frac{a}{b}} = \sqrt{\frac{ab}{b^2}} = \frac{\sqrt{ab}}{b}$. *Ex.* $\sqrt{\frac{3}{7}} = \sqrt{\frac{21}{49}} = \frac{\sqrt{21}}{7} = \frac{458}{700}$ à moins de $\frac{1}{700}$.

129. Pour extraire la racine carrée d'une fraction décimale, *on écrit à la suite le nombre de zéros convenable pour qu'elle renferme deux fois autant de décimales que l'on veut en obtenir à la racine, on supprime la virgule, et l'on cherche à moins d'une unité près la racine carrée du nombre entier résultant, enfin, on sépare sur la droite du résultat le nombre de chiffres décimaux dont on est convenu. Ex :* pour déterminer $\sqrt{5,417}$ avec quatre figures décimales ou à $0,0001$ près, on ajoute à ce nombre cinq zéros, on supprime la virgule, on extrait la racine de 541700000 à une unité près, et sur la droite du résultat 23274 on sépare quatre décimales, ce qui donne $2,3274$.

Représentons par F la fraction décimale donnée, et par n le nombre de chiffres décimaux que l'on veut obtenir à la racine. Si par l'addition d'un certain nombre de zéros nous faisons en sorte que F contienne $2n$ chiffres décimaux, et si nous nommons P le nombre entier résultant de la suppression de la virgule, nous aurons $F = \frac{P}{10^{2n}}$ d'où $\sqrt{F} = \frac{\sqrt{P}}{10^{n}}$ ce qui prouve qu'en extrayant la racine de P à une unité près, et en séparant n décimales sur sa droite on aura $\sqrt{P}$ à $\dfrac{1}{10^n}$ près.

130. Pour obtenir la racine carrée d'une fraction ordinaire en fraction décimale, *il suffit de la réduire en fraction décimale, et de pousser l'approximation jusqu'à ce que l'on ait trouvé le double du nombre des chiffres décimaux que l'on veut avoir à la racine. On opère ensuite comme on l'a dit dans le numéro précédent.* Soit pour exemple à déterminer $\sqrt{\dfrac{3}{7}}$ à $\dfrac{1}{100}$ près. La fraction $\dfrac{3}{7}$ évaluée en décimales est 0,4285, expression dont la racine carrée est 0,65.

VI. *Extraction de la racine carrée des nombres complexes.*

131. Pour extraire la racine carrée d'un nombre complexe à moins d'une unité donnée, *il faut réduire ce nombre en unités carrées de l'ordre dont on veut approcher, en extraire la racine carrée à une unité près, puis exprimer de nouveau, en nombre complexe, la racine trouvée.* Soit, pour fixer les idées, à extraire la racine carrée de 4 toises carrées 19 pieds carrés 81 pouces carrés, à moins d'une ligne près. On réduira ce nombre en lignes carrées, en observant que les égalités 1 toise = 6 pieds, 1 pied = 12 pouces, 1 pouce = 12 lignes, élevées au carré produisent 1 toise carrée = 36 pieds carrés, 1 pied carré = 144 pouces carrés, 1 pouce carré = 144 lignes carrées ; et on obtiendra ainsi 3391632 lignes carrées, nombre dont la racine, à une ligne près, est 1841 lignes ou 2 toises 9 pouces 5 lignes.

CHAPITRE VIII.

EXTRACTION DE LA RACINE CUBIQUE DES NOMBRES.

132. *La racine cubique d'un nombre, est un autre nombre qui, élevé à la troisième puissance ou cube, reproduit le premier.* Ainsi $\sqrt[3]{27}=3$, $\sqrt[3]{\dfrac{64}{125}}=\dfrac{4}{5}$ à raison de ce que $3^3=27$,

$$\left(\frac{4}{5}\right)^3=\frac{64}{125}.$$

I. *Principes fondamentaux.*

133. 1er PRINCIPE. Le cube d'un nombre composé de dizaines et d'unités contient : *1° le cube des dizaines ; 2° le triple carré des dizaines multiplié par les unités ; 3° le triple des dizaines multiplié par le carré des unités ; 4° le cube des unités. Ces quatre parties expriment respectivement des mille, des centaines, des dizaines et des unités.* Représentons par a et b les dizaines et les unités d'un nombré P et élevons au cube les deux membres de l'égalité $P=a.10+b$ nous aurons (n° 105) $P^3=a^3.1000+3a^2b.100+3ab^2.10+b^3$ ou $P^3=a^3$ mille $+ 3a^2b$ centaines $+ 3ab^2$ dizaines $+b^3$ unités. C.Q.F.D. *Ex.* $57^3=(50+7)^3=125000+52500+7350+343=185193$.

134. 2e PRINCIPE. *La racine cubique d'un nombre entier se compose d'autant de chiffres que ce nombre renferme de tranches de trois chiffres en allant de droite à gauche ;* (la première tranche à gauche peut n'avoir qu'un ou deux chiffres). Ainsi $\sqrt[3]{235}$ a un seul chiffre, $\sqrt[3]{98.523}$ en a deux, $\sqrt[3]{7.645.308}$ en a trois, etc.; en effet les cubes de 1, 10, 100, etc., étant 1, 1.000, 1.000.000, etc., observons que 1° les nombres d'une tranche tombant entre 1 et 1.000 ont pour racine des nombres compris entre 1 et 10, c'est-à-dire d'un seul chiffre ; 2° les nombres de deux tranches tombant entre 1.000 et 1000.000 ont pour racines des nombres compris entre 10 et 100 ou de deux chiffres etc., on pourrait d'ailleurs généraliser cette démonstration comme nous l'avons fait pour la racine carrée dans le (n° 113).

II. *Extraction de la racine cubique des nombres entiers.*

135. Les cubes des neuf chiffres : 1, 2, 3, 4, 5, 6, 7, 8, 9, étant 1, 8, 27, 64, 125, 216, 343, 512, 729, réciproquement, ces derniers nombres ont pour racine cubique les neuf premiers. Cette table suffit pour extraire la racine cubique d'un nombre composé d'une seule tranche à une unité près. Soit pour exemple, à extraire la racine cubique de 617. Ce nombre tombe entre 512 et 729 qui sont des cubes parfaits, et sa racine est comprise entre $\sqrt[3]{512}$ et $\sqrt[3]{729}$ ou 8 et 9, donc $\sqrt[3]{617} = 8$ à une unité près. Le reste est $617 - 512$ ou 105.

136. Passons à l'extraction de la racine cubique d'un nombre de deux tranches, et prenons, à cet effet, le nombre particulier 617.301 ; la racine cherchée ayant deux chiffres (n° 134), son cube 617.301 est composé de quatre parties (n° 133), dont la première, le cube des dizaines, exprimant des mille, ne peut visiblement se trouver que dans la première tranche à gauche 617 ; extrayant donc la racine cubique du plus grand cube 512 contenu dans cette tranche, le résultat 8 est le chiffre des dizaines de la racine cherchée. Ce premier chiffre est essentiellement exact, car, 617.301 étant compris entre 512.000 et 729.000 $\sqrt[3]{617.301}$ tombe entre $\sqrt[3]{512.000}$ et $\sqrt[3]{729.000}$ ou 80 et 90, ce qui fait voir que le premier chiffre de la racine ne peut être que 8.

A l'excès 105 de la première tranche sur le plus grand cube qui y est contenu, joignons la deuxième tranche 301 ; le nombre 105.301 ainsi formé, est la somme des trois dernières parties du cube de la racine ; or, la première de ces trois parties étant trois fois le carré des dizaines multiplié par les unités, exprime des centaines, et ne peut se trouver que dans les centaines 1053 du nombre précédent. Donc si l'on divise 1053 par trois fois le carré des dizaines 8, c'est-à-dire par 192, le quotient 5 est le chiffre des unités de la racine, dont la valeur, à une unité près, est par conséquent 85.

Le reste s'obtient en cubant 85 et en retranchant le résultat 614.125 du nombre proposé 617.301 ce qui donne 3176.

137. En général, *lorsque l'on a un procédé pour extraire la racine cubique d'un nombre composé de* n *tranches, on peut l'étendre facilement à un nombre qui en contient* n+1. On peut d'abord démontrer, qu'en extrayant la racine cubique des n premières tranches à gauche d'un nombre P composé de $n+1$ tranches, on obtiendra les dizaines de sa racine. En effet, soit a^3 le plus grand cube contenu dans ces n premières tranches, le nombre P sera visiblement compris entre $a.^3$ 1000 et $(a+1)^3$. 1000 et par conséquent $\sqrt[3]{P}$ tombera entre $\sqrt[3]{a^3.100}$ et $\sqrt[3]{(a+1)^3}$. 1000.

C'est-à-dire entre $a.10$ et $(a+1).10$. Donc $\sqrt[3]{P}$ est composée de a dizaines.

Le reste des n premières tranches suivi de la $n+1^{\text{ième}}$ représente les trois dernières parties du cube de la racine cherchée, et si l'on sépare deux chiffres sur la droite, la partie à gauche pourra être regardée comme le triple carré des dizaines multiplié par les unités. Donc si l'on divise cette partie à gauche par le triple carré des dizaines obtenues, le résultat sera les unités.

Enfin, élevant toute la racine au cube et retranchant le nombre obtenu du nombre proposé, on aura le reste de l'extraction.

Exemple.

67.419.143	407
64	
34.......	48
64.000	
34.191...	4800
67.419.143	
0	

138. De là résulte le procédé suivant, pour extraire la racine

cubique d'un nombre entier ; *on le partage en tranches de trois chiffres de droite à gauche, et on extrait la racine cubique du plus grand cube contenu dans la première tranche à gauche. C'est le premier chiffre de la racine cherchée.*

Au reste de la première tranche, on joint le premier chiffre de la seconde tranche, et l'on divise le nombre ainsi formé par le triple carré du premier chiffre obtenu. Le quotient est le second chiffre de la racine.

On soustrait des deux premières tranches à gauche, le cube des deux premiers chiffres de la racine, on joint au reste le premier chiffre de la troisième tranche, et on divise par le triple carré des deux premiers chiffres de la racine, afin d'en obtenir le troisième.

On continue ainsi jusqu'à ce que l'on ait abaissé toutes les tranches du nombre proposé.

III. *Remarques sur la règle précédente.*

139. *On ne peut mettre plus de 9 à la racine cubique d'un nombre.* (Voyez, pour la démonstration, le n° 119.)

140. *On reconnaît que l'on a trop mis à la racine cubique d'un nombre, lorsque le cube des chiffres obtenus est plus grand que le nombre formé par les tranches sur lesquelles on a déjà opéré.*

141. *On reconnaît que l'on n'a pas assez mis à la racine cubique d'un nombre, à l'inspection du reste qui doit toujours être moindre que le triple carré des chiffres trouvés à la racine, plus trois fois ces mêmes chiffres plus un.* Soit P la réunion des tranches abaissées, a la racine obtenue pour P, et R le reste de l'extraction. Si $R =$ ou $> 3a^2 + 3a + 1$, je dis que a est au moins trop faible d'une unité. En effet, l'égalité $P = a^3 + R$ qui est la traduction de la preuve, se convertit en vertu de l'hypothèse en $P =$ ou $> a^3 + 3a^2 + 3a + 1$, ou bien (n° 105) $P =$ ou $> (a+1)^3$, d'où l'on tire aisément $\sqrt[3]{P} =$ ou $> a + 1$. C.Q.F.D.

IV. *Extraction de la racine cubique par approximation.*

142. *La racine d'un degré quelconque d'un nombre qui n'est pas une puissance parfaite de ce degré, est incommensurable.* Car il résulte de la supposition même, que cette racine ne peut être un nombre entier ; en second lieu elle ne peut être une fraction, puisque toutes les puissances d'une fraction irréductible, sont aussi des fractions irréductibles (n° 95), et qu'un nombre entier ne saurait être égal à un nombre fractionnaire ; la racine d'un tel nombre est donc incommensurable : telles sont les expressions $\sqrt[3]{5}, \sqrt[4]{11}, \sqrt[5]{17}$, etc.

143. Pour approcher de la racine cubique d'un nombre à moins d'une fraction près, *on le multiplie par le cube du dénominateur de cette fraction, on extrait la racine cubique du produit à moins d'une unité près, et on divise le résultat par le dénominateur de la fraction donnée.* Ainsi, pour obtenir $\sqrt[3]{17}$ à $\frac{1}{5}$ près, on multiplie 17 par 5^3 ou 125, on cherche la racine du produit 2125 à une unité près, on divise le résultat 12 par 5, ce qui donne $\frac{12}{5}$ pour la racine cherchée.

Soit P le nombre dont on veut trouver la racine cubique à $\frac{m}{n}$ près, a la racine cubique du produit n^3P à une unité près, e la fraction inconnue qu'il faudrait ajouter à a pour compléter cette racine, de sorte que $\sqrt[3]{n^3P} = a + e$. Divisant les deux membres par n, en observant que $\sqrt[3]{n^3P} = n\sqrt[3]{P}$, puisque $(n\sqrt[3]{P})^3 = n^3P$; il vient $\sqrt[3]{P} = \frac{a}{n} + \frac{e}{n}$ en prenant a pour $\sqrt[3]{P}$ l'erreur est donc $\frac{e}{n}$ quantité plus petite que $\frac{m}{n}$ à raison de ce que e étant moindre que l'unité est *à fortiori* moindre que m.

144. Pour approcher de la racine cubique d'un nombre entier , par le moyen des décimales, *on écrit à la suite autant de tran-ches de trois zéros que l'on veut obtenir de chiffres décimaux à la racine, on extrait à une unité près la racine cubique du nombre ainsi formé, et l'on sépare sur la droite le nombre de décimales demandé.* Ainsi, pour trouver les deux premières déci-males de $\sqrt[3]{9}$, on extrait la racine cubique de 9.000.000 à moins d'une unité et l'on sépare deux chiffres décimaux sur la droite du résultat 208, ce qui fournit 2,08 pour la racine cherchée.

En effet, trouver n décimales à la racine cubique d'un nombre entier P, c'est en approcher à $\dfrac{1}{10^n}$. Or, pour cela il faut mul-tiplier P par le cube de 10^n ou 10^{3n}, extraire la racine cubique du plus grand cube contenu dans ce produit, et diviser le résul-tat par 10^n (n° 143). Ou, en d'autres termes, il faut extraire, à une unité près, la racine cubique de P suivi de n tranches de trois zéros, et séparer n chiffres décimaux sur sa droite. *C.Q.F.D.*

145. *La racine quelconque d'un nombre entier ne peut être exprimée par une fraction décimale périodique;* car une telle fraction est équivalente à une fraction ordinaire.

V. *Extraction de la racine cubique des fractions.*

146. *La racine $m^{iéme}$ d'une fraction, est égale à la racine $m^{iéme}$ du numérateur divisée par la racine $m^{iéme}$ du dénominateur.*

Ainsi $\sqrt[m]{\dfrac{a}{b}} = \dfrac{\sqrt[m]{a}}{\sqrt[m]{b}}$; en effet (n° 89), $\left(\dfrac{\sqrt[m]{a}}{\sqrt[m]{b}}\right)^m = \dfrac{(\sqrt[m]{a})^m}{(\sqrt[m]{b})^m} = \dfrac{a}{b}.$

147. Pour extraire la racine cubique d'une fraction, on dis-tingue trois cas, 1° *les deux termes sont des cubes parfaits;* 2° *le dénominateur seul est un cube parfait;* 3° *le dénominateur n'est pas un cube parfait.*

Dans le premier cas, *on extrait la racine cubique des deux termes de la fraction donnée :*

$$\text{Ex.} \quad \sqrt[3]{\frac{27}{125}} = \frac{\sqrt[3]{27}}{\sqrt[3]{125}} = \frac{3}{5}.$$

Dans le 2ᵉ cas, *on cherche la racine cubique du numérateur par approximation, et on la divise par celle du dénominateur qui est exacte.* Ainsi pour déterminer la racine cubique de la fraction $\frac{9}{125}$ dont le dénominateur 125 est le cube de 5, on cherche la racine de 9 à 0,01 près, par exemple, et on divise le résultat 2,08 par 5, ce qui donne $\frac{2,08}{5}$ ou $\frac{208}{500}$ l'approximation est évidemment de $\frac{1}{500}$.

Enfin, dans le 3ᵉ cas, *on rend le dénominateur de la fraction proposée un cube parfait, en multipliant ses deux termes par le carré du dénominateur, ou tout autre nombre plus petit remplissant le même but, et l'on opère ensuite comme dans le second cas.*

$$\text{Exemple :} \quad \sqrt[3]{\frac{1}{3}} = \sqrt[3]{\frac{9}{27}} = \frac{\sqrt[3]{9}}{3} = \frac{2,08}{3} = \frac{208}{300}$$

à $\frac{1}{300}$ près.

148. Pour extraire la racine cubique d'une fraction décimale, *on place à sa droite un nombre de zéros tel, qu'elle renferme trois fois autant de chiffres décimaux que l'on veut en obtenir à la racine, on extrait à une unité près la racine cubique du nombre entier résultant de la suppression de la virgule, et l'on sépare sur sa droite le nombre de décimales dont on est convenu.* Ainsi, pour calculer les deux premières décimales de $\sqrt[3]{10,45}$ on extrait à moins d'une unité, la racine cubique de 10.450.000 et l'on sépare deux chiffres décimaux sur la droite du résultat 218, ce qui donne 2,18 pour la racine demandée. En effet, $\sqrt[3]{10,45}$

$$= \sqrt[3]{\frac{104\dot5}{100}} = \sqrt[3]{\frac{10.450.000}{1.000.000}} = \frac{\sqrt[3]{10.450.000}}{\sqrt[3]{1.000.000}}$$

$$= \frac{\sqrt[3]{10.450.000}}{100}$$ la démonstration générale est analogue à celle que nous avons donnée pour la racine carrée, dans le numéro 129.

149. Pour obtenir en décimales la racine cubique d'une fraction ordinaire, *il faut la réduire en fraction décimale et pousser l'approximation jusqu'à ce que l'on ait trouvé trois fois autant de chiffres décimaux que l'on veut en avoir à la racine. On opère ensuite comme dans le numéro précédent.* Exemple. $\sqrt[3]{\dfrac{3}{7}}$

$$= \sqrt[3]{0,428571} = \sqrt[3]{\frac{428571}{1.000.000}} = \frac{75}{100} = 0,75 \text{ à } 0,01$$

près.

150. *La racine d'un degré quelconque d'une fraction ordinaire irréductible, ne peut être exacte, à moins que ses deux termes ne soient des puissances parfaites du même degré.* En effet, suppo-sons que l'on ait $\sqrt[m]{\dfrac{A}{B}} = \dfrac{a}{b}$, $\dfrac{A}{B}$ et $\dfrac{a}{b}$ désignant des frac-tions irréductibles ; élevant les deux membres de cette égalité à la puissance m, on obtient celle-ci $\dfrac{A}{B} = \dfrac{a^m}{b^m}$ et comme $\dfrac{a^m}{b^m}$ est une fraction irréductible (n° 95), il faut essentiellement que $A = a^m$, $B = b^m$. *C. Q. F. D.*

151. *La racine d'un degré quelconque d'une fraction décimale, ne peut être exacte, si le nombre des chiffres décimaux n'est pas un multiple de ce degré ;* (on suppose que le premier chiffre à droite n'est pas un zéro). Cela résulte évidemment de ce que si un nombre a n chiffres décimaux, son carré en a $2n$, son cube $3n$, et en général sa $m^{ième}$ puissance mn. *C. Q. F. D.*

VI. *Extraction de la racine cubique des nombres complexes.*

152. Pour extraire la racine cubique d'un nombre complexe à moins d'une unité d'un ordre donné, *on l'évalue en unités cubes de l'ordre dont on veut approcher, et lorsqu'on en a trouvé la racine à moins d'une unité près, on la réduit en nombre complexe.* Soit proposé d'extraire la racine cubique de 4 toises cubes 21 pieds cubes 36 pouces cubes à une ligne près. On évaluera ce nombre en lignes cubes, en remarquant que les égalités 1 toise = 6 pieds, 1 pied = 12 pouces, 1 pouce = 12 lignes élevées au cube produisent 1 toise cube = 216 pieds cubes, 1 pied cube = 1728 pouces cubes, un pouce cube = 1728 lignes cubes : et l'on trouvera 2.642.658.048 lignes cubes, nombre dont la racine cubique, à une ligne près, est 1383 lignes ou 1 toise 3 pieds 7 pouces 3 lignes.

CHAPITRE IX.

EXTRACTION DES RACINES DES EXPRESSIONS ALGÉBRIQUES.

153. On appelle racine $m^{\text{ième}}$ d'une quantité, une autre quantité qui élevée à la puissance m reproduit la première. Cette opération s'indique au moyen du signe $\sqrt[m]{}$; Ainsi $\sqrt[m]{P}$ signifie *racine* $m^{\text{ième}}$ *de P.* Il est important de remarquer que quel que soit m et P, on a en vertu de la définition $\sqrt[m]{P^m} = P$ et $\left(\sqrt[m]{P}\right)^m = P$.

Nous commençons d'abord par faire voir comment on peut extraire les racines des monomes en renversant les règles de la formation de leurs puissances ; nous passerons ensuite à l'extraction des racines carrées et cubiques des polynomes.

I. *Extraction des racines des monomes.*

154. Pour obtenir la racine $m^{\text{ième}}$ d'un monome, *il faut extraire la racine* m *de son coefficient et diviser tous ses exposans par* m.

En effet, pour élever un monome à la puissance m, il faut former la puissance m de son coefficient, et multiplier ses exposans par m. (n° 96). Donc, pour revenir de la puissance m d'un monome à sa racine, il faut faire les opérations inverses, ce qui conduit à la règle énoncée. $Ex.$ $\sqrt{4a^4b^2}=2a^2b$, $\sqrt[3]{\dfrac{27}{64}a^{12}b^3c^9}=\dfrac{3}{4}a^4bc^3$,

$$\sqrt[m]{C^m a^{pm} b^{qm}}=C\,a^p b^q.$$

155. De là résulte, *qu'un monome ne peut pas être une puissance parfaite du degré* m, *à moins que son coefficient ne soit une puissance exacte de ce degré, et que tous ses exposans ne soient divisibles par* m. Ainsi le monome $6a^8b^{10}$ n'est pas un carré parfait, parce que le coefficient 6 n'est le carré exact d'aucun nombre, et le monome $8a^5b^7$ n'est pas un cube parfait à raison de ce que les exposans 5 et 7 ne sont pas divisibles par 3.

Dans le cas où les conditions précédentes ne sont pas remplies, on se contente d'indiquer les opérations à effectuer ; ainsi $\sqrt{6a^8b^{10}}=a^4b^5\sqrt{6}$, $\sqrt[3]{8a^5b^7}=2a^{\frac{5}{3}}b^{\frac{7}{3}}$: ou bien encore on laisse ces expressions sous la forme $\sqrt{6a^8b^{10}}$, $\sqrt[3]{8a^5b^7}$ en les simplifiant au moyen d'un procédé que nous ne donnerons que dans le chapitre suivant.

156. *Toute racine de degré pair d'une quantité, doit être affectée du double signe* $\pm$; ainsi $\sqrt[2m]{A^{2m}}=\pm A$ quelle que soit la quantité A ; car (n° 97), $(+A)^{2m}=A^{2m}$, et $(-A)^{2m}=A^{2m}$. $Ex.$ $\sqrt{9}=\pm 3$ et en effet $+3\times+3=9$, $-3\times-3=9$; $\sqrt{a^2}=\pm a$, car $+a\times+a=a^2$, $-a\times-a=a^2$. On voit de même que $\sqrt[4]{16a^8b^4}=\pm 2a^2b$ et $\sqrt[6]{a^{18}b^{12}}=\pm$

157. *Toute racine de degré impair d'une quantité, a le signe de cette quantité.* Ainsi $\sqrt[2m+1]{+A^{2m+1}}=+A$, $\sqrt[2m+1]{-A^{2m+1}}=-A$.

En effet, (n° 98), $(+A)^{2m+1}=+A^{2m+1}$ et $(-A)^{2m+1}=-A^{2m+1}$.

Exemples. $\sqrt[3]{8} = 2$, $\sqrt[3]{-8} = -2$, $\sqrt[3]{a^5 b^6} = ab^2$, $\sqrt[3]{-a^5 b^6} = -ab^2$, $\sqrt[5]{-a^5} = -a$, $\sqrt[7]{-a^{14} b^7} = -a^2 b$.

158. *Toute racine de degré pair d'une quantité négative n'existe pas.* En effet, si une telle racine existait, elle serait positive ou négative ; or, c'est ce qui ne peut être, puisque toute puissance pair d'une quantité positive ou négative est toujours affectée du signe *plus* (n° 97).

On donne à ces expressions le nom d'*imaginaires ;* et par opposition, on donne celui de *quantités réelles,* aux expressions ordinaires. Ainsi $\sqrt{-4}$, $\sqrt{-a^2}$, $\sqrt[4]{-a^8}$, $\sqrt[6]{-a^2 b^4}$, sont des quantités imaginaires.

159. *La racine* $m^{\text{ième}}$ *d'un produit, égale le produit des racines m des facteurs,* ou algébriquement $\sqrt[m]{A \times B \times C \dots} = \sqrt[m]{A} \times \sqrt[m]{B} \times \sqrt[m]{C} \dots$ En effet (n° 99) $(\sqrt[m]{A} \times \sqrt[m]{B} \times \sqrt[m]{C} \dots)^m = (\sqrt[m]{A})^m \times (\sqrt[m]{B})^m \times (\sqrt[m]{C})^m \dots$ ou (n° 153),

$$(\sqrt[m]{A} \times \sqrt[m]{B} \times \sqrt[m]{C} \dots)^m = A \times B \times C \dots \quad \text{C. Q. F. D.}$$

160. *Toute quantité imaginaire du second degré est de la forme* $\pm q\sqrt{-1}$, q *étant une quantité réelle commensurable ou incommensurable.* En effet, la forme la plus générale qu'on puisse donner à une imaginaire du 2ᵉ degré est $\sqrt{-A}$, A étant une quantité positive quelconque. Or $-A = A \times -1$ et d'après le n° précédent $\sqrt{-A} = \sqrt{A}\sqrt{-1}$ ou $\sqrt{-A} = \pm q\sqrt{-1}$ en posant $\sqrt{A} = \pm q$.

Ex. $\sqrt{-4} = \sqrt{4}\sqrt{-1} = \pm 2\sqrt{-1}$, $\sqrt{-a^2 - b^2} =$
$$\sqrt{-(a^2 + b^2)} = \pm\sqrt{a^2 + b^2}\sqrt{-1}.$$

Il sera démontré, dans le second livre, que toute quantité imaginaire provenant de l'extraction d'une racine de degré pair d'une quantité négative, est de la forme $p \pm q\sqrt{-1}$, p et q désignant des quantités réelles.

II. *Extraction de la racine carrée des polynomes.*

161. Avant d'énoncer la règle, nous démontrerons le principe suivant sur lequel elle repose. *Si on retranche d'un polynome le carré des n premiers termes de sa racine carrée, le premier terme du reste exprime le double produit du premier terme de cette racine, par le $n+1^{\text{ème}}$.* (On suppose que ce polynome, sa racine et le reste sont ordonnés par rapport aux puissances décroissantes d'une lettre commune). Désignons par P ce polynome, par S les n premiers termes de sa racine carrée, et par T la seconde partie de cette racine, nous aurons $\sqrt{P}=S+T$, ou en carrant (n° 100) $P=S^2+2ST+T^2$. Retranchons S^2 des deux membres de cette égalité et mettons T en facteur dans le second, nous obtiendrons $P-S^2=(2S+T)\,T$ l'excès du polynome P sur le carré S^2 des n premiers termes de sa racine est donc le produit de $2S+T$ par T, produit dont le premier terme est évidemment le double du premier terme de S multiplié par le premier terme de T. (n° 53), c'est-à-dire le double du premier terme de la racine multiplié par le $n+1^{\text{ème}}$ *C. Q. F. D.*

162. Actuellement, pour extraire la racine carrée d'un polynome, *on l'ordonne par rapport à une lettre, en commençant par les plus hauts exposans, puis on extrait la racine carrée de son premier terme, pour avoir le premier terme de la racine* (n° 109).

On supprime le premier terme du polynome, on divise le premier terme du reste, par le double du premier terme de la racine, et on obtient pour quotient son second terme (n° 161).

On retranche du polynome donné, le carré des deux premiers termes de la racine, ou pour simplifier, on retranche du premier reste le produit du double du premier terme de la racine joint au second, par ce même second terme, et on divise le premier terme du reste trouvé, par le double du premier terme de la racine afin d'en obtenir le troisième (n° 161).

On soustrait du second reste, le double des deux premiers termes de la racine joint au troisième, multiplié par ce troisième terme, et on a un troisième reste, dont le premier terme divisé par le double du premier terme de la racine en fournit le quatrième. (n° 161.) *etc., etc.*

Si en continuant ainsi, on parvient à un reste nul, on dit que le polynome donné est un carré parfait.

Soit pour exemple, à extraire la racine carrée du polynome $4ab^5 - 11a^2b^4 - 6a^3b^3 + 9a^4b^2 + 4b^6$, on l'ordonne par rapport aux puissances décroissantes de la lettre a, et on dispose les calculs comme ci-dessous.

$$9a^4b^2 - 6a^3b^3 - 11a^2b^4 + 4ab^5 + 4b^6 \,\big|\, 3a^2b - ab^2 - 2b^3$$
$$9a^4b^2$$

1er R.
$$-6a^3b^3 - 11a^2b^4 + 4ab^5 + 4b^6$$
$$6a^2b \quad - \quad ab^2$$
$$-ab^2$$
$$-6a^3b^3 + a^2b^4$$

2e Reste.
$$-12a^2b^4 + 4ab^5 + 4b^6$$
$$6a^2b - 2ab^2 - 2b^3$$
$$-2b^3$$
$$-12a^2b^4 + 4ab^5 + 4b^6$$

3e Reste. . . . . o

163. Les termes extrêmes du carré d'un polynome ordonné étant égaux aux carrés de son premier et dernier termes (n° 109), il s'ensuit que *tout polynome ordonné dont les termes extrêmes ne sont pas positifs et carrés parfaits, ne peut être lui-même le carré d'un autre polynome.* Ainsi $a^2 - 2ab - b^2$, $3a^3 - 2ab + b$ ne sont pas des carrés parfaits. Il en résulte encore que *la racine carrée d'un polynome est imaginaire lorsque ses termes extrêmes sont négatifs.* Ainsi la racine de $-a^2 - b^2$ est imaginaire.

164. *Un binome ne peut être un carré parfait :* car la racine carrée d'un binome ne peut être ni un monome ni un binome, puisque le carré d'un monome est un monome, et que celui d'un binome est un trinome. Ainsi, comme l'on pourrait être tenté de le croire, les racines de $a^2 + b^2$, et $a^2 - b^2$ ne sont pas $a + b$ et $a - b$.

165. On peut conclure qu'*un polynome n'est pas un carré par-*

fait, lorsqu'on a trouvé à la racine un terme, dans lequel l'exposant de la lettre principale est moindre que la moitié de l'exposant de cette même lettre dans le dernier terme de ce polynome. Cela résulte évidemment de ce que le dernier terme d'un polynome, s'il est un carré parfait, doit être le carré du dernier terme de la racine.

166. Lorsque le *polynome donné n'est pas un carré parfait, l'on est conduit, en suivant le procédé d'extraction, à une série de termes affectés des puissances négatives de la lettre principale.* Pour vérifier cette assertion, on peut extraire la racine de a^2+1 par exemple, et l'on trouvera

$$\sqrt{a^2+1} = a + \frac{1}{2}a^{-1} - \frac{1}{8}a^{-3} + \frac{1}{16}a^{-5} - \frac{5}{128}a^{-7} + \frac{7}{256}a^{-9} + \text{ etc.}$$

Si l'on voulait obtenir la racine ordonnée suivant les puissances positives et croissantes de la lettre principale, il faudrait ordonner le polynome donné, en commençant par les plus faibles exposans. On trouve par ce moyen que

$$\sqrt{1+a^2} = 1 + \frac{a^2}{2} - \frac{a^4}{8} + \frac{a^6}{16} - \frac{5a^8}{128} + \frac{7a^{10}}{256} - \text{ etc.}$$

III. *Extraction de la racine cubique des polynomes.*

167. *Si on retranche d'un polynome le cube des* n *premiers termes de sa racine, le premier terme du reste est le produit du triple carré du premier terme de cette racine par le* n$+1^{\text{ème}}$; (on suppose ces trois quantités ordonnées par rapport aux puissances décroissantes d'une lettre commune). Soit P le polynome en question, S les n premiers termes de sa racine cubique et T ce qu'il faut ajouter à S pour compléter cette racine, ensorte que $\sqrt[3]{P} = S + T$. D'où, en cubant (n° 105), $P = S^3 + 3S^2T + 3ST^2 + T^3$, retranchons S^3 dans les deux membres de cette égalité et mettons T en facteur dans le second, il vient $P - S^3 = (3S^2 + 3ST + T^2)T$. Or, le premier terme du produit de $3S^2 + 3ST + T^2$ par T est visiblement (n° 53) trois fois le premier terme de S^2 par le premier terme de T, ou, ce qui revient au même, le triple carré du premier terme de la racine cubique de P multiplié par le $n+1^{\text{me}}$.

168. De là résulte le procédé suivant pour extraire la racine cubique d'un polynome. *On l'ordonne par rapport aux puissances décroissantes d'une lettre, et on extrait la racine cubique de son premier terme; le résultat est le premier terme de la racine cherchée* (n° 109).

On supprime le premier terme du polynome et on divise le second par le triple carré du premier terme de la racine; le quotient en est le second terme (n° 167).

On forme le cube des deux premiers termes, on le retranche du polynome donné, et on divise le premier terme du reste par le triple carré du premier terme de la racine afin d'en obtenir le troisième (n° 167), etc.

On continue à opérer de la même façon, et, si l'on arrive à un reste nul, le polynome donné est un cube parfait.

En appliquant cette règle au polynome
$$a^6-9a^5b+21a^4b^2+9a^3b^3-42a^2b^4-36ab^5-8b^6,$$
on trouve que sa racine cubique est $a^2-3ab-2b^2$.

CHAPITRE X.

THÉORIE DES RADICAUX ET DES EXPOSANS FRACTIONNAIRES.

169. Pour terminer la théorie des opérations algébriques, il nous reste à exposer les règles à suivre pour les effectuer sur les *radicaux;* on appelle ainsi toute expression recouverte du signe $\sqrt{}$; et suivant qu'une quantité renferme ou ne renferme pas des termes de cette sorte, on dit qu'elle est *irrationnelle* ou *rationnelle.*

I. *Identité des radicaux et des exposans fractionnaires.*

170. *Les radicaux et les exposans fractionnaires sont deux notations différentes servant à indiquer la même opération.* En effet, d'après la règle du (n° 154),
$$\sqrt[3]{a^2}=a^{\frac{2}{3}}, \quad \sqrt[5]{a-b}=(a-b)^{\frac{1}{5}}, \quad \sqrt[m]{a^p b^q}=a^{\frac{p}{m}}b^{\frac{q}{m}}.$$

Réciproquement

$$a^{\frac{2}{3}} = \sqrt[3]{a^2}, \quad (a-b)^{\frac{1}{5}} = \sqrt[5]{a-b}, \quad a^{\frac{p}{m}} b^{\frac{q}{m}} = \sqrt[m]{a^p b^q}.$$

171. *Quel que soit A,* $\sqrt[\infty]{A} = 1$ *et* $\sqrt[0]{A} = \infty$ *ou* 0*, suivant que* A *est* $>$ *ou* $<$ 1. Car, $1°$ $\sqrt[\infty]{A} = A^{\frac{1}{\infty}}$ ou A^0; puisque $\frac{1}{\infty} = 0$. Donc (n° 62) $\sqrt[\infty]{A} = 1$. $2°$ $\sqrt[0]{A} = A^{\frac{1}{0}}$ ou A^{∞}; puisque $\frac{1}{0} = \infty$. Or (n° 90), A^{∞} égale ∞ ou 0, suivant que A est $>$ ou $<$ 1, donc aussi $\sqrt[0]{A} = \infty$ ou 0 selon que l'on a $A >$ ou < 1.

172. *Evaluer un monome dont les exposans sont fractionnaires.* Soit d'abord le monome $a^{\frac{p}{q}}$ dont l'exposant est fractionnaire et positif; nous aurons $a^{\frac{p}{q}} = \sqrt[q]{a^p}$. Pour évaluer $a^{\frac{p}{q}}$, il faut donc élever a à la puissance p et extraire du résultat la racine du degré q. Ex. $8^{\frac{2}{3}} = \sqrt[3]{8^2} = \sqrt[3]{64} = 4$.

Soit en second lieu l'expression $a^{-\frac{p}{q}}$ dans laquelle l'exposant $-\dfrac{p}{q}$ est à la fois fractionnaire et négatif, nous aurons $a^{-\frac{p}{q}} = \sqrt[q]{a^{-p}}$ mais (n° 66) $a^{-p} = \dfrac{1}{a^p}$ donc $a^{-\frac{p}{q}} = \sqrt[q]{\dfrac{1}{a^p}}$ ou bien (n° 127),

$$a^{-\frac{p}{q}} = \frac{1}{\sqrt[q]{a^p}}.$$

Pour évaluer $a^{-\frac{p}{q}}$ il faudra donc diviser l'unité par la quantité $\sqrt[q]{a^p}$ calculée comme nous venons de le dire.

Ex. $25^{-\frac{2}{3}} = \dfrac{1}{\sqrt{25^3}} = \dfrac{1}{125}$.

Soit encore l'expression

$$a^{\frac{p}{q}} b^{-\frac{m}{n}}$$

en réduisant les exposans au même dénominateur, on a

$$a^{\frac{p}{q}}\,b^{-\frac{m}{n}}=a^{\frac{pn}{qn}}\,b^{-\frac{mq}{np}},$$

donc

$$a^{\frac{p}{q}}\,b^{-\frac{m}{n}}=\sqrt[nq]{a^{pn}b^{-mq}}$$

ou

$$a^{\frac{p}{q}}\,b^{-\frac{m}{n}}=\sqrt[nq]{\frac{a^{pn}}{b^{mq}}}$$

à cause que, (n° 66)

$$a^{pn}b^{-mq}=\frac{a^{pn}}{b^{mq}}\quad Ex.\ a^{\frac{1}{2}}\,b^{-\frac{2}{3}}=a^{\frac{3}{6}}\,b^{-\frac{4}{6}}=\sqrt[6]{a^3 b^{-4}}=\sqrt[6]{\frac{a^3}{b^4}}\,.$$

II. *Propriétés des radicaux.*

173. *On peut faire passer sous un radical du degré* m *un facteur placé en dehors du signe, pourvu que l'on élève ce facteur à la puissance* m ;

ainsi, $a^p\sqrt[m]{b^q}=\sqrt[m]{a^{pm}b^q}$. En effet, $a^p\sqrt[m]{b^q}=a^p b^{\frac{q}{m}}=a^{\frac{pm}{m}}\,b^{\frac{q}{m}}$

$$=\sqrt[m]{a^{pm}b^q}.\ C.\ Q.\ F.\ D.$$

$$Ex.\ 3\sqrt{2}=\sqrt{3^2 . 2}=\sqrt{18},\ a^2\sqrt[3]{b}=\sqrt[3]{a^6 b},$$

$$(a+b)\sqrt{\frac{a+b}{a+b}}=\sqrt{\frac{(a-b)\,(a+b)^2}{a+b}}=\sqrt{a^2-b^2}.$$

174. *Pour faire sortir un facteur de dessous un radical du degré* m, *il faut en extraire la racine* $m^{ième}$; ainsi,

$$\sqrt[m]{a^{pm}b^q}=a^p\sqrt[m]{b^q}.\ \text{En effet,}\ \sqrt[m]{a^{pm}b^q}=a^{\frac{pm}{m}}\,b^{\frac{q}{m}}=a^p b^{\frac{q}{m}}=a^p\sqrt[m]{b^q}.$$

$$Ex.\ \sqrt{4a}=2\sqrt{a},\ \sqrt{a^6 b^2}=a^2\sqrt{b^2},\ \sqrt{a^4-a^3}=\sqrt{a^4\left(1-\frac{1}{a}\right)}$$

$$=a^2\sqrt{1-\frac{1}{a}}\,.$$

175. *On ne change pas la valeur d'un radical en multipliant* *ou en divisant par un même nombre son indice et les exposans des facteurs qui sont sous le radical.*

$$1° \ \sqrt[m]{a^p b^q} = \sqrt[mn]{a^{pn} b^{qn}}, \text{ en effet, } \sqrt[m]{a^p b^q} = a^{\frac{p}{m}} b^{\frac{q}{m}} = a^{\frac{pn}{mn}} b^{\frac{qn}{mn}} =$$

$$\sqrt[mn]{a^{pn} b^{qn}}.$$

$$Ex. \ \sqrt[3]{ab^2} = \sqrt[15]{a^5 b^{10}}, \ \sqrt{a-b} = \sqrt[6]{(a-b)^3}.$$

$$2° \ \sqrt[mn]{a^{pn} b^{qn}} = \sqrt[m]{a^p b^q}; \quad \text{car } \sqrt[mn]{a^{pn} b^{qn}} = a^{\frac{pn}{mn}} b^{\frac{qn}{mn}} = a^{\frac{p}{m}} b^{\frac{q}{n}} = \sqrt[m]{a^p b^q}.$$

$$Ex. \ \sqrt[12]{a^6 b^{18}} = \sqrt{ab^3}, \ \sqrt[4]{a^2 - 2ab + b^2} = \sqrt[4]{(a-b)^2} = \sqrt{a-b}.$$

III. *Simplification des radicaux.*

176. *Réduire un radical à sa plus simple expression*, c'est trouver un radical équivalent dont l'indice et les exposans des facteurs soient premiers entre eux.

177. Pour réduire un radical à sa plus simple expression, *il faut diviser son indice et ses exposans par leur plus grand commun diviseur.* Cette régle résulte évidemment de ce que l'on n'altère pas la valeur d'un radical en divisant son indice et ses exposans par le même mombre (175), et que d'ailleurs les quotiens que l'on obtient en divisant plusieurs nombres par leur plus grand commun diviseur, sont toujours premiers entre eux.

Soit à effectuer cette réduction sur le radical $\sqrt[12]{a^9 b^6 c^{21}}$ le plus grand commun diviseur entre 12, 9, 6, 21 est visiblement 3 et par conséquent $\sqrt[12]{a^9 b^6 c^{21}} = \sqrt[4]{a^3 b^2 c^7}$ on trouverait de la même manière que $\sqrt[15]{a^{10} b^5} = \sqrt[3]{a^2 b}.$

178. On peut faire subir aux radicaux une *simplification* d'une autre espèce; elle consiste à ramener le radical donné à un autre dans lequel tous les exposans soient plus petits que l'indice.

Pour indiquer d'une manière générale comment on peut effectuer cette transformation, considérons l'expression $\sqrt[m]{C a^p b^p}$ dans laquelle C désigne un coefficient numérique. Décomposons d'abord le nombre C en deux facteurs K^m et H de sorte que le premier K^m soit une puissance exacte du degré m. Divisons aussi les exposans p et q par m, représentons les quotiens obtenus par s et t et les restes qui sont essentiellement plus petits que m par l et i, en sorte que $p = ms + l$, $q = mt + i$; substituons dans le radical donné, $K^m H$, $ms + l$, $mt + i$ aux trois lettres C, p, q il viendra :

$$\sqrt[m]{Ca^p b^q} = \sqrt[m]{K^m H a^{ms+l} b^{mt+i}} \text{ ou } = \sqrt[m]{K^m a^{ms} b^{mt} H a^l b^i} \text{ ou bien enfin}$$

(n° 174) $\sqrt[m]{Ca^p b^q} = K a^s b^t \sqrt[m]{H a^l b^i}$, ce qui ramène ainsi le radical proposé à la forme demandée. $Ex.$ $\sqrt[4]{a^3 b^2 c^7} = \sqrt[4]{c^4 a^3 b^2 c^3} =$

$$c\sqrt[4]{a^3 b^2 c^3}.$$

$$\sqrt[3]{24 a^{13} b^8} = \sqrt[3]{8 . 3 a^{3.4+1} b^{3.2+2}} = \sqrt[3]{8 a^{3.4} b^{3.2} \times 3 a b^2} = 2 a^4 b^2 \sqrt[3]{3 a b^2}.$$

IV. *Réduction des radicaux au même indice.*

179. Le but de cette opération est de trouver des radicaux de même indice équivalents à des radicaux donnés.

180. Pour réduire plusieurs radicaux au même indice, *on multiplie l'indice et les exposans de chaque radical par le produit des indices de tous les autres.* Il est visible en effet, qu'en suivant ce procédé chaque radical ne subit aucune altération (n° 175), et que les nouveaux indices sont égaux ; vu que chacun d'eux est le produit de tous les indices primitifs et que plusieurs nombres abstraits donnent le même produit en quelque ordre qn'on les multiplie.

Soit à réduire au même indice, $\sqrt{a}$, $\sqrt[3]{a^2 b}$, $\sqrt[5]{2 a^2 b^3}$; il vient en suivant la règle : $\sqrt[2.3.5]{a^{3.5}}$, $\sqrt[3.2.5]{a^{2.2.5} b^{2.5}}$, $\sqrt[3.2.5]{2^{2.3} a^{2.2.3} b^{3.2.3}}$ ou $\sqrt[30]{a^{15}}$, $\sqrt[30]{a^{20} b^{10}}$, $\sqrt[30]{64 a^{12} b^{18}}$.

181. Lorsque les indices des radicaux donnés ne sont pas premiers entre eux, on peut modifier la règle précédente comme il suit ; *on recherche le plus petit nombre capable d'être divisé exactement par chaque indice, puis l'on multiplie l'indice et les exposans de chaque radical par le quotient que l'on obtient en divisant par cet indice, le plus petit nombre dont il vient d'être question.*

Soit pour exemple, les radicaux $\sqrt{2a}$, $\sqrt[4]{a^3 b^2}$, $\sqrt[6]{3 a^2 b}$. Le plus petit nombre divisible par 2, 4, 6 est 12, et les quotiens de 12 divisés successivement par 2, 4, 6 sont 6, 3, 2; en suivant la règle on aura donc :

$$\sqrt[2.6]{2^6 a^6},\ \sqrt[4.3]{a^{3.3} b^{2.3}},\ \sqrt[6.2]{3^2 a^{2.2} b^2};$$
$$\text{ou}\ \sqrt[12]{64 a^6},\sqrt[12]{a^4 b^6},\sqrt[12]{9 a^4 b^2}.$$

En suivant la règle générale l'indice commun aurait été $2 \times 4 \times 6$ ou 48.

<h3 style="text-align:center">V. Radicaux semblables.</h3>

182. On appelle *radicaux semblables* ceux qui ont même indice et même quantité sous le signe radical, quels que soient d'ailleurs leurs coefficiens : tels sont $3a\sqrt[3]{5ab^2}$, $-\dfrac{2}{5} b^2 c\sqrt[3]{5ab^2}$.

183. Pour reconnaître si deux radicaux sont semblables, *il faut simplifier au moyen des règles des* (n°s 177 et 178); on trouve ainsi que les radicaux $\sqrt[4]{324 b^2}$ et $\sqrt[6]{8 a^6 b^3}$ qui paraissent dissemblables au premier abord, se réduisent à $3\sqrt{2b}$ et à $a\sqrt{2b}$ et par conséquent sont semblables.

184. *Faire la réduction des radicaux semblables*, c'est réunir plusieurs radicaux semblables combinés par addition et soustraction, en une seule expression ne renfermant qu'un seul radical.

Pour faire cette réduction, *on place dans une parenthèse tous les coefficiens des radicaux semblables, et on l'affecte du radical commun.* Ainsi, le polynome irrationnel $3a^2\sqrt[3]{2a^2 b}-2ab\sqrt[3]{2a^2 b}-5\sqrt[3]{2a^2 b}-2a^2\sqrt[3]{2a^2 b}+3\sqrt[3]{2a^2 b}$ se réduit à $(3a^2-2ab-5-2a^2+3)\sqrt[3]{2a^2 b}$ ou $(a^2-2ab-2)\sqrt[3]{2a^2 b}$.

<h3 style="text-align:center">VI. Addition et soustraction des radicaux.</h3>

185. Pour faire l'addition et la soustraction des radicaux, *on les écrit les uns à la suite des autres, avec leurs signes respectifs*

ou des signes contraires, selon qu'on veut les ajouter ou les retran-
cher; on fait ensuite la réduction des radicaux semblables.

Exemple d'addition.

$$(3a\sqrt{2b} - 4a^2b\sqrt[3]{2b^2}) + (-2b\sqrt{2b} + 2abc\sqrt[3]{2b^2}) + (\sqrt{2b} -$$
$$6\sqrt[3]{2b^2} - \sqrt[5]{c}) = 3a\sqrt{2b} - 4a^2b\sqrt[3]{2b^2} - 2b\sqrt{2b} + 2abc\sqrt[3]{2b^2} +$$
$$\sqrt{2b} - 6\sqrt[3]{2b^2} - \sqrt[5]{c} = (3a - 2b + 1)\sqrt{2b} + (-4a^2b + 2abc - 6)$$
$$\sqrt[3]{2b^2} - \sqrt[5]{c} = (3a - 2b + 1)\sqrt{2b} - 2(2a^2b - abc + 3)\sqrt[3]{2b^2} - \sqrt[5]{c}.$$

Exemple de la soustraction.

$$(3a\sqrt[3]{ab^2} - 2a^2b\sqrt{b}) - (2c\sqrt[3]{ab^2} - 5a^2b\sqrt{b}) = 3a\sqrt[3]{ab^2} - 2a^2b\sqrt{b}$$
$$- 2c\sqrt[3]{ab^2} + 5a^2b\sqrt{b} = (3a - 2c)\sqrt[3]{ab^2} + 3a^2b\sqrt{b}.$$

VII. *Multiplication des radicaux.*

186. 1° Pour faire le produit de plusieurs radicaux de même
indice, *on multiplie entre elles toutes les quantités placées
sous les radicaux, et on affecte le produit du radical commun.*
Ainsi quelles que soient les quantités A, B, C, D, etc. ;

$$\sqrt[m]{A} \times \sqrt[m]{B} \times \sqrt[m]{C} \times \sqrt[m]{D} \dots \text{ etc} \dots = \sqrt[m]{A \times B \times C \times D} \dots \text{ ce qui}$$

résulte évidemment de ce que la racine $m^{\text{ième}}$ d'un produit, égale
le produit de la racine m de chacun des facteurs. (n° 159).

Exemples :

$$\sqrt[3]{3a^2b} \times \sqrt[3]{7a^2bc^2} = \sqrt[3]{21a^4b^2c^2} = a\sqrt[3]{21ab^2c^2}.$$
$$\sqrt{a+b} \times \sqrt{a-b} \times \sqrt{a^2+b^2} = \sqrt{(a+b)(a-b)(a^2+b^2)} =$$
$$\sqrt{(a^2-b^2)(a^2+b^2)} = \sqrt{a^4-b^4}.$$

2° Si les radicaux qu'il s'agit de multiplier, ont des indices
différens, *on les réduit au même indice et on opère comme on vient
de le dire.* Exemple.

$$\sqrt[3]{a} \times \sqrt{b} = \sqrt[6]{a^3} \times \sqrt[6]{b^2} = \sqrt[6]{a^3b^2}, \quad \sqrt[6]{2a^3b^2} \times \sqrt[5]{3ab} = \sqrt[10]{4a^6b^4} \times$$
$$\sqrt[10]{243a^5b^6} = \sqrt[10]{972a^{11}b^9} = a\sqrt[10]{972ab^9}.$$

VIII. *Division des radicaux.*

187. 1° Pour diviser l'un par l'autre deux radicaux de même indice, *on divise les quantités placées sous les radicaux et on recouvre le quotient du radical commun.* Ainsi quelles que soient les quantités A et B, $\sqrt[m]{A} : \sqrt[m]{B} = \sqrt[m]{\dfrac{A}{B}}$; car la racine $m^{\text{ième}}$ d'une fraction égale la racine m du numérateur divisée par la racine m du dénominateur (n° 146) $Ex : \sqrt{12} : \sqrt{3} = \sqrt{\dfrac{12}{3}} = \sqrt{4} = 2,$

$$\sqrt[3]{6ab^2} : \sqrt[3]{2a^2b} = \sqrt[3]{\dfrac{6ab^2}{2a^2b}} = \sqrt[3]{\dfrac{3b}{a}}, \quad \sqrt[5]{a^2 - b^2} : \sqrt[5]{a+b}$$

$$= \sqrt[5]{\dfrac{a^2 - b^2}{a+b}} = \sqrt[5]{a-b}.$$

2° Si les radicaux à diviser ont des indices différens, *on les réduit au même indice, et l'on opère comme cela vient d'être dit.*

Exemples : $\sqrt{a} : \sqrt[3]{b^2} = \sqrt[6]{a^3} : \sqrt[6]{b^4} = \sqrt[6]{\dfrac{a^3}{b^4}}, \quad \sqrt[5]{2ab^3} : \sqrt{ab} =$

$$\sqrt[10]{4a^2b^6} : \sqrt[10]{a^5b^5} = \sqrt[10]{\dfrac{4a^2b^6}{a^5b^5}} = \sqrt[10]{\dfrac{4b}{a^3}}.$$

IX. *Formation des puissances des radicaux.*

188. Pour élever un radical à la puissance m, *on peut,* 1° *élever la quantité sous le radical à la puissance* m *sans toucher à l'indice;* 2° *diviser, lorsque cela est possible, l'indice par* m *sans toucher à la quantité sous le radical.*

1° $\left(\sqrt[m]{A}\right)^n = \sqrt[m]{a^n}$, quel que soit A. En effet, $\left(\sqrt[m]{A}\right)^n =$

$$\sqrt[m]{A} \times \sqrt[m]{A} \times \sqrt[m]{A}\ldots \text{ ou bien (n° 186), } \left(\sqrt[m]{A}\right)^n =$$

$\overset{m}{\sqrt{A \times A \times A \times A \ldots \ldots}}$, ou bien enfin, $\left(\overset{m}{\sqrt{A}}\right)^{n} = \overset{m}{\sqrt{A^{n}}}$. *Exemples* :

$(\sqrt{a})^{3} = \sqrt{a^{3}} = a\sqrt{a}$, $\left(2a\overset{3}{\sqrt{2ab^{2}}}\right)^{4} = 16a^{4}\sqrt{16a^{4}b^{8}} = 16a^{4} \times$

$2ab^{2}\overset{3}{\sqrt{2ab^{2}}} = 32a^{5}b^{2}\overset{3}{\sqrt{2ab^{2}}}$.

2° $\left(\overset{mn}{\sqrt{A}}\right)^{n} = \overset{m}{\sqrt{A}}$; car $\left(\overset{mn}{\sqrt{A}}\right)^{n} = \overset{mn}{\sqrt{A^{n}}}$, ou bien (n° 175)

$\left(\overset{mn}{\sqrt{A}}\right)^{n} = \overset{m}{\sqrt{A}}$. *Exemples* :

$$\left(\overset{4}{\sqrt{a^{2}+b^{2}}}\right)^{2} = \sqrt{a^{2}+b^{2}}, \quad \left(5a\overset{6}{\sqrt{3ab}}\right)^{3} = 125a^{3}\sqrt{3ab}.$$

X. *Extraction des racines des radicaux.*

189. Pour revenir de la puissance d'un radical à sa racine, il suffit de renverser les règles énoncées dans le n° précédent. Ainsi, pour obtenir la racine $n^{\text{ième}}$ d'un radical, *on peut*, 1° *multiplier l'indice du radical par n sans toucher à la quantité sous le radical ; 2° extraire la racine* $n^{\text{ième}}$ *de la quantité sous le radical, si toutefois cela est possible, sans toucher à l'indice.*

Exemples du 1er procédé.

$$\overset{3}{\sqrt{\overset{6}{\sqrt{5ab}}}} = \overset{6}{\sqrt{5ab}}, \quad \overset{5}{\sqrt{\overset{3}{\sqrt{3a^{2}b}}}} = \overset{15}{\sqrt{3a^{2}b}}.$$

Exemples du 2e procédé.

$$\sqrt{\overset{3}{\sqrt{4a^{2}b^{2}}}} = \overset{3}{\sqrt{2ab}}, \quad \overset{3}{\sqrt{\overset{5}{\sqrt{-8a^{3}b^{9}}}}} = \overset{5}{\sqrt{-2ab^{3}}}.$$

190. Il résulte du premier procédé que

$$\overset{m}{\sqrt{\overset{n}{\sqrt{A}}}} = \overset{mn}{\sqrt{A}}, \quad \overset{m}{\sqrt{\overset{n}{\sqrt{\overset{p}{\sqrt{A}}}}}} = \overset{m}{\sqrt{\overset{np}{\sqrt{A}}}} = \overset{mnp}{\sqrt{A}}, \text{etc.}$$

d'où l'on conclut, en renversant l'égalité,

$$\overset{4}{\sqrt{A}} = \sqrt{\overset{}{\sqrt{A}}}, \quad \overset{6}{\sqrt{A}} = \overset{3}{\sqrt{\overset{}{\sqrt{A}}}}, \quad \overset{8}{\sqrt{A}} = \sqrt{\overset{}{\sqrt{\overset{}{\sqrt{A}}}}},$$

etc. *Ainsi l'on peut obtenir la racine 4e d'un nombre par deux* *extractions successives de racine carrée, la racine 6e par une extraction de racine carrée et une de racine cubique, la racine 8e par trois extractions de racine carrée, et en général, on pourra, par des extractions combinées de racines carrées et cubiques, obtenir toutes les racines dont les degrés n'étant composés que des facteurs 2 et 3 sont de la forme $2^s . 3^t$, s et t étant des nombres entiers.*

XI. *Sur les radicaux imaginaires.*

191. Les règles précédentes se trouvent quelquefois en défaut lorsqu'on les applique à des radicaux imaginaires. Dans le cas particulier où ils sont du 2e degré, il est facile d'éviter toute difficulté en décomposant chaque radical en deux facteurs, dont l'un soit réel et l'autre imaginaire $\sqrt{-1}$. (n° 160).

Soit d'abord à multiplier $\sqrt{-a}$ par $\sqrt{-b}$; on remarquera que $\sqrt{-a} = \sqrt{a}\sqrt{-1}$, $\sqrt{-b} = \sqrt{b}\sqrt{-1}$ et que par conséquent $\sqrt{-a} \times \sqrt{-b} = (\sqrt{-1})^2 \sqrt{a} . \sqrt{b}$, ou $\sqrt{-a} \times \sqrt{-b} = -\sqrt{ab}$; en observant que $(\sqrt{-1})^2 = -1$, et $\sqrt{a} . \sqrt{b} = \sqrt{ab}$. La règle du n° 186 aurait donné $\sqrt{-a} \times \sqrt{-b} = \sqrt{ab}$.

Soit à diviser $\sqrt{a}$ par $\sqrt{-b}$, ou, ce qui revient au même, $\sqrt{a}$ par $\sqrt{b}\sqrt{-1}$, on a

$$\frac{\sqrt{a}}{\sqrt{-b}} = \frac{\sqrt{a}}{\sqrt{-1}\sqrt{b}} = \frac{\sqrt{-1}\sqrt{a}}{(\sqrt{-1})^2\sqrt{b}} \,;$$

or,

$$\frac{\sqrt{-1}}{(\sqrt{-1})^2} = \frac{\sqrt{-1}}{-1} = -\sqrt{-1}, \quad \frac{\sqrt{a}}{\sqrt{b}} = \sqrt{\frac{a}{b}} .$$

Donc, substituant, on a

$$\frac{\sqrt{a}}{\sqrt{-b}} = -\sqrt{-1}\sqrt{\frac{a}{b}} \text{ ou } \frac{\sqrt{a}}{\sqrt{-b}} = -\sqrt{-\frac{a}{b}} .$$

La règle du n° 187 donne $\dfrac{\sqrt{a}}{\sqrt{-b}} = \sqrt{-\dfrac{a}{b}}$.

192. Pour former les puissances d'un imaginaire du second degré, l'on peut faire usage du principe suivant :

Les puissances successives de $\sqrt{-1}$, à partir de la puissance o, forment une période de quatre termes, savoir : $1, \sqrt{-1}, -1,$ $-\sqrt{-1}$. En effet, tous les nombres entiers sont de l'une des formes suivantes : $4q$, $4q+1$, $4q+2$, $4q+3$ (q désignant un nombre entier quelconque), puisque tout nombre divisé par 4 ne peut donner que l'un des restes 0, 1, 2, 3 ; en admettant ceci et remarquant que $(\sqrt{-1})^2 = -1$, et que $(\sqrt{-1})^4 = (-1)^2 = 1$, on pourra conclure que,

$1°$ $(\sqrt{-1})^{4q} = [(\sqrt{-1})^4]^q = 1^q = 1$;

$2°$ $(\sqrt{-1})^{4q+1} = (\sqrt{-1})^{4q} \times \sqrt{-1} = \sqrt{-1}$;

$3°$ $(\sqrt{-1})^{4q+2} = (\sqrt{-1})^{4q+1} \times \sqrt{-1} = \sqrt{-1} \times \sqrt{-1} = -1$;

$4°$ $(\sqrt{-1})^{4q+3} = (\sqrt{-1})^{4q+2} \times \sqrt{-1} = -1 \times \sqrt{-1} = -\sqrt{-1}$.

Cela posé, soit à former la 14e puissance de $\sqrt{-a}$, on remarquera que $\sqrt{-a} = \sqrt{a}\sqrt{-1}$ et que par conséquent $(\sqrt{-a})^{14} = (\sqrt{a})^{14}(\sqrt{-1})^{14}$; or, $(\sqrt{a})^{14} = \sqrt{a^{14}}$, $(\sqrt{-1})^{14} = -1$, puisque 14 étant égal à $4.3+2$ est de la forme $4q+2$, donc $(\sqrt{-a})^{14} = -\sqrt{a^{14}}$. La règle du n° 188 aurait donné $(\sqrt{-a})^{14} = \sqrt{(-a)^{14}} = \sqrt{a^{14}}$.

193. Nous terminerons cet article, en présentant quelques transformations qui reviennent souvent dans les applications.

$$(a+b\sqrt{-1})(a-b\sqrt{-1}) = a^2 - (b\sqrt{-1})^2 = a^2 + b^2.$$

$$(a+b\sqrt{-1})^2 + (a-b\sqrt{-1})^2 = a^2 + 2ab\sqrt{-1} - b^2 + a^2 - 2ab\sqrt{-1} - b^2 = 2(a^2 - b^2).$$

$$(a+b\sqrt{-1})^2 - (a-b\sqrt{-1})^2 = (a+b\sqrt{-1} + a - b\sqrt{-1})(a+b\sqrt{-1} - a + b\sqrt{-1}) = 2a \times 2b\sqrt{-1} = 4ab\sqrt{-1}.$$

$$\frac{1 \pm \sqrt{-1}}{1 \pm \sqrt{-1}} = \frac{(1 \pm \sqrt{-1})^2}{(1 \pm \sqrt{-1})(1 \pm \sqrt{-1})} = \frac{1 - 1 \pm 2\sqrt{-1}}{1 - (-1)} = \pm \frac{2\sqrt{-1}}{2} = \pm \sqrt{-1}.$$

XII. *Calcul des exposans fractionnaires.*

194. *Les règles relatives aux exposans entiers positifs ou négatifs, conviennent également aux exposans fractionnaires.* Ainsi $a^{\frac{m}{n}} \times a^{\frac{p}{q}} = a^{\frac{m}{n} + \frac{p}{q}}$, $a^{\frac{m}{n}} : a^{\frac{p}{q}} = a^{\frac{m}{n} - \frac{p}{q}}$, $\left(a^{\frac{m}{n}}\right)^s = a^{\frac{ms}{n}}$,

$$\sqrt[s]{a^{\frac{m}{n}}} = a^{\frac{m}{sn}} ;$$ n et q sont des nombres positifs, m et p des nombres négatifs ou positifs, ensorte que $\dfrac{m}{n}$, $\dfrac{p}{q}$ sont des signes quelconques. En effet,

$$1° \quad a^{\frac{m}{n}} \times a^{\frac{p}{q}} = \sqrt[n]{a^m} \times \sqrt[q]{a^p} = \sqrt[nq]{a^{mq}} \times \sqrt[nq]{a^{pn}} = \sqrt[nq]{a^{mq+pn}} = a^{\frac{mq}{nq}+\frac{pn}{nq}} = a^{\frac{m}{n}+\frac{p}{q}}.$$

$$2° \quad a^{\frac{m}{n}} : a^{\frac{p}{q}} = \sqrt[n]{a^m} : \sqrt[q]{a^p} = \sqrt[nq]{a^{mq}} : \sqrt[nq]{a^{pn}} = \sqrt[nq]{\frac{a^{mq}}{a^{pn}}} = \sqrt[nq]{a^{mq-np}} = a^{\frac{mq}{nq}-\frac{pn}{nq}} = a^{\frac{m}{n}-\frac{p}{q}}.$$

$$3° \quad \left(a^{\frac{m}{n}}\right)^s = \left(\sqrt[n]{a^m}\right)^s = \sqrt[n]{a^{ms}} = a^{\frac{ms}{n}}.$$

$$4° \quad \sqrt[s]{a^{\frac{m}{n}}} = \sqrt[s]{\sqrt[n]{a^m}} = \sqrt[ns]{a^m} = a^{\frac{m}{ns}}.$$

195. Enfin il est évident que *les mêmes règles conviennent aux exposans incommensurables*, puisqu'on peut leur substituer des exposans commensurables qui en diffèrent d'une quantité plus petite que toute quantité donnée ; l'esprit d'analogie conduit même à admettre ces règles dans le cas où les exposans seraient imaginaires.

FIN DU PREMIER LIVRE.

SUPPLÉMENT AU CHAPITRE VI.

Démonstration élémentaire de la formule du Binome de Newton.

Si par des multiplications successives l'on forme les puissances du binome $a+b$, on trouve comme on peut le voir chapitre VI,

$$(a+b)^1 = a+b$$
$$(a+b)^2 = a^2+2ab+b^2$$
$$(a+b)^3 = a^3+3a^2b+3ab^2+b^3$$
$$(a+b)^4 = a^4+4a^3b+6a^2b^2+4ab^3+b^4$$

etc......... (A).

Divisant les deux membres de la première égalité par 1, ceux de la seconde par 1.2, ceux de la troisième par 1.2.3 et ainsi de suite, ces formules se changent en celles-ci :

$$\frac{(a+b)^1}{1} = \frac{a}{1} + \frac{b}{1}$$

$$\frac{(a+b)^2}{1 \cdot 2} = \frac{a^2}{1.2} + \frac{a}{1}\frac{b}{1} + \frac{b^2}{1.2}$$

$$\frac{(a+b)^3}{1.2.3} = \frac{a^3}{1.2.3} + \frac{a^2}{1.2}\frac{b}{1} + \frac{a}{1}\frac{b^2}{1.2} + \frac{b^3}{1.2.3}$$

$$\frac{(a+b)^4}{1.2.3.4} = \frac{a^4}{1.2.3.4} + \frac{a^3}{1.2.3}\frac{b}{1} + \frac{a^2}{1.2}\frac{b^2}{1.2} + \frac{a}{1}\frac{b^3}{1.2.3} + \frac{b^4}{1.2.3.4}.$$

etc.........

D'où l'on peut conclure par analogie, quel que soit le nombre entier m,

$$\frac{(a+b)^m}{1.2.3..m} = \frac{a^m}{1.2.3..m} + \frac{a^{m-1}}{1.2...(m-1)}\frac{b}{1} + \frac{a^{m-2}}{1.2...(m-2)}$$
$$\frac{b^2}{1.2}......+\frac{a^{m-n+1}}{1.2.(m-n+1)}\frac{b^{n-1}}{1.2...(n-1)} + \frac{a^{m-n}}{1.2...(m-n)}$$
$$\frac{b^n}{1.2...n}.........+\frac{a^2}{1.2}\frac{b^{m-2}}{1.2...(m-2)} + \frac{a}{1}\frac{b^{m-1}}{1.2...(m-1)}$$
$$+ \frac{b^m}{1.2...m} \quad (B).$$

Les points tiennent lieu des termes intermédiaires et l'expression $\dfrac{a^{m-n}}{1.2\ldots(m-n)}\ \dfrac{b^n}{1.2\ldots n}$ est nommée *terme général du rang* $n+1$ parce que en posant $n=1$, $n=2$, $n=3$, etc., on obtient successivement les différens termes dont ce développement est composé.

Afin de dissiper les doutes qui pourraient rester sur la légitimité de la loi générale à laquelle nous venons de parvenir par *induction*, nous allons faire voir que, *si cette loi a lieu pour le développement de* $\dfrac{(a+b)^m}{1.2.3\ldots m}$, *elle se vérifie également pour celui de* $\dfrac{(a+b)^{m+1}}{1.2..(m+1)}$.

Multiplions à cet effet les deux membres de l'égalité (B) par $a+b$; le premier membre devient $\dfrac{(a+b)^{m+1}}{1.2\ldots m}$ et si, pour éviter les calculs, nous nous bornons à considérer dans le second le terme qui est affecté de b^n après la multiplication, on trouve qu'il provient de $\dfrac{a^{m-n}}{1.2\ldots(m-n)}\ \dfrac{b^n}{1.2\ldots n}\times a+\dfrac{a^{m-n+1}}{1.2..(m-n+1)}\ \dfrac{b^{n-1}}{1.2\ldots n-1}\times b$; et qu'il est égal $(m-n+1)\dfrac{a^{m-n+1}}{1.2..(m-n+1)}\ \dfrac{b^n}{1.2\ldots n}+n\,\dfrac{a^{m-n+1}}{1.2.(m-n+1)}\ \dfrac{b^n}{1.2\ldots n}$ ou bien enfin à $(m+1)\dfrac{a^{m-n+1}}{1.2\ldots(m-n+1)}\ \dfrac{b^n}{1.2\ldots n}$. Si tel est le terme général du développement de $\dfrac{(a+b)^{m+1}}{1.2\ldots m}$, il est visible que le terme général de celui de $\dfrac{(a+b)^{m+1}}{1.2\ldots(m+1)}$ est $\dfrac{a^{m-n+1}}{1.2\ldots(m-n+1)}\ \dfrac{b^n}{1.2\ldots n}$. *C.Q.F.D.*

La loi dont il est question se vérifiant pour $m=2$ doit aussi se vérifier pour $m=2+1$ ou 3, et par suite pour $m=3+1$ ou 4 etc., donc elle est générale.

Multiplions actuellement les deux membres de l'égalité (B) par $1.2.3\ldots m$ et omettons les facteurs communs aux deux termes de chaque fraction du second membre, il vient $(a+b)^m=a^m+$

$$ma^{m-1}b + \frac{m(m-1)}{1\quad2}\,a^{m-2}b^2 \cdots\cdots + \frac{m(m-1)..(m-n)}{1\;2\ldots(n-1)}\,a^{m-n+1}$$

$$b^{n-1} + \frac{m(m-1)(m-2)..(m-n+1)}{1\,.\,2\,.\,3\,.\,.\,.\,.\,n}\,a^{m-n}b^n \cdots + \frac{m(m-1)}{1\,.\quad2}\,a^2$$

$b^{m-2} + mab^{m-1} + b^m$ . . . (C) c'est la *célèbre formule du binome
de Newton;* si l'on y fait $m=1$, $m=2$, $m=3$, etc., on retombe
sur les formules (A).

L'inspection de cette formule apprend de suite que *dans un
terme quelconque l'exposant de* a *marque le nombre des termes qui
suivent*, *et celui de* b *le nombre des termes qui précèdent*; et comme
d'ailleurs tous les termes de cette formule sont du degré m, il
s'en suit *qu'elle est composée de* m$+$1 *termes*.

Tous les coefficiens numériques 1, m, $\dfrac{m(m-1)}{1\,.\,2}$, *etc., du développement de* $(a+b)^m$ *sont des nombres entiers;* car $(a+b)^m$ est
le produit de m facteurs égaux à $a+b$: et lorsque les coefficiens
des facteurs sont des nombres entiers, ceux du produit doivent
l'être pareillement.

*La somme de tous les coefficiens numériques de la formule de
Newton, est égale à* 2^m. En effet, en posant $a=b=1$ dans cette
formule on obtient $2^m = 1 + m + \dfrac{m(m-1)}{1\,.\quad2} + \text{etc}\ldots\ldots + \dfrac{m(m-1)}{1.2}$
$+ m + 1$.

*Les termes également éloignés des termes extrêmes ont des ex-
posants réciproques et des coefficiens égaux.* Car dans la formule
(B) les termes précédés et suivis de n termes étant $\dfrac{a^{m-n}}{1.2\ldots(m-n)}$

$\dfrac{b^n}{1.2\ldots n}$ et $\dfrac{a^n}{1.2\ldots n}\;\dfrac{b^{m-n}}{1.2\ldots(m-n)}$ jouissent évidemment de la
propriété énoncée. Donc, cette propriété convient aussi à la for-
mule (C) qui, comme nous l'avons vu, se déduit de la formule (B)
par une simple multiplication.

En comparant dans le développement de $(a+b)^m$ le terme du
rang $n+1$ $\dfrac{m(m-1)(m-2)\ldots(m-n+1)}{1\,.\quad2\quad.\quad3\quad.\quad.\quad.\quad n}\,a^{m-n}b^n$ avec le terme

précédent $\dfrac{m(m-1)\,(m-2)\,..\,(m-n+2)}{1.\quad 2.\qquad 3....\qquad (n-1)}\,a^{m-n+1}b^{n-1}$, on trouve que le premier égale le second multiplié par $\dfrac{m-n+1}{n}\dfrac{b}{a}$. d'où il suit que *pour déduire un terme quelconque du précédent, il faut multiplier ce dernier par l'exposant de* a *dans ce terme, diminuer cet exposant d'une unité, augmenter celui de* b *d'une unité et diviser par l'exposant de* b *ainsi augmenté.* Cette règle fournit un moyen très simple de déduire tous les termes de la puissance m de $a+b$, du 1er a^m.

En développant $(a+b)^7$ par ce procédé, on trouve de suite :
$$(a+b)^7 = a^7 + 7a^6b + 21a^5b^2 + 35a^4b^3 + 35a^3b^4 + 21a^2b^5 + 7ab_6 + b^7$$
on obtient en suivant le même procédé ;
$$(a+b)^8 = a^8 + 8a^7b + 28a^6b^2 + 56a^5b^3 + 70a^4b^4 + 56a^3b^5 + 28a^2b^6 +$$
$$8ab^7 + b^8.$$

Considérons actuellement les puissances des polynomes, et d'abord puisque le terme général de $\dfrac{(a+b)^m}{1.2...m}$ est $\dfrac{a^{m-n}}{1.2...(m-n)}$ $\dfrac{b^n}{1.2...n}$ celui de $\dfrac{(a+b+c)^m}{1.2...\,m}$ s'en déduira en changeant b en $b+c$ et sera $\dfrac{a^{m-n}}{(1.2...m-n)}$ $\dfrac{(b+c)^n}{1.2...n}$; or, le terme général du rang $r+1$ de $\dfrac{(b+c)^n}{1.2...n}$ est $\dfrac{b^{n-r}}{1.2...(n-r)}$ $\dfrac{c^r}{1.2...r}$ donc le terme général de $\dfrac{(a+b+c)^m}{1.2...\,m}$ est $\dfrac{a^{m-n}}{1.2...(m-n)}$ $\dfrac{b^{n-r}}{1.2...(n-r)}$ $\dfrac{c^r}{1.2...r}$ ou bien $\dfrac{a^p}{1.2...p}$ $\dfrac{b^q}{1.2...q}$ $\dfrac{c^r}{1.2...r}$ en posant $m-n=p$, $n-r=q$ et en observant que $m-n+n-r=p+q$ et par conséquent $m=p+q+r$.

En changeant c en $c+d$ on trouverait de même que le terme général de $\dfrac{(a+b+c+d)^m}{1.2....m}$ est $\dfrac{a^p}{1.2...p}$ $\dfrac{b^q}{1.2...q}$ $\dfrac{c^r}{1.2...r}$ $\dfrac{d^s}{1.2...s}$, $p+q+r+s$ étant égal à m, etc. etc. ; de là il est facile de déduire une règle fort simple pour la formation des puissances des polynomes.

LIVRE SECOND.

RÉSOLUTION

DES PROBLÈMES ET DES ÉQUATIONS.

CHAPITRE Ier.

NOTIONS PRÉLIMINAIRES.

I. *Résolution des problèmes.*

196. Un *Problème* est une question dans laquelle on se propose de déterminer une ou plusieurs quantités inconnues, à l'aide des relations qui les lient à d'autres quantités connues.

Ces relations, qui constituent l'*énoncé*, sont plus ou moins difficiles à apercevoir, et se nomment *conditions* du problème.

197. Les conditions d'un problème peuvent être *explicites* ou *implicites;* elles sont *explicites* lorsqu'elles se trouvent comprises dans son énoncé, et *implicites*, lorsque, sans y être mentionnées, elles en sont des conséquences plus ou moins immédiates.

198. La *résolution* d'un problème d'algèbre se compose toujours de deux parties :

La première consiste à saisir les diverses conditions de l'énoncé, et à exprimer chacune d'elles par une égalité qui prend alors le nom d'*équation*. Cela s'appelle *mettre le problème en équation.*

La seconde a pour objet la *résolution des équations*, c'est-à-dire, la détermination des inconnues qu'elles renferment.

199. Il n'existe pas de règle précise pour mettre un problème en équation. Ce qu'il y a de mieux à cet égard est, sans contredit, le précepte suivant, dont nous ferons par la suite de nombreuses applications. *On représente les quantités inconnues par des lettres ; (ce sont ordinairement les dernières x, y, z, etc.). Puis, supposant le problème résolu, on se comporte absolument de la même manière que si l'on voulait en faire la vérification. Chaque condition fournit ainsi, pour une même quantité, deux expressions égales et de forme différente, et par conséquent donne lieu à une équation.*

Quant à la résolution des équations, elle est purement de calcul, et ce deuxième livre lui sera entièrement consacré.

200. Éclaircissons ces notions générales par un exemple ; *Deux frères ont ensemble 5o ans et l'aîné avait 12 ans à la naissance de son frère. Quel est l'âge de chacun d'eux ?*

Mettons d'abord le problème en équation ; représentons par x l'âge de l'aîné, par y celui de son frère, et remarquons qu'il y a ici deux conditions.

En vertu de la première qui est *explicite*, la somme des âges x et y des deux frères est 5o ans ; ce qui se traduit ainsi en algèbre, $x+y=5o$.

La seconde condition est *implicite*, et se déduit de l'énoncé, en observant que la différence de 12 ans qui existait entre les âges des deux frères à la naissance du plus jeune, subsiste encore après un temps quelconque ; donc $x-y=12$.

Résolvons actuellement les deux équations $x+y=5o$, $x-y=12$.

En les ajoutant membre à membre, on obtient $x+y+x-y=5o+12$, ou en réduisant $2x=62$; prenant la moitié de chaque membre, il vient $x=31$.

Retranchant la seconde équation de la première, on trouve $x+y-x+y=5o-12$, d'où $2y=38$ et $y=19$.

Les deux frères ont donc, l'un 31 ans et l'autre 19.

Pour vérifier cette *solution*, remplaçons x et y par 31 et 19, dans les équations $x+y=5o$, $x-y=12$; elles deviennent $31+19=5o$, $31-19=12$, ce qui est exact.

201. On distingue trois espèces de problèmes ; les problèmes *déterminés, indéterminés et impossibles.*

1° Un problème est *déterminé* quand il a une solution ou un nombre fini de solutions. Tel est celui qui vient d'être résolu.

2° Un problème est *indéterminé* quand il est susceptible d'une infinité de solutions. En voici un exemple : *Un père a 3o ans à la naissance de son fils ; à quel âge le fils aura-t-il 3o ans de moins que son père ?* Cette condition se trouve visiblement remplie quel que soit l'âge du fils. Ce problème est donc indéterminé.

3° Un problème est *impossible* quand il n'a aucune solution. *Ex* : Un *père a 3o ans à la naissance de son fils ; à quel âge le fils aura-t-il 36 ans de moins que son père ?* Il est manifeste que cette condition ne peut jamais avoir lieu, et que par conséquent cette question est impossible.

II. *Notions générales sur les équations.*

202. Une *équation* est l'expression de l'égalité de deux quantités. *Ex* : $5x-4=8-x$.

203. L'ensemble des termes qui précèdent le signe d'égalité forme le *premier membre* de l'équation, et l'ensemble de ceux qui le suivent en forme le *second membre*. Ainsi $5x-4$ et $8-x$ sont le premier et le second membre de l'équation $5x-4=8-x$.

204. Une équation peut renfermer *deux* ou *un plus grand nombre d'inconnues. Ex* : L'équation $xy=x-y$ contient deux inconnues x et y ; l'équation $x^2+y^2+z^2=xyz$ en contient trois x, y et z.

205. Les équations sont *numériques* ou *littérales ; numériques,* lorsque les quantités connues sont des nombres ; *littérales,* lorsqu'elles sont des lettres, ou des lettres combinées avec des nombres. *Ex* : $5x-4=8-x$ est une *équation numérique ;* $ax+b=c-dx$ une *équation littérale.*

206. *Résoudre une équation à une seule inconnue,* c'est trouver un nombre qui, mis à la place de l'inconnue dans l'équation, rende ses deux membres numériquement égaux. Ainsi l'équation $5x-4=8-x$ est résolue par $x=2$, car en substituant, on obtient $5\times2-4=8-2$ ou $6=6$.

En général, *résoudre plusieurs équations à plusieurs incon-nues*, c'est déterminer des nombres qui, substitués aux incon-nues dans ces équations, vérifient séparément chacune d'elles. La question du n° 200 a conduit à la résolution de deux équations à deux inconnues.

207. Il y a trois espèces d'équations, savoir : l'*équation pro-prement dite*, l'*équation identique* ou l'*identité*, et l'*équation im-possible*.

1° *L'équation proprement dite* est celle qui n'a lieu que pour une seule valeur ou un certain nombre de valeurs de l'inconnue. Telle est l'équation $5x - 4 = 8 - x$ qui n'est satisfaite que par $x = 2$, et l'équation $x^2 - 5x = -6$ qui ne l'est que par $x = 2$ et $x = 3$.

2° *L'équation identique* ou l'*identité* est celle qui subsiste pour toutes les valeurs assignées à l'inconnue. L'équation $2x + 1 = 2x + 1$ est identique, car elle est vraie, lorsqu'on suppose $x = 0$, $x = 1$, $x = 2$, $x = 3$, etc., et en général quel que soit le nombre mis à la place de x.

Toutes les identités ne sont pas, comme celle qui précède, évidentes au premier coup-d'œil ; mais elles se manifestent tou-jours, lorsqu'on effectue les opérations indiquées et que l'on fait la réduction. Veut-on reconnaître, par exemple, si l'équation

$$(x - 1)^2 + 2x - 2 = (x + 1)(x - 1)$$

est identique? On forme le carré de $x - 1$ (100) et le produit $(x + 1)(x - 1)$ (46), et l'on trouve

$$x^2 - 2x + 1 + 2x - 2 = x^2 - 1 \text{ ou } x^2 - 1 = x^2 - 1.$$

Cette équation est donc identique.

3° *L'équation impossible* est celle qui ne peut être satisfaite par aucune valeur de l'inconnue. L'équation $x + 5 = x + 7$ est im-possible, car ses deux membres ne peuvent devenir égaux quelle que soit la valeur attribuée à x.

Il est facile de s'apercevoir que ces trois espèces d'équations correspondent aux problèmes déterminés, indéterminés et im-possibles.

208. On appelle *degré* d'une équation à une seule inconnue le plus haut exposant de l'inconnue dans cette équation. Ainsi $5x-4=8-x$ est une équation du *premier degré*, $x^2-5x=-6$ une équation du *deuxième degré*, et $x^3-7x=10$ une équation du *troisième degré*.

Généralement, le *degré* d'une équation à plusieurs inconnues est la plus forte somme des exposans des inconnues dans un terme quelconque de cette équation. *Exemples :* les équations $3x-2y=5$, $xy-x-y=5$, $x^3y^4-y^5=7$, sont respectivement du *premier*, du *second* et du *septième degré*.

209. La résolution des équations se complique singulièrement à mesure que leur degré augmente; nous nous proposons seulement d'en développer la partie élémentaire.

III. *Transformation des équations.*

210. On a pour but dans la *transformation* des équations de les ramener à une forme plus simple et par-là d'en faciliter la résolution. Il ne sera question dans ce paragraphe que des transformations communes à toute espèce d'équations.

211. Pour faire passer un terme d'un membre d'une équation dans l'autre, *il faut supprimer ce terme dans le membre où il se trouve et l'écrire dans l'autre avec un signe contraire.* En effet, supprimer dans un membre un terme positif ou négatif, c'est diminuer ou augmenter ce membre de la valeur absolue de ce terme ; donc, pour maintenir l'égalité, il faut aussi diminuer ou augmenter l'autre membre de la valeur absolue de ce même terme, c'est-à-dire l'y écrire avec un signe contraire.

Premier exemple. L'équation $7x-9=3x-5$ se change en $7x-3x=9-5$, en faisant passer le terme $3x$ du second membre dans le premier, et le terme -9 du premier dans le second.

Deuxième exemple. L'équation $ax+b=c-dx$ se transforme en $ax+dx=c-b$, lorsqu'on transpose b dans le second membre, et $-dx$ dans le premier.

212. *Il est permis de transposer les membres d'une équation,* ce qui résulte évidemment de sa définition (202). On emploie ordinairement cette transposition quand tous les termes affectés de l'inconnue se trouvent dans le second membre. Ainsi l'équation $3 = x - \dfrac{x}{5}$ fournit tout de suite $x - \dfrac{x}{5} = 3$.

213. *On peut, sans altérer une équation, changer les signes de tous ses termes ;* car cela revient à transposer les deux membres, puis à faire passer tous les termes du premier membre dans le second, et tous ceux du second dans le premier. Ainsi l'équation $-ax + c = d - cx$ devient d'abord $d - cx = -ax + c$, et ensuite $ax - c = -d + cx$.

214. Pour faire disparaître les dénominateurs d'une équation quelconque, *on réduit tous ses termes au même dénominateur, et on supprime ensuite le dénominateur commun.* En effet, l'équation n'est pas altérée par la réduction de tous ses termes au même dénominateur, et ensuite elle n'est pas troublée par la suppression du dénominateur commun, puisque par-là on rend ses deux membres le même nombre de fois plus grand.

Prenons pour premier exemple l'équation
$$\frac{x}{2} - \frac{3x}{5} + 7 = \frac{2x}{3} \, ;$$

les termes $\dfrac{x}{2}$, $-\dfrac{3x}{5}$, $\dfrac{7}{1}$, $\dfrac{2x}{3}$ réduits au même dénominateur, deviennent $\dfrac{15x}{30}$, $-\dfrac{18x}{30}$, $\dfrac{210}{30}$, $\dfrac{20x}{30}$, et par suite l'équation donnée devient
$$\frac{15x}{30} - \frac{18x}{30} + \frac{210}{30} = \frac{20x}{30} ,$$

ou, en supprimant le dénominateur commun,
$$15x - 18x + 210 = 20x.$$

Soit pour deuxième exemple l'équation
$$\frac{3bx}{4a^2} - \frac{c^2 x}{2ab^2} + \frac{c}{6b} = \frac{a^2 x}{3b^3} - 1.$$

Le plus petit multiple des dénominateurs $4a^2$, $2ab^2$, $6b$, $3b^3$ est visiblement $12a^2 b^3$, et les quotiens que l'on obtient en divisant $12a^2 b^3$ successivement par ces dénominateurs sont : $3b^3$,

$6ab$, $2a^2b^2$, $4a^2$; multiplions donc les deux termes de chaque fraction par le quotient correspondant et le terme entier par $12a^2b^3$, il vient :

$$\frac{9b^4x}{12a^2b^3} - \frac{6abc^2x}{12a^2b^3} + \frac{2a^2b^2c}{12a^2b^3} = \frac{4a^4x}{12a^2b^3} - \frac{12a^2b^3}{12a^2b^3},$$

et, en omettant le dénominateur commun,

$$9b^4x - 6abc^2x + 2a^2b^2c = 4a^4x - 12a^2b^3.$$

Soit pour dernier exemple l'équation

$$2x^5 - \frac{x^3}{x+1} = \frac{1}{x-1} ;$$

elle se change d'abord en

$$\frac{2x^5(x+1)(x-1)}{(x+1)(x-1)} - \frac{x^3(x-1)}{(x+1)(x-1)} = \frac{x+1}{(x+1)(x-1)},$$

puis en

$$2x^5(x+1)(x-1) - x^3(x-1) = x+1 ;$$

d'où, en effectuant les calculs indiqués,

$$2x^7 - 2x^5 - x^4 + x^3 = x+1,$$

équation du 7me degré.

215. Si l'équation donnée ne renferme qu'un seul dénominateur, *il est plus simple de multiplier ses deux membres par ce dénominateur*. Ainsi, pour chasser le dénominateur de l'équation $\frac{x}{7} - 1 = 2x + 5$, on multiplie tous ses termes par 7, ce qui donne $x - 7 = 14x + 35$.

CHAPITRE II.

ÉQUATIONS ET PROBLÈMES DU PREMIER DEGRÉ A UNE SEULE INCONNUE.

216. Avant d'exposer la méthode générale pour résoudre les équations du premier degré à une seule inconnue, nous allons faire connaître quelques procédés très simples qui reviennent souvent dans les applications.

I. *Règles pour dégager l'inconnue dans une équation du premier degré.*

217. L'inconnue peut, dans une équation du premier degré, être *engagée*, avec les quantités connues, de quatre manières différentes : 1° par *addition* ; 2° par *soustraction* ; 3° par *multiplication* ; 4° par *division*. Les procédés que l'on emploie pour la dégager, reposent sur cet axiome : *on peut, sans troubler une équation, effectuer les mêmes opérations sur les deux membres.* Cela posé,

1° Soit l'équation $x+3=12$ dans laquelle l'inconnue x est engagée avec le nombre 3 par *voie d'addition* ; retranchons 3 de chacun des membres, nous aurons $x+3-3=12-3$ ou $x=9$, en remarquant que $3-3=0$ et que $12-3=9$. Donc *lorsque l'inconnue est engagée par addition, on la dégage par soustraction.*

2° Soit l'équation $x-3=12$ dans laquelle l'inconnue x est engagée avec le nombre 3 par *voie de soustraction* ; ajoutons 3 à chaque membre, il vient $x-3+3=12+3$ ou, en réduisant, $x=15$. Donc *lorsque l'inconnue est engagée par soustraction, on la dégage par addition.*

3° Soit l'équation $3x=12$ dans laquelle l'inconnue x est engagée avec le nombre 3 par *voie de multiplication* ; divisant les deux membres par 3, on obtient $\frac{3}{3}x=\frac{12}{3}$ ou $x=4$, en observant que $\frac{3}{3}=1$. Donc *lorsque l'inconnue est engagée par multiplication, on la dégage par division.*

4° Soit l'équation $\dfrac{x}{3}=12$ dans laquelle l'inconnue x est engagée avec le nombre 3 par *voie de division* ; multipliant les deux membres par 3, on trouve $\frac{3}{3}x=36$ ou $x=36$. Donc *lorsque l'inconnue est engagée par division, on la dégage par multiplication.*

En répétant les mêmes raisonnemens sur les quatre équations

$$x+b=a, \quad x-b=a, \quad bx=a, \quad \frac{x}{b}=a,$$

on en tire

$$x=a-b, \quad x=a+b, \quad x=\frac{a}{b}, \quad x=ab.$$

On peut conclure de tout ce qui précède que *lorsque l'incon-nue est engagée par voie d'une opération quelconque, on la dégage par l'opération contraire.*

218. *Si l'inconnue est engagée par plusieurs opérations à la fois, on la dégage successivement par les opérations opposées.* Soit, pour exemple, l'équation

$$4 + \frac{2x}{3} - 5 = 11$$

où l'inconnue x est liée aux nombres 4, 5, 2, 3, par *addition*, *soustraction*, *multiplication* et *division*; on en déduit

1° en retranchant 4 des deux membres, $\quad \dfrac{2x}{3} - 5 = 7$;

2° en y ajoutant 5 , $\qquad\qquad\qquad \dfrac{2x}{3} = 12$;

3° en les divisant par 2 , $\qquad\qquad\qquad \dfrac{x}{3} = 6$;

4° en les multipliant par 3 , $\qquad\qquad\quad x = 18$.

Pour vérifier, remplaçons x par 18 dans l'équation donnée ; elle devient

$$4 + \frac{2.18}{3} - 5 = 11 \text{ ou } 11 = 11.$$

II. *Résolution des équations du premier degré à une seule inconnue.*

219. Pour résoudre une équation du premier degré à une seule inconnue, on lui fait subir successivement les quatre transfor-mations suivantes :

1re transformation. *On fait disparaître tous les dénominateurs de l'équation* (214) ;

2e trans. *On transpose dans le premier membre tous les termes affectés de l'inconnue, et dans le second tous les termes connus* (211) ;

3e trans. *On effectue la réduction des termes semblables dans les deux membres* (31), *et, si l'équation est littérale, on met l'in-connue en facteur dans le premier* (48) ;

4° trans. *On dégage l'inconnue de son coefficient par la division* (217).

Pour vérifier si la valeur trouvée pour l'inconnue satisfait à l'équation donnée, *il faut voir si ses deux membres deviennent identiquement égaux, lorsqu'on substitue cette valeur à la lettre qui représente l'inconnue.*

Soit proposé de résoudre l'équation numérique

$$x - \frac{2x}{3} + 1 = 5 - \frac{x}{2} \; ;$$

faisant subir à cette équation les quatre transformations énoncées ci-dessus, on trouve :

1re *trans.* $6x - 4x + 6 = 30 - 3x$;

2e *trans.* $6x - 4x + 3x = 30 - 6$;

3e *trans.* $5x = 24$;

4e *trans.* $x = \frac{24}{5}$ ou $x = 4\frac{4}{5}$.

Substituant, pour faire la vérification, $\frac{24}{5}$ à x dans l'équation donnée, il vient

$$\frac{24}{5} - \frac{24 \cdot 2}{5 \cdot 3} + 1 = 5 - \frac{24}{5 \cdot 2} \quad \text{ou} \quad \frac{13}{5} = \frac{13}{5} \; .$$

Soit encore proposé de résoudre l'équation littérale

$$x - a = \frac{bc}{d} + \frac{cfx}{de} \; ;$$

on en tire :

1re *trans.* $dex - ade = bce + cfx$;

2e *trans.* $dex - cfx = ade + bce$;

3e *trans.* $(de - cf)x = (ad + bc)e$;

4e *trans.* $x = \dfrac{(ad + bc)e}{de - cf}$.

(a)

220. Les équations (a) sont évidemment des conséquences immédiates de l'équation donnée ; pour exprimer cette circonstance, on dit qu'elles *rentrent* dans celle-ci.

En général, *deux équations rentrent l'une dans l'autre*, lorsque, par quelques transformations, elles peuvent se déduire l'une de l'autre.

III. *Résolution de plusieurs problèmes dont les données sont numériques.*

221. Problème. *On demandait à Pythagore combien de disciples fréquentaient son école. Il fit cette réponse ambiguë ; une moitié étudient l'arithmétique, un tiers la géométrie, un septième la physique et il y a de plus une femme. Combien Pythagore avait-il de disciples ?*

Cette question revient visiblement à celle-ci : *trouver un nombre dont la moitié, le tiers, le septième, augmentés de l'unité, donnent pour somme ce même nombre.*

Représentons par x le nombre cherché ; la moitié, le tiers, le septième de ce nombre, sont exprimés respectivement par $\dfrac{x}{2}$, $\dfrac{x}{3}$, $\dfrac{x}{7}$; et, en vertu de l'énoncé, l'on a

$$\frac{x}{2} + \frac{x}{3} + \frac{x}{7} + 1 = x ;$$

si l'on fait subir à cette équation les quatre transformations du n° 219, on obtient

1re *trans.* $21x + 14x + 6x + 42 = 42x$;   3e *tr.* $-x = -42$;
2e *trans.* $21x + 14x + 6x - 42x = -42$;   4e *trans.* $x = 42$.

Pythagore avait donc 42 disciples. Pour vérifier, remplaçons x par 42 dans l'équation initiale ; nous aurons

$$\frac{42}{2} + \frac{42}{3} + \frac{42}{7} + 1 = 42 \text{ ou } 42 = 42.$$

Afin d'abréger, nous nous dispenserons désormais de faire la vérification.

222. Problème. *Une personne change des pièces de 2 fr. contre des pièces de 5 fr. et se trouve avoir, après cet échange, 102 pièces de moins ; quelle somme possède-t-elle ?*

Soit x cette somme exprimée en francs ; elle renferme $\dfrac{x}{2}$ pièces de 2 fr. et $\dfrac{x}{5}$ pièces de 5 fr.; or, la différence entre ces deux nombres de pièces est 102 ; donc

$$\frac{x}{2} - \frac{x}{5} = 102 \, ;$$

équation qui fournit :

1re *trans.* $5x - 2x = 1020$;   3e *trans.* $3x = 1020$;

2e *trans.* Elle est effectuée ;   4e *trans.* $x = 340$;

Cette personne a donc 340 fr.

223. Problème. *Quel âge avons-nous l'un et l'autre ? demande un fils à son père. Le père répond : votre âge est actuellement le tiers du mien, et il y a six ans qu'il en était le quart ; déterminer l'âge de chacun.*

Soit x l'âge actuel du fils ; celui du père est $3x$; il y a six ans, le fils avait $x - 6$ ans et le père $3x - 6$; mais à cette époque l'âge du fils était le quart de celui du père ; donc

$$x - 6 = \frac{3x - 6}{4} \, ;$$

d'où

1re *trans.* $4x - 24 = 3x - 6$;   2e et 3e *trans.* $x = 18$.

Le fils a donc 18 ans et le père 3 . 18 ou 54 ans.

224. Problème. *Une personne charitable rencontre des pauvres, et veut donner à chacun 4 fr. ; mais elle trouve, après avoir compté son argent, qu'il lui faudrait 5 fr. de plus ; elle donne alors 3 fr. à chaque pauvre et il lui reste 2 fr. ; on demande combien il y avait de pauvres et combien cette personne possédait.*

On peut prendre pour inconnue le *nombre des pauvres* ou *celui des francs.*

1° Soit x le nombre des pauvres ; si chacun recevait 4 fr., les x pauvres recevraient $4x$ fr. ; mais il manque 5 fr. pour que cette distribution soit possible : donc *le nombre des francs* est exprimé par $4x - 5$. Actuellement, chaque pauvre recevant 3 fr., les x pauvres reçoivent $3x$ fr., et, à raison de ce qu'il reste 2 fr., *le nombre des francs est aussi exprimé par* $3x + 2$; égalant les expressions $4x - 5$, $3x + 2$ qui désignent une même quantité, il vient

$$4x - 5 = 3x + 2 \, ,$$

équation d'où l'on tire :

1re *trans.* Elle est effec.   2e *tr.* $4x-3x=5+2$;   3e *tr.* $x=7$.

Il y avait donc 7 pauvres, et cette personne possédait 23 fr., puisque $4x-5=4.7-5=23$.

Soit y le nombre des francs ; si cette personne avait 5 fr. de plus ou $(y+5)$ fr., elle pourrait donner 4 fr. à chaque pauvre : donc *le nombre des pauvres* est $\dfrac{y+5}{4}$; si elle avait 2 fr. de moins ou $(y-2)$ fr., il ne lui resterait rien après avoir donné 3 fr. à chacun d'eux : donc *le même nombre* est aussi représenté par $\dfrac{y-2}{3}$: de là résulte l'équation

$$\frac{y+5}{4} = \frac{y-2}{3} \ ;$$

on en déduit :

1re *trans.* $3y+15=4y-8$;   3e *trans.* $-y=-23$;

2e *trans.* $3y-4y=-15-8$;   4e *trans.* $y=23$.

On trouve donc, comme précédemment, que *cette personne possédait 23 fr. et qu'il y avait 7 pauvres*, car

$$\frac{y+5}{4} = \frac{23+5}{4} = 7.$$

225. **Problème.** *Un avare range ses écus par piles de 11 écus et il lui en reste 1 ; il forme alors des piles de 13 écus et il lui en reste 9, mais il a deux piles de moins ; combien a-t-il d'écus ?*

Soit x le nombre des écus de l'avare ; $\dfrac{x-1}{11}$ exprime le nombre des piles de 11 écus, et $\dfrac{x-9}{13}$ celui des piles de 13 écus ; or, le premier nombre doit surpasser le second de 2 : donc

$$\frac{x-1}{11} = \frac{x-9}{13} + 2 \ ;$$

équation qui fournit :

1re *trans.* $13x-13=11x-99+286$;   3e *trans.* $2x=200$;

2e *trans.* $13x-11x=13-99+286$;   4e *trans.* $x=100$.

L'avare a donc 100 écus.

226. Problème. *Un particulier a* 354 *fr. dont il retire* 20 *fr. d'intérêt, en faisant valoir une partie au* 5 *pour cent et l'autre au* 7; *quelles sont ces deux parties ?*

Soit x la première partie; l'autre est $354-x$; les sommes x et $354-x$ renferment $\dfrac{x}{100}$ et $\dfrac{354-x}{100}$ centaines de francs, et conséquemment, placées au 5 et au 7 pour cent, elles rapportent annuellement l'une $\dfrac{5x}{100}$ et l'autre $\dfrac{7(354-x)}{100}$; en ajoutant les intérêts de ces deux sommes, on doit visiblement retrouver l'intérêt total : donc

$$\frac{5x}{100} + \frac{7(354-x)}{100} = 20 ;$$

équation d'où l'on tire

1re *trans.* $5x+2478-7x=2000$;   3e *trans.* $-2x=-478$;
2e *trans.* $5x-7x=2000-2478$;   4e *trans.* $x=239$.

Ainsi, *la première partie est* 239 *fr. et l'autre* 354—239 *ou* 115 *fr.*

227. Problème. *On donne à un ouvrier* 1 *fr.* 75 *c. par jour lorsqu'il travaille; mais, chaque jour qu'il se repose, on lui retient* 0 *fr.* 80 *pour sa nourriture. Au bout de* 27 *jours, il reçoit* 31 *fr.* 95 *pour solde de son compte. On demande le nombre de jours de travail et le nombre de jours de repos.*

Si l'on désigne par x le nombre de jours de travail, le nombre de jours de repos sera $27-x$; l'ouvrier aura gagné $1,75.x$ fr. sur lesquels on doit lui retenir pour sa nourriture $0,80.(27-x)$ fr.; égalant donc la différence de ces deux expressions à la somme 31 fr. 95 qu'il reçoit, il vient

$$1,75.x-0,80.(27-x)=31,95,$$

et, en multipliant par 100 pour faire disparaître les fractions décimales,

$$175x-80(27-x)=3195 \text{ ou } 175x-2160+80x=3195.$$

Résolvant cette équation :

1re *trans.* Elle est effect. ;   3e *tr.* $255x=5355$;
2e *trans.* $175x+80x=2160+3195$;   4e *trans.* $x=21$.

L'ouvrier a donc travaillé pendant 21 *jours et s'est reposé pendant* 27—21 *ou* 6 *jours.*

228. PROBLÈME. *La somme des deux chiffres d'un nombre est* 12 ; *et, en y ajoutant* 18 *, on obtient pour somme un nombre composé des mêmes chiffres, mais dans un ordre renversé. Quel est ce nombre?*

Soit x le chiffre des unités ; celui des dizaines est 12—x, et ce nombre vaut 10 (12—x)+x ; si l'on y ajoute 18, la somme 10 (12—x)+x+18 doit être composée de x dizaines et de 12—x unités, et par conséquent doit égaler 10x+12—x : donc

$$120—10x+x+18=10x+12—x ;$$

d'où

1re *trans.* Elle est effect.   3e *trans.* —18x=—126 ;

2e *trans.* —10x+x—10x+x=12—120—18 ;   4e *tr.* x=7.

Le chiffre des unités étant 7, celui des dizaines est 12—7 ou 5 ; *le nombre demandé est donc* 57.

229. PROBLÈME. *Un général veut disposer un régiment composé de* 1164 *hommes en bataillon carré à centre vide, de manière qu'il y ait trois rangs sur chaque côté ; combien doit-il mettre d'hommes à chaque rang ?*

Soit x ce nombre ; si le bataillon carré était à centre plein, il se composerait de x^2 hommes ; mais puisqu'il n'y a que 3 rangs sur chaque côté, il faut en retrancher $(x—6)^2$ expression qui représente un bataillon carré à centre plein, sur le côté duquel il y aurait x—6 hommes ; l'équation du problème sera donc

$$x^2—(x—6)^2=1164 ;$$

et, en développant le carré de x—6(100),

$$x^2—x^2+12x—36=1164 \text{ ou } 12x—36=1164 ;$$

équation du premier degré d'où l'on tire x=100 ; *ce général doit donc mettre* 100 *hommes à chaque rang.*

230. PROBLÈME. *Achille va dix fois plus vite qu'une tortue qui a une lieue d'avance sur lui ; à quelle distance la rencontrera-t-il ?*

Soit x le nombre de lieues qu'Achille doit parcourir pour atteindre la tortue ; cette dernière aura fait alors x—1 lieues et l'on aura l'équation

$$x=10(x—1) \text{ ou } x=10x—10 ;$$

d'où l'on déduit $x = \frac{10}{9}$ de lieue ou $x = 1^{l}\,\frac{1}{9}$. *Achille atteindra donc la tortue après avoir fait* $1^{l}\,\frac{1}{9}$.

Ce problème, dont l'énoncé est au moins ridicule, était fameux dans le temps où les philosophes grecs se plaisaient à revêtir des apparences de la vérité les assertions les plus absurdes. Voici le sophisme qu'employait Zénon à son égard : « Lors-« qu'Achille aura parcouru la première lieue, la tortue aura fait « un dixième de la lieue suivante : lorsqu'Achille aura parcouru « ce dixième, la tortue aura fait le centième suivant; et ainsi de « suite : donc Achille n'atteindra jamais la tortue. »

Ce raisonnement conduit évidemment à une conclusion fausse; mais où pèche-t-il? c'est ce que Zénon demandait.

Remarquons qu'Achille, avant de rencontrer la tortue, parcourra un espace exprimé par la série indéfinie de termes $1 + \frac{1}{10} + \frac{1}{100} + \frac{1}{100} +$ etc.; cet espace au premier coup-d'œil paraît infini et c'est ce qui rend le raisonnement qui précède assez spécieux; mais il en est autrement, car cette série égale visiblement $1,111111$ etc., fraction décimale périodique dont la valeur est $1\frac{1}{9}$. Nous retombons donc ainsi sur la solution d'abord obtenue.

IV. *Résolution de plusieurs problèmes dont les données sont algébriques.*

231. **PROBLÈME.** *Partager un nombre en parties proportionnelles à deux ou à trois nombres donnés.*

1° Soit à partager le nombre a en parties proportionnelles aux deux nombres m et n ; désignant la première partie par x, l'autre sera $a - x$, et l'on aura la proportion

$$x : a - x : : m : n,$$

d'où, en égalant le produit des extrêmes à celui des moyens,

$$nx = m\,(a - x) \text{ ou } nx = ma - mx;$$

équation qui fournit :

1re *trans.* Elle est effect.

2e *trans.* $mx + nx = ma$;

3e *trans.* $(m + n)\,x = ma$;

4e *trans.* $x = \dfrac{ma}{m + n}$.

La **2**ᵉ *partie* $a - x = a - \dfrac{ma}{m+n} = \dfrac{na}{m+n}$.

Pour faire une application de ces formules (6), posons $a = 14$, $m = 4$, $n = 3$ et substituons; elles donnent

$$1^{\text{re}} \textit{partie} = \frac{4.14}{4+3} = 8, \qquad 2^{\text{e}} \textit{partie} = \frac{3.14}{4+3} = 6.$$

2°. Soit à partager le nombre a en trois parties proportionnelles aux nombres m, n, p. Représentons la 1re partie par x, la **2**ᵉ et la **3**ᵉ se détermineront au moyen des proportions

$$x : 2^{\text{e}} \textit{partie} : : m : n, \qquad x : 3^{\text{e}} \textit{partie} : : m : p$$

d'où l'on déduit

$$2^{\text{e}} \textit{partie} = \frac{nx}{m}, \qquad 3^{\text{e}} \textit{partie} = \frac{px}{m} ;$$

or, la somme des trois parties x, $\dfrac{nx}{m}$, $\dfrac{px}{m}$ doit reproduire le nombre a : donc

$$x + \frac{nx}{m} + \frac{px}{m} = a;$$

équation d'où l'on tire successivement :

1re *trans.* $mx + nx + px = ma;$ $\qquad 3^{\text{e}}$ *tr.* $(m+n+p)x = ma;$

2e *trans.* Elle est effect. ; $\qquad 4^{\text{e}}$ *tr.* $x = \dfrac{ma}{m+n+p}$.

La 2e *partie* $\dfrac{nx}{m} = \dfrac{n}{m} \cdot \dfrac{ma}{m+n+p} = \dfrac{na}{m+n+p}$.

La 3e *partie* $\dfrac{px}{m} = \dfrac{p}{m} \cdot \dfrac{ma}{m+n+p} = \dfrac{pa}{m+n+p}$.

Supposant $a = 30$, $m = 1$, $n = 2$, $p = 3$ et substituant, on trouve :

$$1^{\text{re}} \textit{partie} = 5, \ 2^{\text{e}} \textit{partie} = 10, \ 3^{\text{e}} \textit{partie} = 15.$$

232. Pʀᴏʙʟèᴍᴇ. *Insérer entre les deux nombres* a *et* b *un troisième nombre tel que ses différences aux deux premiers soient entr'elles comme* a : b.

Soit x le nombre cherché et a le plus grand des deux nombres donnés ; $a\!-\!x$ exprime la différence entre les nombres a et x, et $x\!-\!b$ la différence entre x et b. Donc

$$a\!-\!x : x\!-\!b :: a : b, \text{ d'où } ax\!-\!ab\!=\!ab\!-\!bx ;$$

résolvons cette équation :

$$2^e \text{ et } 3^e \text{ trans. } (a\!+\!b)x\!=\!2ab ; \quad 4^e \text{ trans. } x = \frac{2ab}{a\!+\!b}.$$

Posons $a = 7$ et $b = 4$, cette formule donne $x = \dfrac{2.7.4}{7\!+\!4}$ ou $x = 5 + \frac{1}{11}$.

233. Problème. *De quelle quantité faut-il augmenter les quatre nombres* a, b, c, d, *pour que les quatre sommes soient en proportion géométrique?*

Soit x cette quantité, nous aurons

$$a\!+\!x : b\!+\!x :: c\!+\!x : d\!+\!x$$

d'où, en égalant le produit des extrêmes à celui des moyens,

$$(a\!+\!x)(d\!+\!x)=(b\!+\!x)(c\!+\!x) ;$$

effectuant les produits indiqués et supprimant le terme x^2 dans les deux membres, il vient

$$ax\!+\!dx\!+\!ad\!=\!bx\!+\!cx\!+\!bc ;$$

équation qui donne

$$1^{re} \text{ tr. elle est effect. ;} \qquad 3^e \text{ tr. } (a\!+\!d\!-\!b\!-\!c)x\!=\!bc\!-\!ad ;$$

$$2^e \text{ tr. } ax\!+\!dx\!-\!bx\!-\!cx\!=\!bc\!-\!ad ; \quad 4^e \text{ tr. } x = \frac{bc\!-\!ad}{a\!+\!d\!-\!b\!-\!c}.$$

Supposant $a = 12$, $b = 9$, $c = 2$, $d = 1$ et substituant, on trouve $x = 3$.

La proportion

$$12\!+\!3 : 9\!+\!3 :: 2\!+\!3 : 1\!+\!3 \text{ ou } 15 : 12 :: 5 : 4$$

est effectivement exacte, puisque $15 \times 4 = 12 \times 5$.

234. Problème. *Partager un nombre donné* a *en deux parties telles que la différence de leurs carrés soit un nombre donné* b.

La première partie étant x, l'autre sera visiblement $a\!-\!x$, et en vertu de l'énoncé, on aura

$$x^2\!-\!(a\!-\!x)^2\!=\!b \text{ ou bien } x^2\!-\!a^2\!+\!2ax\!-\!x^2\!=\!b ;$$

équation d'où l'on tire, en observant que $x^2 - x^2 = 0$,

$$x = \frac{a^2 + b}{2a} \quad \text{et} \quad a - x = \frac{a^2 - b}{2a} \,;$$

le problème n'est *soluble* que dans le cas de $b < a^2$, car si l'on avait $b > a^2$, la deuxième partie serait négative et la première plus grande que $\frac{a^2 + a^2}{2a}$ ou a, ce qui est absurde.

235. **Problème.** *a kilogrammes d'eau salée contiennent* b *kil. de sel; combien faut-il y ajouter d'eau douce, pour que, sur* c *kil. du mélange, il y ait* d *kil. de sel?*

Soit x ce poids d'eau douce; le nouveau mélange se composant de $(a + x)$ kil. sur lesquels il y a b kil. de sel, contient évidemment $\frac{b}{a+x}$ de sel par kilogramme; c kil. de ce mélange renferment donc $\frac{bc}{a+x}$ de sel, d'où résulte l'équation

$$d = \frac{bc}{a + x} \,;$$

1re *trans.* $ad + dx = bc$; 2e et 4e *trans.* $x = \frac{bc - ad}{d}$.

Si $ad > bc$, la valeur de x est négative et par suite le problème *insoluble;* posant $a = 10$, $b = 3$, $c = 7$, $d = 1,5$, on trouve $x = 4$ kil.

236. **Problème.** *Un jardinier avait planté des arbres à tous les sommets d'un polygone régulier dont le contour est de a mètres; mécontent de cette disposition, il les arrache et les replante à égale distance les uns des autres, sur une ligne droite dont les extrémités sont distantes de* b *mèt.; on demande combien il y avait d'arbres, sachant que l'intervalle qui sépare deux arbres consécutifs est le même dans les deux dispositions.*

Soit x ce nombre d'arbres; puisque le contour du polygone régulier est de a mèt., la longueur de chaque côté et par conséquent la distance de deux arbres consécutifs égale $\frac{a}{x}$; maintenant lorsque les arbres sont plantés sur une ligne droite de b mèt. de longueur, il n'y a plus que $x-1$ intervalles et chacun d'eux égale $\dfrac{b}{x-1}$; mais la distance qui sépare deux arbres consécutifs est, d'après l'énoncé, la même dans les deux dispositions : donc

$$\frac{a}{x} = \frac{b}{x-1} \; ;$$

équation qui fournit :

1re *trans.* $ax-a=bx$;   3e *trans.* $(a-b)x=a$;

2e *trans.* $ax-bx=a$;   4e *trans.* $x=\dfrac{a}{a-b}$.

Posant $a=100$ et $b=98$, on trouve $x=50$ *arbres*.

237. Problème. *Un chasseur promet à un autre de lui donner* a *fr. toutes les fois qu'il manquera une pièce de gibier, et cet autre s'engage à son tour à lui payer* b *fr. quand il l'atteindra; après* c *coups, ils ne se doivent rien ; combien y a-t-il eu de coups justes et de coups manqués?*

Soit x le nombre des coups justes, celui des coups manqués sera $c-x$; le premier chasseur payera au second $a(c-x)$ fr. et en recevra bx fr. ; mais, d'après l'énoncé, ces deux sommes sont égales : donc

$$bx=a(c-x) \text{ ou } bx = ac-ax;$$

tirant la valeur de l'inconnue et de $c-x$, on obtient

$$x = \frac{ac}{a+b}, \qquad c-x = \frac{bc}{a+b} .$$

Posant $a=5$, $b=3$, $c=20$, on trouve que le nombre des coups justes est $12\frac{1}{2}$ et que $7\frac{1}{2}$ est celui des coups manqués, un nombre de coups de fusil ne pouvant être fractionnaire, cette circonstance rend le problème *insoluble*.

238. Problème. *Un fantassin se rendant à sa garnison, calcule que, s'il fait* a *lieues par jour, il arrivera* b *jours après l'époque qui lui est fixée; et que, s'il fait* c *lieues par jour, il arrivera* d *jours trop tôt; combien doit-il faire de lieues pour arriver à sa destination ?*

Soit x ce nombre de lieues; si le fantassin fait a lieues par jour, il lui faut $\dfrac{x}{a}$ jours pour faire sa route ; mais, de ce qu'alors il est en retard de b jours, il suit que $\dfrac{x}{a} - b$ est l'expression algébrique du nombre de jours qu'on lui a accordé ; on trouverait par un raisonnement semblable que ce nombre de jours peut aussi être représenté par $\dfrac{x}{c} + d$; de là résulte

$$\frac{x}{a} - b = \frac{x}{c} + d,$$

équation qui, étant résolue, donne $x = \dfrac{ac(b+d)}{c-a}$; on en déduit aisément $\dfrac{x}{a} - b = \dfrac{ab+cd}{c-a}$.

239. **Problème.** *Trois fontaines remplissent : la première, un bassin de* a *litres en* l *heures ; la deuxième, un bassin de* b *litres en* m *heures, la troisième, un bassin de* c *litres en* n *heures. En combien d'heures ces trois fontaines, coulant ensemble, rempliront-elles un bassin de* d *litres ?*

Puisque les trois fontaines remplissent des bassins de a, b, c litres en l, m, n heures, elles fournissent respectivement en une heure $\dfrac{a}{l}$, $\dfrac{b}{m}$, $\dfrac{c}{n}$ litres. Cela posé, désignons par x le nombre d'heures cherché ; dans ce temps, les trois fontaines verseront dans le quatrième bassin $\dfrac{ax}{l}$, $\dfrac{bx}{m}$, $\dfrac{cx}{n}$ litres, et, comme alors il doit être rempli, nous aurons

$$\frac{ax}{l} + \frac{bx}{m} + \frac{cx}{n} = d,$$

équation d'où l'on tire

$$x = \frac{lmnd}{mna + lnb + lmc} .$$

Si les quatre bassins sont d'égale capacité, auquel cas $a = b = c = d$, *cette formule devient*

$$x = \frac{lmna}{mna + lna + lma} \quad \text{ou} \quad x = \frac{lmn}{mn + ln + lm} .$$

Si on suppose $l = m = n$, cette même formule se change en celle-ci

$$x = \frac{l^3 d}{l^2 a + l^2 b + l^2 c} \quad \text{ou} \quad x = \frac{ld}{a + b + c} \; .$$

Si l'on fait en même temps les deux suppositions précédentes, on a

$$x = \frac{l^3 a}{l^2 a + l^2 a + l^2 a} \quad \text{ou} \quad x = \frac{l}{3} \; .$$

Enfin, s'il n'y avait que deux fontaines, il suffirait de supposer, dans la formule générale de ce problème, $c = o$; ce qui donnerait

$$x = \frac{lmnd}{mna + lnb} \quad \text{ou} \quad x = \frac{lmd}{ma + lb} \; .$$

240. Problème. *Un réservoir contenant* a *litres, peut se remplir en* b *heures en ouvrant le robinet d'une fontaine, et se vider totalement en* c *heures en levant une soupape. Ce réservoir renferme* d *litres à l'instant où l'on ouvre le robinet et la soupape. Dans combien d'heures contiendra-t-il* e *litres ? (On suppose que les écoulemens sont uniformes.)*

Représentons par x ce nombre d'heures ; dans ce temps, la fontaine verse $\dfrac{a}{b} x$ litres dans le réservoir, et il s'en écoule $\dfrac{a}{c} x$ par la soupape ; on a donc l'équation

$$d + \frac{a}{b} x - \frac{a}{c} x = e ,$$

d'où l'on tire

$$x = \frac{bc(c - d)}{a(c - b)} \; .$$

Le problème n'est *soluble* que dans le cas de x positif, c'est-à-dire lorsque $e > d$ et $c > b$, ou bien lorsque $e < d$ et $c < b$.

si $d = o$ et $e = a$, la formule devient

$$x = \frac{bca}{a(c - b)} \quad \text{ou} \quad x = \frac{bc}{c - b} \; ;$$

cette expression donne le nombre d'heures après lesquelles le réservoir se trouve rempli, dans la supposition où il est vide, et où le robinet et la soupape sont ouverts en même temps.

V. *Exercices.*

241. *Résoudre les équations suivantes :*

$1°\ \dfrac{3x}{5} - \dfrac{7x}{10} + \dfrac{3x}{4} = \dfrac{7x}{8} - 8.$ *Rép.* $x = 35\,\dfrac{5}{9}.$

$2°\ \dfrac{x}{2} + \dfrac{x}{3} - 7x = -\dfrac{x}{4} - 7\,12 + \dfrac{x}{5}.$ *Rép.* $x = 116\,\dfrac{148}{367}.$

$3°\ \dfrac{3a+x}{x} - 5 = \dfrac{6}{x}.$ *Rép.* $x = \dfrac{3(a-2)}{4}.$

$4°\ \dfrac{c}{a+bx} = \dfrac{f}{d+ex}.$ *Rép.* $x = \dfrac{af-cd}{ce-bf}.$

242. Problème. *Une armée ayant été défaite, le quart est resté sur le champ de bataille, les deux cinquièmes ont été faits prisonniers et 14000 hommes, qui étaient le reste de l'armée, ont pris la fuite. De combien d'hommes l'armée était-elle composée avant la bataille ?* Rép. $x = 40000$ *hommes.*

243. Problème. *Trois oncles rassemblés pour l'établissement d'une pauvre nièce, forment une bourse commune de 1440 fr. Le premier donne ce qu'il peut ; le deuxième donne trois fois autant que le premier ; le troisième autant que les deux autres ; on demande ce que chacun a fourni.* Rép. *Le premier a donné 180 fr., le deuxième 540 fr., et le troisième 720 fr.*

244. Problème. *Une personne engage un domestique pour un an et lui promet pour salaire 144 fr. et un habit de livrée ; au bout de 7 mois, le domestique sort, reçoit pour ses gages 54 fr. et garde son habit ; c'était précisément ce qui lui revenait ; à combien l'habit est-il estimé ?* Rép. $x = 72$ *fr.*

245. Problème. *Une personne, ayant doublé au jeu l'argent qu'elle possédait, donne 100 fr. aux pauvres ; le lendemain, ayant triplé ce qui lui restait, elle leur donne 200 fr. ; le surlendemain, ayant quadruplé ce qui lui restait, elle leur donne 300 fr. ; il lui reste alors la somme qu'elle avait avant de jouer. Quelle est cette somme ?* Rép. $x = 100$ *fr.*

246. Problème. *Un homme est sorti de chez lui avec un cer-*

tain nombre de louis pour faire des emplettes. A la première, il dépense la moitié de ses louis et la moitié d'un ; à la deuxième, il dépense la moitié de ce qui lui reste et la moitié d'un louis ; à la troisième, pareillement ; il rentre chez lui, ayant tout dépensé. Quelle est la dépense totale? Rép. $x = 7$ *louis.*

247. Problème. *Un conseil composé de* a *personnes ayant à choisir entre trois candidats, le premier obtient* b *voix de plus que le second, et le second* c *voix de plus que le troisième. Combien chacun a-t-il eu de voix?* Rép. *le premier a réuni* $\dfrac{a+2b+c}{3}$

voix; le second, $\dfrac{a-b+c}{3}$; *le troisième,* $\dfrac{a-b-2c}{3}$.

248. Problème. *Deux frères héritent en même temps l'un de* a *fr. et l'autre de* b *fr. Le premier augmente chaque jour son bien de* c *fr., tandis que le second diminue le sien de* d *fr. ; dans combien de jours le premier sera-t-il* m *fois plus riche que le second?* Rép. $x = \dfrac{mb-a}{md+c}$.

249. Problème. *Un jardinier, ayant planté des arbres en carré plein, a* a *arbres de reste ; il veut alors mettre un arbre de plus à chaque rang, de sorte que la forme carrée ait toujours lieu ; mais pour cela il lui en manque* b. *Combien avait-il d'abord mis d'arbres à chaque rang?* Rép. $x = \dfrac{a+b-1}{2}$.

CHAPITRE III.

ÉQUATIONS ET PROBLÈMES DU PREMIER DEGRÉ A PLUSIEURS INCONNUES.

250. La résolution des équations du premier degré à plusieurs inconnues, rentrera dans le chapitre précédent, si, en combinant ces équations d'une manière convenable, on parvient à les remplacer par d'autres également du premier degré, mais à une seule inconnue; telle est la question la plus simple de la partie de l'algèbre que l'on appelle *élimination*.

I. *Équations du premier degré à deux inconnues.*

251. *Toute équation à deux inconnues est susceptible d'une infinité de solutions;* car, en attribuant à l'une des inconnues une valeur quelconque, l'équation fait connaître l'autre inconnue. Ainsi, que, dans l'équation $y = 5x - 3$, on fasse successivement

$$x = 0, \qquad x = 1, \qquad x = 2, \qquad x = 3, \text{ etc.}$$

on obtient

$$y = -3, \qquad y = 2, \qquad y = 7, \qquad y = 12, \text{ etc.}$$

elle est conséquemment vérifiée par

$$x = 0 \text{ et } y = -3, \ x = 1 \text{ et } y = 2, \ x = 2 \text{ et } y = 7, \text{ etc.}$$

De là il suit que tout problème qui conduit à une seule équation à deux inconnues est indéterminé.

252. Pour résoudre deux équations du premier degré à deux inconnues, on peut suivre trois procédés d'élimination qui reviennent au même dans le fond, mais qui sont plus ou moins avantageux dans la pratique; ils sont connus sous le nom d'*élimination par comparaison, par substitution, par addition et soustraction.*

On simplifiera généralement les calculs, si l'on chasse les dénominateurs des équations à résoudre, avant d'y appliquer les méthodes d'élimination.

253. ÉLIMINATION PAR COMPARAISON. *On prend dans chacune des équations données la valeur d'une même inconnue, en regardant l'autre comme connue; puis, on égale ces deux valeurs; de là résulte une équation du premier degré à une seule inconnue, qu'il est facile de résoudre. Cela fait, on détermine l'inconnue éliminée, en substituant, dans l'une des expressions qui la représentent, la valeur trouvée pour l'autre inconnue.*

Appliquons d'abord cette règle aux deux équations

$$2x + 9y = 51, \qquad 7x - 6 = 3y;$$

on tire de la première $x = \dfrac{51 - 9y}{2}$, et de la seconde $x =$

118

$\dfrac{3y+6}{7}$; égalant ces deux valeurs de x , il vient

$$\frac{51-9y}{2} = \frac{3y+6}{7} ,$$

équation du premier degré à une seule inconnue y, d'où l'on déduit aisément $y=5$. Substituant 5 à y dans l'expression $x = \dfrac{51-9y}{2}$, on trouve $x = \dfrac{51-9.5}{2}$ ou $x=3$. On parvient à la même valeur de x , en faisant la substitution dans l'expression $x = \dfrac{3y+6}{7}$.

Les équations données sont donc satisfaites par $x=3$ et $y=5$; en mettant 3 et 5 à la place de x et de y, elles deviennent effectivement

$$2.3+9.5=51 \text{ ou } 51=51, \quad 7.3-6=3.5 \text{ ou } 15=15.$$

Prenons en second lieu les équations littérales

$$ax=by, \qquad x+y=c ;$$

elles fournissent $x=\dfrac{b}{a}y$, $\qquad x=c-y$; d'où

$$\frac{b}{a}y=c-y,$$

équation du premier degré ne renfermant plus que y. On en déduit $y=\dfrac{ac}{a+b}$, et, à cause de $x=\dfrac{b}{a}y$, l'on a aussi $x=\dfrac{b}{a}.\dfrac{ac}{a+b}$ ou $x=\dfrac{bc}{a+b}$.

254. ÉLIMINATION PAR SUBSTITUTION. *On prend dans l'une des équations données la valeur d'une inconnue, en opérant comme si tout le reste était connu, et l'on substitue cette valeur dans l'autre équation ; on obtient ainsi une équation du premier degré à une seule inconnue, et, lorsque cette dernière est déterminée, l'autre se trouve par une simple substitution.*

Proposons-nous de résoudre les équations

$$\frac{2}{3}x + \frac{3}{4}y = 19, \qquad \frac{4}{5}x - \frac{5}{6}y = 3 $$

chassant d'abord les dénominateurs, elles deviennent
$$8x + 9y = 228, \qquad 24x - 25y = 60.$$
actuellement, on tire de la première $x = \dfrac{228 - 9y}{8}$, et si l'on

substitue cette valeur dans la seconde, on trouve
$$\frac{24(228 - 9y)}{8} - 25y = 60 \text{ ou } 684 - 27y - 25y = 60,$$

équation à une seule inconnue, d'où l'on conclut $y = 12$; portant cette valeur de y dans l'expression $x = \dfrac{228 - 9y}{8}$, on obtient $x = 15$.

Donnons-nous encore les équations littérales
$$ax + by = c, \qquad dx = e,$$
dont la seconde ne contient que x. Cette dernière fournit $x = \dfrac{e}{d}$, et, en substituant dans la première, il en résulte
$$\frac{ae}{d} + by = c, \qquad \text{d'où } y = \frac{cd - ae}{bd}.$$

Ce second procédé s'emploie surtout lorsque, comme dans le deuxième exemple, l'une des équations n'a qu'une inconnue, ou bien encore lorsque l'inconnue à éliminer a pour coefficient l'unité dans l'une des équations proposées.

255. *Élimination par addition et soustraction. On multiplie chacune des équations données par le coefficient qu'a dans l'autre équation l'inconnue que l'on veut éliminer; l'on retranche ou l'on ajoute ensuite les équations obtenues, suivant que les coefficiens de cette inconnue y sont de même signe ou de signes différens; on parvient de cette manière à une équation à une seule inconnue, que l'on peut résoudre par une simple division. Quant à l'autre inconnue, elle peut se déterminer par un procédé semblable ou par substitution.*

Avant de faire des applications, il est important de prévenir que ce procédé ne réussit que dans le cas où les équations proposées ne renferment chacune qu'un seul terme affecté de l'inconnue qu'on veut éliminer. Il faut donc préparer ces équations en conséquence, ce qui, d'ailleurs, n'offre aucune difficulté.

Résolvons maintenant les deux équations
$$7y - 3x = 2y - 10x + 27, \qquad y - 2x = 10 - 2y \, ;$$
en transposant les termes affectés de x et de y dans les premiers membres et les termes connus dans les derniers, elles deviennent
$$5y + 7x = 27, \qquad 3y - 2x = 10 \, ; \qquad \text{(a)}$$
multipliant, afin d'éliminer y, la première équation par 3, coefficient de y dans la seconde, et cette dernière par 5, coefficient de y dans la première : il vient
$$15y + 21x = 81, \qquad 15y - 10x = 50 \, ;$$
et, en les retranchant membre à membre, parce que les coefficiens de y sont de même signe, on trouve
$$21x + 10x = 81 - 50 \ \text{ou} \ 31x = 31 \ \text{d'où} \ x = 1.$$
Éliminons x par un procédé analogue, et à cet effet, multiplions les équations (a) par 2 et 7, coefficiens de cette inconnue dans la seconde et la première de ces équations ; nous aurons
$$10y + 14x = 54, \qquad 21y - 14x = 70 \, ;$$
et, en les ajoutant, à raison de ce que les coefficiens de x sont de signes différens,
$$10y + 21y = 54 + 70 \ \text{ou} \ 31y = 124 \ \text{d'où} \ y = 4..$$
Cette troisième méthode d'élimination est, sans contredit, celle qui conduit ordinairement aux calculs les moins compliqués. Elle peut encore être simplifiée dans un grand nombre de cas, comme on le verra dans le numéro suivant.

256. Lorsque les coefficiens de l'inconnue à éliminer ne sont pas premiers entr'eux, *on divise ces deux coefficiens par leur plus grand commun diviseur ; puis, on multiplie la première équation par le second quotient et la seconde par le premier ; on opère ensuite comme on l'a dit précédemment.*

Soient, pour fixer les idées à cet égard, les équations
$$21x - 45y = 10, \qquad 28x + 54y = 13 \, ; \qquad \text{(b)}$$
si l'on cherche le plus grand commun diviseur entre les coefficiens 45 et 54 de l'inconnue y qu'il s'agit d'éliminer, on trouve 9 pour résultat ; divisant donc 45 et 54 par 9, puis, multipliant la première équation par le second quotient 6 et la seconde par le premier 5, il vient
$$126x - 270y = 60, \qquad 140x + 270y = 65$$

et, en ajoutant ces nouvelles équations,

$$126x + 140x = 60 + 65 \text{ ou } 266x = 125 \text{ d'où } x = \frac{125}{266}.$$

Pour éliminer x, remarquons que 21 et 28, coefficiens de cette inconnue dans les équations (b), divisés par leur plus grand commun diviseur 7, donnent pour quotiens 3 et 4; il faut donc multiplier la première par 4 et la seconde par 3, ce qui donne

$$84x - 180y = 40, \qquad 84x + 162y = 39;$$

et, en retranchant,

$$162y + 180y = 39 - 40 \text{ ou } 342y = -1 \text{ d'où } y = -\frac{1}{342}.$$

257. *Deux inconnues ne peuvent satisfaire à plus de deux équations ;* car les valeurs des inconnues x et y, tirées de deux équations données, ne peuvent généralement en vérifier d'autres qui n'ont pas participé à leur détermination. Ainsi, soit donné les trois équations à deux inconnues

$$x + y = 10, \qquad x - y = 6, \qquad 3x = 2y;$$

on tire des deux premières $x = 8$, $y = 2$; substituons ces valeurs dans la troisième, on trouve $3.8 = 2.2$ ou $24 = 4$, équation visiblement absurde. Le système des trois équations proposées est donc *impossible*.

Un pareil système d'équations devient cependant *possible*, lorsque l'une des équations est une conséquence des deux autres; c'est ce qui arrive dans le suivant

$$x + y = 10, \qquad x - y = 6, \qquad 5x + y = 42,$$

qui est complètement vérifié par $x = 8$, $y = 2$. Si l'on multiplie les deux premières équations par 3 et par 2 et si l'on ajoute les équations résultantes $3x + 3y = 30$, $2x - 2y = 12$, on en déduit la troisième $5x + y = 42$.

II. *Equations du premier degré à trois et un plus grand nombre d'inconnues.*

258. *Il faut trois équations pour déterminer trois inconnues.* Car, si l'on en avait seulement deux, on pourrait prendre arbitrairement l'une des inconnues, et déterminer les deux autres au moyen des équations données, il y aurait donc une infinité de solutions.

259. Pour résoudre trois équations du premier degré à trois inconnues, *on élimine la même inconnue entre l'une d'elles et chacune des deux autres ; de là résultent deux équations du premier degré à deux inconnues ; on détermine ces dernières, et l'on substitue leurs valeurs dans l'une des équations données, afin d'en déduire la troisième inconnue.*

Soit à résoudre les trois équations

$$2x+5y-3z=10,$$
$$4x-2y+5z=37, \qquad \text{(c)}$$
$$7x+3y-6z=-6.$$

Éliminons d'abord z entre la première et la deuxième équation ; pour cela, il faut les multiplier respectivement par 5 et par 3, ce qui donne

$$10x+25y-15z=50, \qquad 12x-6y+15z=111,$$

et, en ajoutant ces dernières,

$$22x+19y=161 ; \qquad \text{(d)}$$

éliminant z par le même procédé entre la première et la troisième des équations données, on trouve

$$3x-7y=-26. \qquad \text{(e)}$$

Or, des équations (d) et (e) qui ne contiennent que x et y, on tire $x=3$ et $y=5$, et en substituant ces valeurs dans la première des équations (c), il vient

$$6+25-3z=10 \text{ d'où } z=7.$$

Nous ferons ici une remarque importante : si l'on élimine z entre la deuxième et la troisième des équations (c), on obtient

$$59+3y=192 ; \qquad \text{(f)}$$

équation qui, au premier coup-d'œil, paraît former un système impossible (257) avec les équations (d) et (e) ; en réfléchissant, on conçoit aisément que, d'après la formation des équations (d), (e) et (f), l'une d'elles doit être une conséquence des deux autres. En ajoutant les deux premières, après les avoir multipliées par 2 et par 5, on retombe effectivement sur la troisième.

260. En général, pour résoudre m équations du premier degré à m inconnues, *on élimine successivement la même inconnue entre l'une des équations données et les* m—1 *autres ; de là résultent* m—1 *équations du premier degré à* m—1 *inconnues ; éli-*

minant une nouvelle inconnue entre l'une de ces dernières équations, et les m—2 *autres, on obtient* m—2 *équations à* m—2 *inconnues ; et ainsi de suite, jusqu'à ce que l'on parvienne à une équation qui ne renferme plus qu'une inconnue. Tirant alors la valeur de cette dernière, on la substitue dans l'une des deux équations qui n'ont que deux inconnues, et on obtient la valeur d'une deuxième inconnue. Substituant de nouveau les valeurs des deux inconnues déterminées, dans l'une des trois équations qui renferment trois inconnues, on trouve la valeur d'une troisième inconnue et ainsi de suite, jusqu'à ce que l'on ait déterminé les* m *inconnues.*

Soient, pour exemple, les quatre équations

$$\begin{aligned} 3x+2y-z-u&=0,\\ 2x-y+z+3u&=15,\\ x+5y-7z+u&=20,\\ x-3y-5z-u&=6\,; \end{aligned} \qquad (g)$$

éliminant d'abord u entre la première et les trois autres, on trouve, en faisant usage du troisième procédé,

$$\begin{aligned} 11x+5y-2z&=15,\\ 4x+7y-8z&=20,\\ 2x+5y+4z&=-6\,; \end{aligned} \qquad (h)$$

éliminant actuellement z entre la première de ces nouvelles équations et les deux autres, il vient (256)

$$\begin{aligned} 40x+13y&=40,\\ 24x+15y&=24\,; \end{aligned} \qquad (i)$$

éliminant enfin y entre ces deux dernières, on obtient

$$288x=288 \quad \text{d'où } x=1\,;$$

substituant $x=1$ dans l'une des équations (i), on trouve $y=0$; substituant $x=1,y=0$ dans l'une des équations (h), on trouve $z=-2$; substituant enfin $x=1$, $y=0$, $z=-2$, dans l'une des équations (g), on trouve $u=5$.

261. Lorsque quelques-unes des équations données ne renferment pas à la fois toutes les inconnues, ou bien lorsqu'il existe entre les coefficiens de ces dernières des rapports simples, l'élimination peut se faire quelquefois plus rapidement ; les procédés particuliers que l'on emploie alors varient d'après la nature des équations, et ne peuvent s'acquérir que par l'habitude. Voici un exemple qui réunit ces deux cas.

Soient à résoudre les quatre équations

$$x+y+z=a,$$
$$x+y+u=b,$$
$$x+z+u=c,$$
$$y+z+u=d;$$

on obtient, en ajoutant les trois premières,

$$3x+2(y+z+u)=a+b+c;$$

ou bien, en remplaçant $y+z+u$ par d,

$$3x+2d=a+b+c \qquad \text{d'où} \quad x=\frac{a+b+c-2d}{3}.$$

Au moyen de trois opérations tout à fait semblables, on trouve

$$y=\frac{a+b+d-2c}{3}, \quad z=\frac{a+c+d-2b}{3}, \quad u=\frac{b+c+d-2a}{3}.$$

III. *Résolution de plusieurs problèmes dont les données sont numériques.*

262. PROBLÈME. *Un particulier qui n'a que des pièces de 5 fr. et de 2 fr. veut payer 53 fr. en 16 pièces. Combien doit-il donner de pièces de 5 fr. et de pièces de 2 fr.?*

Soit x le nombre des pièces de 5 fr. et y celui des pièces de 2 fr.; l'énoncé fournit immédiatement

$$x+y=16, \qquad 5x+2y=53;$$

de la première équation, on tire $y=16-x$; et, en substituant cette valeur de y dans la seconde, on trouve

$$5x+2(16-x)=53 \text{ ou } 5x+32-2x=53;$$

d'où l'on déduit aisément $x=7$, portant ce résultat dans l'expression $y=16-x$, on a $y=9$.

Ce particulier doit donc donner 7 pièces de 5 fr. et 9 pièces de 2 francs.

263. PROBLÈME. *Deux frères dissipent, l'un les $\dfrac{3}{7}$ de son bien, et l'autre les $\dfrac{2}{5}$ du sien. La différence de leurs dépenses est 237 fr.*

et la somme de ce qui leur reste est 2220 fr. Quels étaient leurs biens.

Représentons par x et y les biens cherchés ; $\dfrac{3}{7}x$, $\dfrac{2}{5}y$ expriment les dépenses des deux frères, et par conséquent $\dfrac{4}{7}x$, $\dfrac{3}{5}y$ expriment ce qui leur reste ; nous aurons donc

$$\frac{3}{7}x - \frac{2}{5}y = 237, \qquad \frac{4}{7}x + \frac{3}{5}y = 2220,$$

et, en chassant les dénominateurs,

$$15x - 14y = 8295, \qquad 20x + 21y = 77700.$$

Ajoutant d'abord ces équations, après avoir multiplié (256) la première par 3 et la seconde par 2, il vient

$$85x = 180285 \quad \text{d'où} \quad x = 2121.$$

Retranchons maintenant la première de la seconde (256), après les avoir multipliées respectivement par 4 et par 3, nous aurons

$$119y = 199920 \quad \text{d'où} \quad y = 1680.$$

Le *bien du premier était donc* 2121 *fr. et celui du second* 1680 *fr.*

264. Problème. *Plusieurs personnes jouent ensemble et conviennent que l'enjeu sera 1 fr. ; le jeu étant terminé, deux joueurs se retirent l'un avec un gain de 39 fr. et l'autre avec une perte de 1 fr. ; le premier se rappelle d'avoir gagné 10 parties et le second 2. Combien y avait-il de joueurs et combien ont-ils joué de parties ?*

Soit x le nombre des joueurs et y celui des parties jouées ; il est clair que chaque joueur débourse autant de francs que l'on joue de parties, c'est-à-dire y fr., et que celui qui gagne une partie en retire autant de francs qu'il y a de joueurs ou x fr. Cela posé, le gain du joueur qui gagne 10 parties est représenté par $10x - y$ et $y - 2x$ désigne la perte de celui qui n'en a gagné que deux. On a par conséquent

$$10x - y = 39, \qquad y - 2x = 1 ;$$

équations d'où l'en déduit (253)

$$y = 10x - 39, \quad y = 2x + 1,$$

et par suite

$$10x - 39 = 2x + 1, \text{ d'où } x = 5.$$

Substituant $x=5$ dans $y = 2x+1$, on trouve $y=11$.

Il y avait donc 5 joueurs et ils ont fait 11 parties. Les valeurs $x=5$ et $y=11$ vérifient les équations du problème sans satisfaire à son énoncé; en effet, puisque le premier joueur a gagné 10 parties et le second 2, le nombre des parties jouées ne peut être plus petit que 12 et ne peut conséquemment égaler 11. Ce problème est donc *insoluble*.

Si l'on résout le même problème, en remplaçant les données 39, 1, 10, 2, par celles-ci 43, 5, 7, 3; il devient soluble et l'on trouve $x=12$, $y=41$.

265. PROBLÈME. *Un marchand vend : 1° 16 bouteilles de vin de Champagne, 7 de vin de Bourgogne et 10 de vin d'Arbois pour 80 fr.; 2° 8 bouteilles de vin de Champagne, 9 de vin de Bourgogne et 5 de vin d'Arbois pour 51 fr.; 3° 6 bouteilles de vin de Champagne, 3 de vin de Bourgogne et 2 de vin d'Arbois pour 29 fr. Combien coûte une bouteille de chaque espèce de vin?*

Soient x, y et z les prix respectifs d'une bouteille de vin de Champagne, de vin de Bourgogne et de vin d'Arbois; nous formerons immédiatement les trois équations suivantes :

$$16x + 7y + 10z = 80,$$
$$8x + 9y + 7z = 51,$$
$$6x + 3y + 2z = 29.$$

Pour éliminer z, il suffit de retrancher successivement les deux dernières de la première, après les avoir multipliées par 2 et par 5, ce qui donne

$$-11y = -22, \quad -14x - 8y = -65;$$

l'une de celles-ci fournit $y=2$, et, en substituant dans l'autre, on trouve $x = 3,50$. Portant ces valeurs de x et de y dans l'une des équations initiales, on en déduit $z = 1$.

Ainsi, la bouteille de vin de Champagne coûte 3 fr. 50; celle de vin de Bourgogne, 2 fr.; et celle de vin d'Arbois, 1 fr.

266. PROBLÈME. *Le gouverneur d'une place assiégée se trouve à la tête de trois détachemens : l'un de grenadiers, l'autre de* *voltigeurs et le troisième de fusiliers. Il veut faire une sortie avec un seul détachement, et, pour encourager sa troupe, il promet une récompense 2703 fr., qui sera distribuée sur le pied suivant : chaque homme du détachement qui donnera, recevra 3 fr., et ce qui restera de cette somme sera également partagé entre les hommes des deux autres détachemens ; or, il arrive que, suivant que les grenadiers, les voltigeurs ou les fusiliers sortent de la place, les soldats des deux autres détachemens reçoivent 1 fr., 1 fr. 50 ou 0 fr. 75. De combien d'hommes chaque détachement était-il composé ?*

Si l'on représente par x le nombre des grenadiers, par y celui des voltigeurs et enfin par z celui des fusiliers, les trois conditions du problème, écrites algébriquement, fournissent immédiatement les équations

$$3x+y+z=2703,$$
$$3y+1,50.x+1,50.z=2703,$$
$$3z+0,75.x+0,75.y=2703.$$

Multiplions la seconde par $\dfrac{2}{3}$ et la troisième par $\dfrac{4}{3}$ afin de chasser les fractions décimales et de simplifier ; ce système d'équations devient

$$3x+y+z=2703,$$
$$2y+x+z=1802, \qquad \text{(j)}$$
$$4z+x+y=3604;$$

éliminant successivement z entre la première et les deux autres, il vient

$$2x-y=901, \qquad 11x+3y=7208 ;$$

éliminant y entre ces nouvelles équations, on trouve

$$17x=9911 \text{ d'où } x=583,$$

et, substituant cette valeur dans l'une d'elles, $y=265$. Portant enfin $x=583$, $y=265$ dans l'une des équations (j), on en conclut $z=689$.

Il y avait donc 583 grenadiers, 265 voltigeurs, et 689 fusiliers.

IV. *Résolution de plusieurs problèmes dont les données sont algébriques.*

267. Problème. *Un oncle lègue son bien à l'un de ses amis, à condition qu'il donnera* a *fr. à chacun de ses neveux et* b *fr. à chacune de ses nièces; le légataire, pour remplir la volonté du testateur, paie* c *fr.; si l'oncle avait exigé qu'il donnât* b *fr. à chacun de ses neveux et* a *fr. à chacune de ses nièces, le légataire aurait payé* d *fr. Combien cet oncle avait-il de neveux et de nièces?*

Désignons par x le nombre des neveux et par y celui des nièces; les deux conditions du problème fournissent tout de suite

$$ax + by = c, \qquad bx + ay = d. \qquad \text{(k)}$$

ajoutant ces équations, 1° après avoir multiplié la première par a et la seconde par $-b$; 2° après avoir multiplié la première par $-b$ et la seconde par a; on trouve

$$(a^2 - b^2)\, x = ac - bd, \qquad (a^2 - b^2)\, y = ad - bc;$$

équations d'où l'on tire

$$x = \frac{ac - bd}{a^2 - b^2}, \qquad y = \frac{ad - bc}{a^2 - b^2}.$$

268. Ces formules peuvent se mettre sous une forme très élégante; pour y parvenir, ajoutons et retranchons les équations (k) membre à membre, il vient

$$(a+b)x + (a+b)y = c+d, \quad (a-b)x - (a-b)y = c-d;$$

et, en divisant la première par $a+b$ et la seconde par $a-b$,

$$x + y = \frac{c+d}{a+b}, \qquad x - y = \frac{c-d}{a-b};$$

or, *connaissant la somme et la différence de deux quantités* (5), *la plus grande s'obtient en ajoutant la demi-somme à la demi-différence, et la plus petite en soustrayant la demi-différence de la demi-somme :* donc

$$x = \frac{1}{2}\,\frac{c+d}{a+b} + \frac{1}{2}\,\frac{c-d}{a-b}, \quad y = \frac{1}{2}\,\frac{c+d}{a+b} - \frac{1}{2}\,\frac{c-d}{a-b};$$

$x+y$, $x-y$, x, y étant essentiellement des nombres entiers, il faut, pour que le problème soit soluble, que $\dfrac{c+d}{a+b}$, $\dfrac{c-d}{a-b}$

soient des nombres entiers, tous deux pairs ou impairs.

Posant $a=200$, $b=250$, $c=2650$, $d=2750$ dans ces dernières formules ou dans celles d'abord obtenues, on trouve $x=7$, $y=5$.

269. Problème. *Une personne, ayant des jetons dans les deux mains, en fait passer* a *de la main droite dans la main gauche et alors il s'en trouve* m *fois plus dans la dernière que dans la première ; si cette personne eut fait passer* b *jetons de la main gauche dans la droite, il s'en serait trouvé dans la main droite* m *fois plus que dans l'autre. Là-dessus on demande combien il y avait de jetons dans les deux mains.*

Soit x le nombre des jetons de la main droite et y celui des jetons de la main gauche. Après le premier passage, il y a $x-a$ jetons dans la première main et $y+a$ dans la seconde, et l'on a, en vertu de l'énoncé,

$$m(x-a)=y+a \quad \text{ou} \quad mx-y=a(m+1); \qquad (1)$$

si le second passage avait lieu, la main droite contiendrait $x+b$ jetons, et l'autre $y-b$, et l'on aurait aussi, d'après l'énoncé,

$$m(y-b)=x+b \quad \text{ou} \quad my-x=b(m+1); \qquad (m)$$

ajoutons deux fois les équations (1) et (m) 1° après avoir multiplié la première par m ; 2° après avoir multiplié la seconde par m ; il vient

$$(m^2-1)x=(ma+b)(m+1), \quad (m^2-1)y=(mb+a)(m+1);$$

d'où, en observant que $m^2-1=(m+1)(m-1)$ et en divisant les deux membres de chaque équation par $m+1$,

$$x=\frac{ma+b}{m-1}, \quad y=\frac{mb+a}{m-1};$$

et, en effectuant les divisions,

$$x=a+\frac{a+b}{m-1}, \quad y=b+\frac{a+b}{m-1}.$$

Le problème ne sera soluble que dans le cas où $a+b$ sera exactement divisible par $m-1$.

Si l'on suppose $a=7$, $b=11$, $m=10$ on trouve $x=9$ et $y=13$.

270. Problème. p *livres d'or*, p *livres d'argent*, p *livres d'argent recouvert d'or, pesées dans l'eau, perdent des parties de leurs* *poids respectivement égales à* a , b , c *livres ; de quelles quantités d'or et d'argent sont composées ces* p *livres d'argent doré ?*

Soient x et y ces poids d'or et d'argent ; on a d'abord

$$x + y = p.$$

Maintenant, puisque p livres d'or et p livres d'argent, pesées dans l'eau, y diminuent de a et b livres, il est clair qu'une livre d'or et une livre d'argent y diminueront de $\dfrac{a}{p}$ et $\dfrac{b}{p}$ livres, et que par conséquent les x livres d'or et les y livres d'argent, perdront, dans les mêmes circonstances des parties de leurs poids égales à $\dfrac{ax}{p}$ et $\dfrac{by}{p}$ livres ; de là résulte l'équation

$$\frac{ax}{p} + \frac{by}{p} = c \text{ ou } ax + by = cp.$$

La résolution des deux équations précédentes conduit aux formules

$$x = \frac{b-c}{b-a}\, p \, , \; y = \frac{c-a}{b-a}\, p.$$

C'est à peu près de cette manière qu'Archimède résolut le *célèbre problème de la couronne de Hiéron, roi de Syracuse.*

L'histoire rapporte que ce dernier, ayant donné 18 livres d'or à un ouvrier pour fabriquer une couronne, soupçonna, lorsqu'elle lui fut apportée, qu'elle n'était que d'argent recouvert d'une épaisse feuille d'or ; Archimède, pour s'en convaincre sans l'endommager, pesa dans l'eau cette couronne, 18 livres d'or et 18 livres d'argent, et trouva que leurs poids y diminuaient respectivement de 1 liv. $\dfrac{1}{3}$, 1 liv. et 1 liv. $\dfrac{1}{2}$. Pour déduire de ces résultats les quantités d'or et d'argent dont la couronne était composée, il suffit de faire dans les formules précédentes $a = 1$, $b = 1\,\dfrac{1}{2}$, $c = 1\dfrac{1}{3}$, et $p = 18$; elles donnent $x = 6$, $y = 12$. *Cette couronne était composée d'un tiers d'or et de deux tiers d'argent.*

271. PROBLÈME. *Un ouvrier gagne* a *fr. par jour quand il travaille avec sa femme, et* b *fr. quand il travaille avec son fils ; quand il se repose, sa femme et son fils, en travaillant ensemble,* *gagnent* c *fr. par jour ; quel est le gain journalier du père, de la femme et du fils ?*

Soient x, y, z ces trois gains ; nous aurons évidemment

$$x + y = a, \quad x + z = b, \quad y + z = c.$$

L'élimination des inconnues peut se faire ici très rapidement ; il suffit pour cela d'ajouter successivement deux des trois équations et d'en retrancher celle qui reste ; on obtient par ce procédé.

$$x = \frac{a + b - c}{2}, \quad y = \frac{a + c - b}{2}, \quad z = \frac{b + c - a}{2}.$$

272. PROBLÈME. *Trois joueurs de force inégale, conviennent que le gagnant recevra des deux autres, savoir :* a *fr. si ce gagnant est le premier joueur,* b *fr. si c'est le second,* c *fr. si c'est le troisième. Après* d *parties, ils sont dans le même cas que s'ils entraient au jeu. Quel est le nombre des parties gagnées par chaque joueur ?*

Soient x, y, z, les nombres de parties gagnées par le premier, deuxième et troisième joueur ; avec un peu d'attention, on établit, au moyen des conditions du problème, les quatre équations

$$\begin{aligned}
x + y + z &= d, \\
2ax - by - cz &= 0, \qquad \text{(n)}\\
2by - ax - cz &= 0, \\
2cz - ax - by &= 0 ;
\end{aligned}$$

la dernière n'est qu'une conséquence des deux précédentes, comme on peut s'en assurer en les ajoutant ; il n'y a donc réellement que trois équations.

Retranchons successivement la troisième et la quatrième de la deuxième, il vient

$$3ax - 3by = 0, \qquad 3ax - 3cz = 0,$$

ou bien

$$ax - by = 0, \qquad ax - cz = 0 ;$$

équations d'où l'on tire $y = \dfrac{a}{b}\, x$ et $z = \dfrac{a}{c} x$, et, en substituant

dans la première des équations (n), on trouve

$$x + \frac{a}{b}\, x + \frac{a}{c}\, x = d \quad \text{d'où} \quad x = \frac{bcd}{ab + ac + bc} ;$$

on en déduit aisément

$$y = \frac{acd}{ab+ac+bc}, \qquad z = \frac{abd}{ab+ac+bc}.$$

V. Exercices.

273. *Résoudre successivement par les trois procédés d'élimination les deux équations* $12x-35y=4$, $66x+21y=5$.

$$\text{Rép. } x = \frac{37}{366}, \quad y = -\frac{34}{427}.$$

274. *Résoudre les trois équations*

$$ax-by=c, \qquad ay-bz=c, \qquad az-bx=c.$$

$$\text{Rép. } x = \frac{c}{a-b}, \quad y = \frac{c}{a-b}, \quad z = \frac{c}{a-b}.$$

275. Problème. *On a payé* 9547 *fr. pour la rançon de* 22 *militaires, tant officiers que sous-officiers, à raison de* 750 *fr. par chaque officier et de* 341 *fr. par chaque sous-officier. Combien y avait-il d'officiers et de sous-officiers?* Rép. *Il y avait* 5 *officiers et* 17 *sous-officiers.*

276. Problème. *Deux joueurs étant d'inégale force, le plus fort joue* 5 *fr. contre* 3 *fr.; après* 13 *parties, le plus faible doit au plus fort* 31 *fr. Combien chacun a-t-il gagné de parties?* Rép. *Le plus fort a gagné* 12 *parties et le plus faible* 1.

277. Problème. *Pierre et Paul ont chacun un certain nombre d'écus. Si Pierre donne un de ses écus à Paul, ils en ont autant l'un que l'autre; mais si Paul donne un des siens à Pierre, ce dernier en a deux fois plus que lui; combien Pierre et Paul ont-ils d'écus?* Rép. *Pierre a* 7 *écus et Paul* 5.

278. Problème. *Un marchand n'a que deux espèces de vin, l'un à* 13 *sous le litre et l'autre à* 7 *sous; comment doit-il les mélanger pour faire* 24 *litres de vin à* 9 *sous le litre?* Rép. *Ce mélange doit être composé de* 8 *litres du vin à* 13 *sous et de* 16 *litres de celui à* 7 *sous.*

279. Problème. *Une personne ayant placé* 522 *fr. et* 451 *fr. à deux taux différens, retire annuellement de la première somme* 18 *fr.* 50 *de plus que de la seconde. Si elle eût placé la seconde au*

*même taux que la première et la première au même taux que la se-
conde, cette dernière lui rapporterait 10 fr. 69 de plus que l'autre. Quels sont ces deux taux?* Rép. *Le premier taux est 7 fr. et
le second 4 fr.*

280. Problème. *On a trois lingots dans chacun desquels il entre de l'or, de l'argent et du cuivre. L'alliage du premier est tel
que, sur 16 onces, il y en a 7 d'or, 8 d'argent et 1 de cuivre.
Dans le second, sur 16 onces il y en a 5 d'or, 7 d'argent et 4 de
cuivre. Dans le troisième, sur 16 onces, il y en a 2 d'or, 9 d'argent et 5 de cuivre. On demande ce qu'il faut prendre de chacun
de ces trois lingots pour en former un quatrième qui, sur 16 on-
ces, contienne 4 onces $\frac{15}{16}$ d'or, 7 $\frac{10}{16}$ d'argent et 3 $\frac{7}{16}$ de cuivre?*
Rép. *Pour former 16 onces du quatrième lingot, il faut prendre
4 onces du premier, 9 du second et 3 du troisième.*

281. Problème. *Une troupe de comédiens donne dans une ville
trois représentations, dont les recettes s'élèvent respectivement à
294 fr., 226 fr. 05, 247 fr. 95. A la première représentation,
il y avait 100 personnes aux premières places, 55 aux secondes
et 64 au parterre. A la deuxième, 61 personnes aux premières,
70 aux secondes et 43 au parterre; enfin, à la troisième, 30 personnes aux premières, 111 aux secondes et 81 au parterre. Quels
sont les prix de chaque espèce de place?* Rép. *Ces prix sont 1 fr. 80,
1 fr. 20, 0 fr. 75.*

282. Problème. *Trois personnes jouent ensemble; dans la première partie, le premier joueur perd avec chacun des deux autres
autant que chacun avait d'argent; dans la seconde partie, c'est
au second joueur que chacun des deux autres gagne autant qu'ils
ont déjà d'argent; dans la troisième partie, le premier et le second joueur gagnent chacun au troisième autant d'argent qu'ils
en ont. Ils cessent alors de jouer et se retirent chacun avec 48 fr.;
combien chacun avait il en entrant au jeu?* Rép. *Le premier avait
78 fr., le second 42 fr. et le troisième 24 fr.*

283. Problème. *Un nombre est tel que la somme des quatre
chiffres dont il est composé est 17; si l'on supprime successivement*

le premier, le deuxième et le troisième chiffre à droite, et si l'on retranche les trois nombres ainsi formés du premier, les restes sont 6358, 636o, 63oo. Quel est ce nombre? Rép. Ce nombre est 7o64.

CHAPITRE IV.

DISCUSSION DES PROBLÈMES.

I. *Considérations générales.*

284. Nous avons eu occasion de remarquer, dans les deux chapitres précédens, que les valeurs des inconnues, tirées des équations d'un problème, ne convenaient pas toujours à son énoncé. Pour peu que l'on réfléchisse, on explique aisément cette circonstance; en effet, il est manifeste que les valeurs des inconnues, déduites d'un système quelconque d'équations, ne peuvent généralement vérifier que les conditions qui y sont exprimées; si donc certaines conditions ont été omises ou ne sont pas susceptibles d'être rendues algébriquement, ces valeurs ne pourront y satisfaire et le problème sera insoluble.

Que la nature de la question, par exemple, impose à l'une des inconnues, la condition d'être *positive* ou *entière* ou bien celle d'être *plus grande* ou *plus petite que tel ou tel nombre donné* (235), (237) et (264); aucune de ces conditions ne saurait être traduite en algèbre et par suite les équations du problème ne sont qu'une expression incomplète de son énoncé; la valeur de cette inconnue, si toutefois les données n'ont pas été préparées, pourra être *négative* ou *fractionnaire* ou bien *sortir des limites assignées*, et cette seule circonstance suffira pour rendre la question insoluble.

Les considérations précédentes nous permettent de poser en principe que *les valeurs des inconnues, tirées des équations d'un problème, ne vérifient généralement que les conditions qui y sont exprimées.*

Les questions qui conduisent à des solutions négatives, méritent surtout d'être examinées avec soin ; nous en ferons par conséquent l'objet d'un article particulier, dont tout le reste du chapitre offrira de nombreuses applications.

II. *Sur les Solutions négatives.*

285. Nous allons d'abord énoncer le principe relatif aux solutions négatives ; puis, nous le vérifierons par quelques exemples ; enfin, nous en donnerons une démonstration générale.

Lorsque l'une ou quelques unes des inconnues d'un problème du premier degré ont des valeurs négatives, on peut en conclure que son énoncé est vicieux ; il se présente alors deux cas, suivant que ces inconnues sont ou ne sont pas susceptibles d'être interprétées dans des sens différens ;

Dans le premier, il est possible de rectifier l'énoncé, en donnant à ces inconnues des acceptions contraires à celles qu'elles avaient d'abord ; et leurs valeurs primitives, abstraction faite des signes, répondent au nouvel énoncé.

Dans le second, il est impossible de rectifier l'énoncé et la question est tout à fait insoluble.

286. PROBLÈME. *Un père a 51 ans et son fils 27, dans combien d'années l'âge du père sera-t-il double de celui du fils ?*

Soit x ce nombre d'années ; après ce laps de temps, l'âge du père sera $51 + x$ et celui du fils $27 + x$, et l'unique condition du problème donnera

$$51 + x = 2(27 + x) \text{ ou } 51 + x = 54 + 2x ;$$

équation d'où l'on tire $x = -3$. Un certain nombre d'années ne peut être négatif ; *cette valeur négative de l'inconnue indique donc un vice dans l'énoncé ;* pour le rectifier, il suffit de prendre l'inconnue dans une acception opposée et de l'établir ainsi : *un père a 51 ans et son fils 27 ; combien y a-t-il d'années que l'âge du père était double de celui du fils ?*

Supposons que cette condition ait été remplie il y a x années ; à cette époque le père avait $51 - x$ ans et le fils $27 - x$, et par conséquent

$$51 - x = 2(27 - x) \text{ ou } 51 - x = 54 - 2x ;$$

équation d'où l'on déduit $x=3$. *Il y a donc 3 ans que l'âge du père était double de celui du fils;* effectivement, à cette époque le père avait 48 ans et le fils 24.

On peut remarquer, conformément à la première partie de notre principe, que *la nouvelle valeur de l'inconnue $x=3$ ne diffère de l'ancienne $x=-3$ que par le signe.*

287. Problème. *Deux joueurs possèdent l'un* a *fr. et l'autre* b *fr.; quelle somme le premier doit-il gagner au second, pour que que leurs biens respectifs soient entr'eux dans le rapport de* m *à* n?

Soit x cette somme; le bien du premier sera exprimé par $a+x$, celui du second par $b-x$, et nous aurons, en vertu de l'énoncé,
$$a+x : b-x :: m : n,$$
et, en égalant le produit des extrêmes à celui des moyens,
$$n(a+x) = m(b-x) \text{ ou } na+nx=mb-mx;$$
équation d'où l'on conclut $x = \dfrac{mb-na}{m+n}$. Il se présente ici trois cas, suivant que mb est $>$ ou $=$ ou $<$ na.

1° Si $mb > na$, la valeur de x est positive et le problème est résolu dans le sens énoncé.

2° Si $mb=na$, $x=o$; ce qui doit être, puisque, de l'hypothèse, on déduit la proportion $a : b :: m : n$.

3° Si $mb < na$, $mb-na$ est négatif et par suite la valeur de x est aussi négative. *Cette circonstance dénote un vice dans l'énoncé;* pour le rectifier, il faut prendre l'inconnue en sens contraire, c'est-à-dire, lui faire désigner une perte au lieu d'un gain; on doit donc alors poser la question de cette manière : *deux joueurs possèdent l'un* a *fr. et l'autre* b *fr.; quelle somme le premier doit-il perdre en jouant avec le second, pour que leurs biens respectifs soient entr'eux dans le rapport de* m *à* n?

En représentant cette perte par x, on aura visiblement
$$a-x : b+x :: m : n \quad \text{d'où } na-nx=mb+mx;$$
équation d'où l'on tire $x = \dfrac{na-mb}{m+n}$; cette valeur de x est positive, puisque $mb < na$ par supposition; *elle est égale, au signe près, à la valeur de x obtenue en premier lieu.*

288. Problème. *A la suite d'une inondation, il est tombé dans* *un même jour la moitié des maisons d'une ville; il en est tombé le tiers le lendemain, et le quart le surlendemain; il n'en reste plus que 51 sur pied. De combien de maisons cette ville était-elle composée avant l'inondation?*

Soit x le nombre des maisons de cette ville avant l'inondation; la moitié, le tiers, le quart de ce nombre sont exprimés par

$$\frac{x}{2}, \quad \frac{x}{3}, \quad \frac{x}{4}, \quad \text{et l'on a}$$

$$\frac{x}{2} + \frac{x}{3} + \frac{x}{4} + 51 = x \quad \text{d'où} \quad x = -612.$$

La valeur de l'inconnue étant négative, *le problème est mal proposé;* et comme d'ailleurs un certain nombre de maisons ne peut être pris dans une acception opposée, il s'en suit qu'il est impossible de rectifier l'énoncé; conséquemment la question est *insoluble.*

288. DÉMONSTRATION. Il n'y a lieu à démontrer que la première partie du principe précédent.

Désignons par x, y, etc., u, v, etc., les inconnues d'une question quelconque du premier degré; supposons que l'on ait obtenu pour les unes des valeurs négatives $x = -a$, $y = -b$, etc., et pour les autres des valeurs positives $u = m$, $v = n$, etc., et que par suite cette question soit insoluble. Je dis qu'en rectifiant l'énoncé de manière que les inconnues x, y, etc., dont les valeurs sont négatives prennent des acceptions opposées, le problème deviendra soluble, et que les valeurs $x = a$, $y = b$, etc., $u = m$, $v = n$, etc., satisferont au nouvel énoncé.

En effet, les équations que l'on obtiendra si l'on résout ce nouveau problème, peuvent se déduire de celles du premier, en y changeant les signes des inconnues dont on change le sens, c'est-à-dire, en y remplaçant x, y, etc., par $-x$, $-y$, etc.; or, posons un instant $-x = x'$, $-y = y'$, etc., et substituant dans le second système d'équations, nous retomberons visiblement sur le premier système, dans lequel cependant les lettres x, y, etc, auront été remplacées par x', y', etc. On retirera donc, par hypothèse, de ces dernières équations

$$x' = -a, \quad y' = -b, \quad \text{etc.}, \quad u = m, \quad v = n, \text{ etc.;}$$

ou bien, en substituant $-x$, $-y$, etc., à x', y', etc.

$$-x=-a, \quad -y=-b, \text{ etc., } u=m, \quad v=n, \text{ etc.}$$

d'où

$$x=a, \quad y=b, \text{ etc., } \quad u=m, \quad v=n, \text{ etc.}$$

ce qu'il fallait démontrer.

289. *Tout problème à une seule inconnue peut être envisagé sous autant de points de vue que l'équation à laquelle il conduit renferme de lettres ;* car on peut considérer successivement toutes ces lettres, hors une seule, comme connues, et déterminer celle qui reste au moyen de l'équation. Ainsi, la question du n° 286, qui a conduit à l'équation $na+nx=mb-mx$, peut être variée de cinq manières, suivant que l'on prend pour inconnue x, a, b, m ou n.

En général, quand un problème conduit à plusieurs équations, on peut regarder comme inconnues un nombre de lettres égal à celui des équations et toutes les autres comme connues.

290. La remarque faite dans le n° précédent, nous permet d'appliquer aux quantités connues tout ce qui a été dit relativement aux quantités inconnues ; de là cet autre principe :

Lorsqu'un problème a été résolu et que l'on change son énoncé de manière que quelques-unes des données prennent des acceptions contraires à celles qu'elles avaient d'abord, il suffit de changer dans les résultats les signes de ces données.

Appliquons cette règle au problème suivant.

290. PROBLÈME. *Un pêcheur, afin d'encourager son fils, lui promet a décimes par chaque coup de filet heureux et b décimes par chaque coup infructueux ; après c coups, le père doit d décimes à son fils. Combien y a-t-il eu de coups heureux et de coups infructueux ?*

Soit x le nombre des coups de filet heureux et y celui des coups infructueux ; on a d'abord $x+y=c$. les x coups heureux et les y coups malheureux rapportent respectivement au fils du pêcheur ax et by décimes et par conséquent $ax+by=d$.

On trouve, par la résolution des équations précédentes,

$$x=\frac{d-bc}{a-b}, \qquad y=\frac{ac-d}{a-b}.$$

Le problème ne sera soluble que lorsque ces valeurs seront entières et positives ; cette dernière condition exige, dans le cas où a est $> b$, que d soit $> bc$ et $< ac$.

Transformons actuellement l'énoncé de cette sorte : *Un pêcheur, afin d'encourager son fils, s'engage à lui donner* a *décimes par coup de filet heureux, mais aussi à lui retenir* b *décimes par coup infructueux. Après* c *coups, le fils doit à son père* d *décimes ; combien y a-t-il eu de coups heureux et de coups malheureux ?*

Sans qu'il soit besoin de faire de nouveaux calculs, il suffit de changer, dans les formules auxquelles nous venons de parvenir, les signes des quantités b et d qui ont pris des acceptions opposées ; remplaçons donc b et d par $-b$ et $-d$, il vient

$$x = \frac{(-d)-(-b)c}{a-(-b)}, \qquad y = \frac{ac-(-d)}{a-(-b)},$$

ou

$$x = \frac{bc-d}{a+b}, \qquad y = \frac{ac+d}{a+b};$$

c'est aussi à quoi l'on parvient, comme il sera facile de s'en assurer, en résolvant directement la question.

Si d est $> bc$, la valeur de x est négative ; celle de y reste positive, mais elle n'en est pas moins inadmissible : en effet, de l'inégalité hypothétique $d > bc$, on déduit aisément $ac+d > ac+bc$ ou $\frac{ac+d}{a+b} > c$, c'est-à-dire $y > c$, ce qui est impossible.

III. *Problèmes des courriers.*

R'   A   B   R

291. *Deux courriers partent au même instant des points* A *et* B, *distans de* d *lieues ; le premier fait* a *lieues dans une heure et le second en fait* b ; *à quelles distances des points* A *et* B *se rencontreront-ils et après combien d'heures ?*

Nous distinguerons deux cas : celui où les courriers se dirigent dans le même sens, et celui où ils se dirigent en sens contraire. Examinons d'abord le premier.

1er cas. Supposons, pour fixer les idées, que les deux courriers se dirigent de gauche à droite, et soit R le point où ils se rencontrent.

Représentons par x et y, les distances AR et BR exprimées en lieues; la figure fournit immédiatement AR—BR=AB ou $x-y=d$.

Le premier courrier faisant a lieues dans une heure mettra autant d'heures pour parcourir x lieues que x contient de fois a, c'est-à-dire $\dfrac{x}{a}$ heures. Le second courrier, pour parcourir y lieues, mettra de son côté $\dfrac{y}{b}$ heures. Or, les deux courriers, partant en même temps des points A et B, ont voyagé le même nombre d'heures lorsqu'ils se rencontrent : donc $\dfrac{x}{a}=\dfrac{y}{b}$.

Résolvons les deux équations du problème

$$x-y=d, \qquad \frac{x}{a}=\frac{y}{b} ; \quad \text{(a)}$$

on tire de la seconde $x=\dfrac{a}{b}\,y$, et, en substituant dans la première, il vient

$$\frac{a}{b}y-y=d \quad \text{d'où} \quad y=\frac{bd}{a-b}.$$

Portant cette valeur de y dans l'expression $x=\dfrac{a}{b}\,y$, on trouve

$$x=\frac{a}{b}\cdot\frac{bd}{a-b} \quad \text{ou} \quad x=\frac{ad}{a-b}.$$

Le nombre d'heures écoulées avant la rencontre étant exprimé par $\dfrac{x}{a}$, sera $\dfrac{ad}{a(a-b)}$ ou $\dfrac{d}{a-b}$.

Substituons, afin de vérifier, les valeurs des inconnues à x et à y dans les équations (a); elles deviennent

$$\frac{ad}{a-b}-\frac{bd}{a-b}=d, \qquad \frac{ad}{a(a-b)}=\frac{bd}{b(a-b)} ;$$

égalités qui se réduisent à celles-ci

$$\frac{a-b}{a-b}\, d = d \ \text{ou}\ d = d, \qquad \frac{d}{a-b} = \frac{d}{a-b}.$$

Pour faire une application des formules précédentes, posons $d = 100$, $a = 7$, $b = 2$; il en résulte

$$x = \frac{7 \cdot 100}{7 - 2} = 140, \qquad y = \frac{2 \cdot 100}{7 - 2} = 40;$$

le temps écoulé avant la rencontre est $\dfrac{100}{7 - 2}$ ou 20 heures.

Discussion. Trois cas se présentent naturellement dans la discussion des formules $x = \dfrac{ad}{a-b}$ et $y = \dfrac{bd}{a-b}$: 1° $a > b$; 2° $a = b$; 3° $a < b$; ou, en d'autres termes, le premier courrier va plus vîte que le second ou aussi vîte ou moins vîte.

1° $a > b$. Le dénominateur $a-b$ étant positif, en vertu de l'hypothèse, les valeurs de x et de y seront aussi positives, et *le problème sera résolu dans le sens de son énoncé.* On conçoit en effet que la vîtesse du premier courrier étant plus grande que celle du second, la distance qui les sépare décroît à mesure que le temps s'écoule et qu'enfin elle doit finir par s'annuler.

Si $d = 0$, les formules deviennent $x = 0$, $y = 0$. Les courriers se rencontrent donc au point de départ qui leur est commun, ce qui d'ailleurs est évident.

2° $a = b$. Les formules fournissent $x = \dfrac{ad}{0}$, $y = \dfrac{bd}{0}$; pour interpréter ces résultats, remarquons que les fractions $\dfrac{ad}{a-b}$ et $\dfrac{bd}{a-b}$ qui expriment les distances du point de rencontre aux points de départ, acquièrent des valeurs de plus en plus grandes, à mesure que la différence $a-b$ des vîtesses des deux courriers diminuent et converge vers zéro. Enfin, lorsque $a-b = 0$, ou, ce qui revient au même, lorsque $a = b$, ces valeurs surpassent toute quantité assignable et deviennent *infinies* (82). Les expressions $x = \infty$, $y = \infty$ indiquent que les courriers se rencontrent après avoir parcouru des espaces infinis, ou mieux, qu'ils ne peuvent jamais se rencontrer. Le problème est donc *impossible.*

Il est visible en effet, que les deux courriers allant dans le même sens et également vîte, conservent toujours entr'eux leur distance initiale et ne peuvent se joindre. Ils sont absolument dans le même cas que la grande et la petite roue d'une voiture en mouvement.

Dans l'hypothèse actuelle, la seconde équation du problème devient $\frac{x}{a} = \frac{y}{a}$ ou $x-y=0$, équation évidemment *contradictoire* avec la première $x-y=d$, puisqu'il y a égalité entre les premiers membres et inégalité entre les derniers.

Supposons maintenant que l'on ait à la fois $a=b$ et $d=0$; les formules

$$x = \frac{ad}{a-b}, \quad y = \frac{bd}{a-b} \quad \text{donnent } x = \frac{0}{0}, \quad y = \frac{0}{0};$$

or, *le quotient de zéro divisé par zéro est un nombre arbitraire,* car, en faisant le produit de ce nombre par le diviseur zéro, on retrouve le dividende zéro (64). Les courriers se rencontrant après avoir parcouru des espaces quelconques, se trouvent toujours ensemble et par conséquent le problème est *indéterminé;* il est d'ailleurs manifeste que cela doit être ainsi, puisqu'ils partent au même instant du même point et qu'ils se dirigent dans le même sens avec des vîtesses égales.

En vertu des deux suppositions précédentes, les deux équations du problème $x-y=d$ et $\frac{x}{a} = \frac{y}{b}$ rentrent *l'une dans l'autre,* car elles se changent en

$$x-y=0 \quad \text{et } \frac{x}{a} = \frac{y}{a} \text{ ou } x-y=0.$$

$3°$ $a<b$. Le dénominateur $a-b$ étant négatif, les valeurs de x et de y sont aussi *négatives et cette circonstance indique un vice dans l'énoncé;* les courriers ne sauraient effectivement se rencontrer, puisque le premier marchant plus vîte que le second, leur distance respective croît à chaque instant au lieu de diminuer.

Pour rectifier l'énoncé, il suffit de supposer que les courriers se dirigent de droite à gauche, de sorte que le courrier dont la vîtesse est la plus grande court après celui dont la vîtesse est la plus petite, et que la rencontre ait lieu en un certain point R'.

Afin d'obtenir les formules relatives à cette hypothèse, il faut, dans les expressions $x = \dfrac{ad}{a-b}$ et $y = \dfrac{bd}{a-b}$, changer les signes des quantités a, b, x, y, qui prennent des acceptions opposées; on trouve par ce moyen

$$-x = \frac{-ad}{-a+b}, \qquad -y = \frac{-bd}{-a+b},$$

ou, en changeant les signes des deux membres de chaque équation et écrivant les termes positifs des dénominateurs les premiers,

$$x = \frac{ad}{b-a}, \qquad y = \frac{bd}{b-a}.$$

2ᵉ **Cas.** Imaginons actuellement que les courriers se dirigent en sens contraire; savoir, le premier de A en B et le second de B en A; il sera inutile, d'après les principes établis, de remettre le problème en équation; il suffira de remplacer dans les formules du premier cas les quantités b et y qui changent de sens par $-b$ et $-y$, ce qui donnera

$$x = \frac{ad}{a+b}, \qquad -y = \frac{-bd}{a+b} \qquad \text{ou } y = \frac{bd}{a+b}.$$

Le temps écoulé avant la rencontre est

$$\frac{d}{a-(-b)} \qquad \text{ou} \qquad \frac{d}{a+b}.$$

Les valeurs des inconnues étant positives, quel que soit le rapport des vîtesses a et b, les courriers se rencontreront essentiellement et le problème sera toujours *déterminé*.

Si $a = b$, ces formules prennent la forme

$$x = \frac{ad}{2a} = \frac{d}{2}, \qquad y = \frac{ad}{2a} = \frac{d}{2};$$

ce qui indique que le point de rencontre est le milieu de la droite A B.

Posant $d = 6o$, $a = 7$, $b = 5$, dans les formules relatives au deuxième cas, on trouve que $x = 35$ lieues et $y = 25$, et qu'il s'écoule 5 heures avant la rencontre.

Énoncés de quelques questions relatives au problème des courriers.

292. Problème. *Un lévrier poursuit un lièvre qui a sur lui une avance de* d *pas ; le lévrier fait* m *sauts tandis que le lièvre fait* n *pas et* p *sauts égalent* q *pas. Combien le premier fera-t-il de sauts avant d'atteindre le second et combien ce dernier fera-t-il de pas avant d'être atteint ?*

Rép. Le lévrier et le lièvre feront

$$\text{l'un } \frac{mpd}{mq - np} \text{ sauts,} \qquad \text{l'autre } \frac{npd}{mq - np} \text{ pas.}$$

293. Problème. *Les aiguilles d'une montre marquent midi : à quelles heures coïncideront-elles ?*

Rép. Elles coïncideront à 1 heure $\frac{1}{11}$, 2 heures $\frac{2}{11}$,

3 heures $\frac{3}{11}$ .... 12 heures.

294. Problème. *A quelles heures les aiguilles d'une montre sont-elles directement opposées ?*

Rép. Elles sont directement opposées à $\frac{6}{11}$ heures,

1 heure $\frac{7}{11}$, 2 heures $\frac{8}{11}$, 3 heures $\frac{9}{11}$ ...... 12 heures $\frac{6}{11}$.

IV. *Autre problème.*

295. *Un bâton est en partie plongé dans l'eau et en partie hors de l'eau. Si on le retire de* a *pieds, la partie dans l'eau est à la partie hors de l'eau comme* m : n. *Si on l'avait seulement retiré de* b *pieds, la première partie aurait été à la seconde dans le rapport de* p *à* q. *On demande la longueur du bâton ?*

Soit x la partie du bâton plongée dans l'eau et y celle hors de l'eau ; suivant que l'on retire le bâton de a ou de b pieds, les parties dans l'eau et hors de l'eau deviennent $x-a$ et $y+a$ ou $x-b$ et $y+b$, et les deux conditions du problème fournissent

$$x-a : y+a :: m : n, \quad x-b : y+b :: p : q : \quad (c)$$

proportions d'où l'on tire

$$nx - na = my + ma, \quad qx - qb = py + pb;$$

ou, en préparant ces équations,

$$nx - my = (m + n)a, \quad qx - py = (p + q)b.$$

Afin d'éliminer y, retranchons ces équations, après avoir multiplié la première par p et la seconde par m; nous aurons, en dégageant x de son coefficient,

$$x = \frac{(m + n)pa - (p + q)mb}{np - mq}.$$

Si l'on détermine y par un procédé semblable, on trouve

$$y = \frac{(m + n)qa - (p + q)nb}{np - mq}.$$

Actuellement, pour avoir l'expression de la longueur du bâton, ajoutons ses deux parties x et y; et, afin de simplifier, réunissons les termes affectés de $m + n$ et de $p + q$; il vient

$$x + y = \frac{(m + n)(p + q)a - (p + q)(m + n)b}{np - mq}$$

ou bien

$$x + y = \frac{(m + n)(p + q)(a - b)}{np - mq}.$$

DISCUSSION. Le numérateur de cette formule est toujours positif en vertu de l'hypothèse $a > b$; mais le dénominateur peut être positif, nul ou négatif.

1° Si $np > mq$, la valeur de x est positive et le problème *déterminé*.

2° Si $np = mq$ ou $np - mq = 0$, on a $x + y = \infty$ et le problème est *impossible*. Afin de faire apercevoir la contradiction qui existe entre les conditions de l'énoncé, remarquons que de $np = mq$ on tire $p : q :: m : n$, et qu'en comparant cette proportion aux proportions (c), on en déduit celle-ci, $x - a : y + a :: x - b : y + b$, qui est fausse puisque le premier terme $x - a$ est plus petit que le troisième $x - b$ et que le second $y + a$ est plus grand que le dernier $y + b$.

Si l'on a à la fois $np = mq$ et $a = b$, la valeur de $x + y$ prend la forme $\frac{o}{o}$ et la question devient *indéterminée*. Les deux conditions qu'elle fournit sont en effet identiques, car en substituant a à b et le rapport $p : q$ à son égal $m : n$, la seconde des proportions (c) reproduit la première.

3° Si $np < mq$, la valeur de $x + y$ devient négative et par suite le problème *insoluble*. Pour mettre en évidence le défaut de l'énoncé, observons que l'inégalité $np < mq$ peut se mettre sous la forme $p : q < m : n$ et que de là résulte, à cause des proportions (c), $x - b : y + b < x - a : y + a$, ce qui est impossible en tant que a est $> b$.

V. *Problème sur les alliages.*

296. Un *fondeur possède* a *kilogrammes d'étain à* m *fr. le kilo. et* b *kilo. de cuivre à* n *fr. ; il forme avec le tout deux alliages dont l'un vaut* p *fr. le kilo. et l'autre* q *fr. ; on demande les poids des deux alliages et les quantités d'étain et de cuivre dont chacun d'eux est composé?*

Représentons par x le poids du premier alliage et par y celui du second ; la somme des poids x et y des deux alliages doit être égale à celle des poids a et b des métaux dont ils sont composés ; donc $x + y = a + b$.

Les x kil. de l'alliage à p fr. le kil. valent px fr. et les y kil. à q fr. valent qy fr. ; en ajoutant ces deux quantités, on doit trouver le même résultat qu'en prenant la somme des a kil. d'étain à m fr. et des b kil. de cuivre à n fr. De là résulte $px + qy = ma + nb$.

Afin de simplifier cette dernière équation, appelons l le prix d'un kilo. de l'alliage formé avec les a kil. d'étain et les b kil. de cuivre ; nous aurons évidemment $l = \dfrac{ma + nb}{a + b}$ d'où $ma + nb = l(a + b)$; ce qui ramène cette équation à celle-ci $px + qy = l(a + b)$.

Si l'on résout les équations

$$x + y = a + b ; \qquad px + qy = l(a + b), \qquad \text{(d)}$$

on trouve

$$x = \frac{l - q}{p - q}(a + b), \qquad\qquad y = \frac{p - l}{p - q}(a + b). \qquad \text{(e)}$$

Soient maintenant s kil. et t kil. les poids de l'étain et du cuivre qui entrent dans le premier alliage dont le poids x vient d'être déterminé ; soient aussi u kil. et v kil. les choses analogues pour le deuxième alliage dont le poids est y ; nous aurons

$$\begin{cases} s+t=x, \\ ms+nt=px ; \end{cases} \qquad \begin{cases} u+v=y \\ mu+nv=qy \end{cases}$$

équations d'où l'on tire

$$\begin{cases} s = \dfrac{p-n}{m-n}\, x, \\[2mm] t = \dfrac{m-p}{m-n}\, x ; \end{cases} \qquad \begin{cases} u = \dfrac{q-n}{m-n}\, y, \\[2mm] v = \dfrac{m-q}{m-n}\, y ; \end{cases} \qquad (f)$$

ou, en substituant à x et y leurs valeurs,

$$\begin{cases} s = \dfrac{(p-n)\,(l-q)}{(m-n)\,(p-q)}\,(a+b), \\[2mm] t = \dfrac{(m-p)\,(l-q)}{(m-n)\,(p-q)}\,(a+b) ; \end{cases} \qquad \begin{cases} u = \dfrac{(q-n)\,(p-l)}{(m-n)\,(p-q)}\,(a+b), \\[2mm] v = \dfrac{(m-q)\,(p-l)}{(m-n)\,(p-q)}\,(a+b) ; \end{cases}$$

DISCUSSION. Commençons par les formules (e) dans lesquelles il est permis de faire, $p>q$ puisque cela revient à supposer que l'alliage énoncé le premier est le plus cher.

Le problème ne sera soluble que dans le cas où les valeurs de x et y seront positives ; il faut pour cela que l'on ait $l-q>0$ et $p-l>0$, c'est-à-dire, que l soit compris entre p et q.

Si $l=p$; $\quad x=a+b$ et $y=0$.

Si $l=q$; $\quad x=0$ et $y=a+b$.

Résultats qu'il était facile de prévoir.

Supposons maintenant $p=q$; on a dans cette hypothèse

$$x = \frac{l-p}{p-p}\,(a+b), \quad y = \frac{p-l}{p-p}\,(a+b), \quad \text{ou } x = \infty, \ y = \infty.$$

Le problème est donc *impossible*. La dernière des équations (d) devient en effet $px+py=l(a+b)$ ou $x+y=\dfrac{l}{p}\,(a+b)$, équation *incompatible* avec la première $x+y=a+b$, à moins que l'on ait $l=p$, auquel cas *elles rentrent l'une dans l'autre*. Dans cette dernière supposition les valeurs des inconnues se présentent sous la forme $\dfrac{0}{0}$ et la question est *indéterminée*.

Considérons actuellement les quatre formules (1) dans lesquelles nous supposerons x et y positifs ou autrement l compris entre p et q. Nous pourrons aussi y regarder m comme plus grand que n', puisque l'étain est plus cher que le cuivre.

Les valeurs de s, t, u, v, ne seront positives que dans le cas de $p—n>0$, $m—p>0$, $q—n>0$, $m—q>0$ ce qui exige que les nombres p et q soient compris entre m et n. On peut donc dire que *le problème sera possible et déterminé toutes les fois que* p *et* q *seront compris entre* m *et* n *et comprendront* l *ou* $\dfrac{ma+nb}{a+b}$.

Examinons quelques cas particuliers.

Si $p=m$, $s=\dfrac{m—n}{m—n}\,x$, $t=\dfrac{m—m}{m—n}\,x$ ou $s=x$, $t=0$;

Si $q=n$, $u=\dfrac{n—n}{m—n}\,y$, $v=\dfrac{m—n}{m—n}\,y$; ou $u=0$, $v=y$.

Dans la première supposition, le premier alliage ne contient pas de cuivre, et dans la seconde, le deuxième alliage ne contient pas d'étain.

Si $m=n$; s, t, u, v deviennent infinis et la question est *impossible*.

Enfin, si $m=n=p=q$; les valeurs des inconnues sont de la forme $\dfrac{0}{0}$ et il y a *indétermination*

CHAPITRE V.

DISCUSSION GÉNÉRALE DES ÉQUATIONS DU PREMIER DEGRÉ.

297. Nous allons envisager les équations du premier degré sous un point de vue tout à fait général et discuter les formules auxquelles nous parviendrons, indépendamment de toute question particulière. Ce chapitre sera donc, à proprement parler, une généralisation des trois précédens.

I. *Discussion des équations à une seule inconnue.*

298. *Toute équation du premier degré à une seule inconnue est de la forme ax=b, a et b désignant des nombres entiers positifs ou négatifs.* Car, après avoir chassé les dénominateurs d'une telle équation, puis transposé dans le premier membre tous les termes affectés de l'inconnue et dans le second tous les termes connus, si l'on désigne par a la somme des coefficiens de x et par b celle des termes du second membre, elle prend la forme $ax=b$.

299. Problème. *Résoudre l'équation générale ax=b;* il suffit pour cela de diviser les deux membres par a, ce qui donne

$$x = \frac{b}{a}.$$

300. Formation de la formule $x = \dfrac{b}{a}$. *Le dénominateur n'est autre chose que le coefficient de l'inconnue dans l'équation, et le numérateur se déduit du dénominateur en y remplaçant ce coefficient par le terme tout connu.* Cette remarque, faite isolément, est insignifiante; mais elle mérite d'être retenue à cause de ce qui doit suivre.

301. *Toute équation du premier degré à une seule inconnue n'a généralement qu'une seule solution.* Supposons que l'équation $ax=b$ ait deux solutions et soit vérifiée par $x=x'$ et $x=x''$; on aura $ax'=b$, $ax''=b$, et en retranchant, $a(x'-x'')=0$; or, un produit de deux facteurs ne peut être nul à moins que l'un d'eux ne soit nul, et comme ici on ne peut avoir généralement $a=0$, il faut que $x'-x''=0$ d'où $x'=x''$. *Donc toute équation*, etc.

302. Discussion de la formule $x = \dfrac{b}{a}$. Il faut distinguer trois cas : 1° a n'est pas nul; 2° $a=0$; 3° $a=0$ et $b=0$.

1er Cas. Si a n'est pas nul, la valeur de l'inconnue est *finie*, positive ou négative, selon que a et b sont de même signe ou de signes différens. Si $b=0$, $x = \dfrac{0}{a}$ ou $x=0$. Dans ce premier cas, l'équation $ax=b$ est *proprement dite*, puisqu'elle ne peut être vérifiée que par une seule valeur de x.

2e Cas. Si $a=0$, on a $x=\dfrac{b}{0}$ ou $x=\infty$; la valeur de l'inconnue est donc *infinie*. L'équation $0x=b$, qui résulte de cette supposition, est visiblement *impossible*; car, quel que soit le nombre substitué à x, le premier membre, dont la valeur est zéro, ne peut être égal au second qui est un nombre déterminé.

Il est à remarquer que de l'équation $0x=b$ on retire $0=\dfrac{b}{x}$;

à mesure que x croît, le second membre $\dfrac{b}{x}$ décroît, et il est toujours possible d'attribuer à x une valeur tellement grande que cette fraction devienne plus petite qu'une quantité donnée; mais l'équation $0x=b$ n'est complétement satisfaite que lorsque la valeur de x surpasse toute quantité imaginable, auquel cas l'on a

$0=\dfrac{b}{\infty}$ ou $0=0$. L'équation $0x=b$ n'est donc pas résoluble en

nombres finis.

3e Cas. Si $a=0$ et $b=0$, la formule $x=\dfrac{b}{a}$ donne $x=\dfrac{0}{0}$;

la valeur de l'inconnue est *indéterminée*; l'équation $ax=b$, devenant en même temps $0x=0$, est *identique*, car elle est vérifiée, n'importe le nombre substitué à x.

On peut conclure de cette discussion que *suivant que la valeur de x est finie, infinie ou indéterminée, l'équation* ax=b *est proprement dite, impossible ou identique.*

303. *Réciproquement, suivant que l'équation* ax=b *est proprement dite, impossible ou identique, la valeur de x est finie, infinie ou indéterminée.* Car, dans ces trois suppositions, cette équation prend les formes suivantes,

$$ax=b, \qquad 0x=b, \qquad 0x=0,$$

et l'on en retire

$$x=\dfrac{b}{a}, \qquad x=\dfrac{b}{0}, \qquad x=\dfrac{0}{0}.$$

304. *L'expression* $\dfrac{0}{0}$ *n'est pas toujours le symbole de l'indé-termination ; elle peut, à la suite d'une hypothèse, prendre une valeur finie ou indiquer une impossibilité.*

Considérons d'abord l'équation

$$ax+b^2=bx+a^2 \quad \text{d'où} \quad x=\frac{a^2-b^2}{a-b}\,.$$

Supposons, dans la valeur de l'inconnue, $a=b$; elle deviendra

$$x=\frac{a^2-a^2}{a-a} \qquad \text{ou} \qquad x=\frac{0}{0}\,;$$

dans cette hypothèse la valeur de x est cependant *finie ;* en effet, avant de faire $a=b$, remarquons que l'expression précédente peut s'écrire ainsi (46)

$$x=\frac{(a-b)\,(a+b)}{a-b} \qquad \text{ou} \quad x=a+b,$$

après en avoir divisé les deux termes par $a-b$. Faisant alors $a=b$, elle devient $x=a+a$ ou $x=2a$; donc $\dfrac{0}{0}=2a$.

Considérons encore l'équation

$$a^2x+b^2x+b^3=2abx+a^3 \quad \text{d'où} \quad x=\frac{a^3-b^3}{a^2+b^2-2ab}\,;\ \text{posons}$$

dans ce résultat $a=b$, nous obtiendrons

$$x=\frac{a^3-a^3}{a^2+a^2-2a^2} \qquad \text{où} \qquad x=\frac{0}{0}\,;$$

je dis cependant que la valeur de x est *infinie.* En effet, en vertu des numéros 77 et 100 et avant de faire $a=b$, notre résultat peut se mettre sous la forme

$$x=\frac{(a-b)(a^2+ab+b^2)}{(a-b)^2} \qquad \text{ou} \qquad x=\frac{a^2+ab+b^2}{a-b}\,.$$

Et, si alors on fait $a=b$, il donne

$$x=\frac{a^2+a^2+a^2}{0} \qquad \text{ou} \qquad x=\frac{3a^2}{0}\,;$$

dans ce cas particulier, on a donc $\dfrac{0}{0}=\infty$.

II. *Discussion des équations à deux inconnues.*

305. *Toute équation du premier degré à deux inconnues est de la forme* ax+by=c; a, b, c, *étant des nombres entiers positifs ou négatifs*. En effet, après en avoir chassé les dénominateurs, on peut transposer dans le premier membre les termes affectés des inconnues et dans le second membre les termes connus; désignant alors par a la somme des coefficiens de x, par b la somme de ceux de y et enfin par c la somme des termes connus, cette équation prendra la forme annoncée.

306. Problème. *Résoudre les deux équations générales*

$$ax+by=c, \qquad a'x+b'y=c'. \qquad \text{(a)}$$

Nous emploierons de préférence le procédé d'élimination par addition et soustraction. Chassons d'abord y, et à cet effet, multiplions la première équation par b', coefficient de y dans la seconde, et la seconde par b, coefficient de y dans la première, nous aurons

$$ab'x+bb'y=cb', \qquad ba'x+bb'y=bc'$$

et, en retranchant ces nouvelles équations,

$$(ab'-ba')x=cb'-bc' \quad \text{(b)} \quad \text{d'où} \quad x=\frac{cb'-bc'}{ab'-ba'}. \qquad \text{(c)}$$

Soustrayant maintenant la première des équations (a) de la seconde, après les avoir multipliées par a' et par a; il vient

$$(ab'-ba')y=ac'-ca' \quad \text{(d)} \quad \text{d'où} \quad y=\frac{ac'-ca'}{ab'-ba'}. \qquad \text{(e)}$$

La valeur de y aurait pu se déduire de celle de x d'une manière fort simple. Remarquons pour cela que *les équations* (a) *ne changent pas, lorsque, sans toucher aux accens on remplace* a *par* b, x *par* y *et réciproquement*. La formule (c) qui en est une conséquence jouit de la même propriété; elle devient, moyennant les mutations indiquées,

$$y=\frac{ca'-ac'}{ba'-ab'} \qquad \text{ou bien} \qquad y=\frac{ac'-ca'}{ab'-ba'},$$

en multipliant le numérateur et le dénominateur par —1, et en écrivant les termes positifs les premiers.

Les formules (c) et (e) vérifient les équations (a), car, comme on pourra s'en convaincre, on trouve, après la substitution, $c = c$ et $c' = c'$.

Appliquons cette théorie à la résolution des équations
$$3x - 2y = -5, \qquad 7x + y = 0 ;$$
afin de les identifier aux équations (a), posons $a = 3$, $b = -2$, $c = -5$, $a' = 7$, $b' = 1$, $c' = 0$; et substituons dans les formules (c) et (e); nous trouverons

$$x = \frac{(-5) \times 1 - (-2) \times 0}{3 \times 1 - (-2) \times 7} = \frac{-5 \times 1}{3 \times 1 + 2 \times 7} = -\frac{5}{17} .$$

$$y = \frac{3 \times 0 - (-5) \times 7}{3 \times 1 - (-2) \times 7} = \frac{5 \times 7}{3 \times 1 + 2 \times 7} = \frac{35}{17} = 2\frac{1}{17} .$$

C'est ce que l'on obtient, en résolvant ces équations directement.

307. FORMATION DES FORMULES (c) ET (e). En les examinant avec attention, on découvre la loi suivante, qui servira à se les rappeler.

Pour former le dénominateur commun aux valeurs des deux inconnues, on permute de toutes les manières possibles les coefficiens a et b de x et de y dans la première équation, ce qui donne ab et ba; on affecte les secondes lettres d'un accent et on sépare les deux permutations par le signe — : *de là résulte le dénominateur ab'—ba'.*

Pour former le numérateur de chaque inconnue, on remplace, dans ce dénominateur, le coefficient de cette inconnue par le terme tout connu de la première équation, en ayant le soin de ne pas déplacer les accens. Ainsi, ab'—ba' *devient* cb'—bc' *pour la valeur de x et* ac'—ca' *pour celle de y.*

308. *Deux équations du premier degré à deux inconnues n'ont généralement qu'une seule solution.* En effet, par l'élimination successive de y et de x, les deux équations (a) du n° 306, se ramènent aux équations (b) et (d) qui ne renferment chacune qu'une inconnue; de sorte que les valeurs de x et de y qui satisfont aux deux premières, vérifient aussi les deux dernières et réciproquement; or, les dernières ne peuvent être résolues que par une

10*

seule valeur de x et de y (301); donc aussi *deux équations*, etc.

309. DISCUSSION DES FORMULES (c) ET (e). Nous distinguerons trois cas; 1° $ab'-ba'$ n'est pas nul; 2° $ab'-ba'=0$; 3° $ab'-ba'=0$ et $cb'-bc'=0$.

1er CAS. Si $ab'-ba'$ n'est pas nul, les valeurs de x et y sont *finies* et *déterminées*. Elles peuvent d'ailleurs être positives ou négatives, entières ou fractionnaires; nous dirons, pour exprimer cette circonstance, que les équations (a) sont *déterminées*, c'est-à-dire *susceptibles d'être résolues par un seul couple de valeurs finies de* x *et de* y.

2e CAS. Si $ab'-ba'=0$, les formules (c) et (e) donnent

$$x = \frac{cb'-bc'}{0}, \qquad y = \frac{ac'-ca'}{0},$$

et les inconnues se présentent sous *formes infinies*; je dis dans ce cas que les équations (a) sont *incompatibles*, ou autrement *qu'elles ne peuvent être vérifiées par aucun couple de valeurs finies de* x *et de* y. En effet, de l'équation de condition $ab'-ba'=0$, on tire $a' = \dfrac{ab'}{b}$, et en substituant dans l'équation $a'x+b'y=c'$, on trouve

$$\frac{ab'}{b}\,x+b'y=c' \qquad \text{ou bien,} \qquad ax+by = \frac{bc'}{b'},$$

après avoir multiplié par b et divisé par b'; or, cette dernière équation est visiblement contradictoire avec celle-ci

$$ax+by=c,$$

puisque les premiers membres sont identiques et les seconds différens, en vertu de l'inégalité hypothétique $cb'-bc' >$ ou < 0, d'où l'on déduit $cb' >$ ou $< bc'$ et par suite $c >$ ou $< \dfrac{bc'}{b'}$.

3e CAS. Si $ab'-ba'=0$ et $cb'-bc'=0$, la formule (c) fournit $x = \dfrac{0}{0}$; les équations (a) deviennent alors *indéterminées*, ou, ce qui est la même chose, *elles peuvent être satisfaites par une infinité de couples de valeurs finies de* x *et de* y. Cette assertion sera démontrée, si l'on fait voir que la seconde est une conséquence de la première, car il n'y aura plus qu'une seule équation pour déterminer deux inconnues (257). Tirant à cet effet les valeurs de a' et de c' dans les égalités de condition $ab'-ba'=0$, $cb'-bc'=0$, on trouve $a'=\dfrac{ab'}{b}$, $c'=\dfrac{cb'}{b}$, et, en substituant dans $a'x+b'y=c'$, il vient

$$\frac{ab'}{b}\,x+b'y=\frac{cb'}{b}\quad\text{ou bien,}\quad ax+by=c,$$

après avoir multiplié par b et divisé par b'.

Les équations conditionnelles $ab'-ba'=0$, $cb'-bc'=0$, fournissent $b'=\dfrac{ba'}{a}$, $b'=\dfrac{bc'}{c}$, et, en égalant ces deux valeurs de b',

$$\frac{bc'}{c}=\frac{ba'}{a}\quad\text{d'où}\ abc'-bca'=0\ \text{et}\ b(ac'-ca')=0\,;$$

la relation $ac'-ca'=0$ est donc une conséquence essentielle des deux précédentes, excepté toutefois dans le cas particulier de $b=0$. De là il suit que *si l'une des inconnues x et y est de la forme* $\dfrac{0}{0}$, *l'autre sera généralement de la même forme.*

Examinons actuellement le cas de $b=0$, dans lequel

$$x=\frac{0}{0},\ y=\frac{ac'-ca'}{0}\quad\text{ou}\quad y=\infty\,;$$

les relations $ab'-ba'=0$, $cb'-bc'=0$, se changent en $ab'=0$, $cb'=0$, et pour y satisfaire, de manière que le numérateur de y ne devienne pas nul, il faut poser $b'=0$. Les équations (a) prennent alors la forme

$$ax+0.y=c,\ a'x+0.y=c'\ \text{d'où}\ x=\frac{c}{a},\ x=\frac{c'}{a'},\ \text{et sont géné-}$$

ralement *incompatibles*. Si toutefois l'on avait $\dfrac{c'}{a'}=\dfrac{c}{a}$ ou $ac'-ca'=0$, la valeur de x serait *déterminée* et celle de y *indéterminée*; mais dans ce cas les deux inconnues se présenteront sous la forme $\dfrac{0}{0}$.

On peut conclure de la dernière partie de cette discussion,

comme on l'a déja indiqué dans le n° 302, que *l'expression $\frac{0}{0}$ peut, dans certain cas, prendre une valeur finie ou indiquer une impossibilité.*

Les *réciproques* des trois cas précédens sont faciles à établir.

1° *Si les équations* (a) *sont déterminées, les valeurs des inconnues* x *et* y *sont finies.* Car, s'il en arrivait autrement, ces valeurs ne pourraient se présenter que sous la forme $\frac{A}{0}$ ou sous celle-ci $\frac{0}{0}$; or, les équations (a) seraient incompatibles dans le premier cas et indéterminées dans le second, ce qui est contre la supposition.

2° *Si les équations* (a) *sont incompatibles, les valeurs des inconnues* x *et* y *sont infinies.* En effet, si elles étaient finies ou de la forme $\frac{0}{0}$, il en résulterait que les équations seraient déterminées ou indéterminées, ce qui est en contradiction avec l'hypothèse.

3° *Si les équations* (a) *sont indéterminées, les valeurs de* x *et de* y *sont de la forme* $\frac{0}{0}$; car, en vertu de la supposition, elles ne peuvent être ni finies ni infinies.

Les différens points de la discussion précédente peuvent se résumer ainsi : *suivant que les valeurs de* x *et de* y *sont finies, infinies ou indéterminées, les équations* $ax+by=c$, $a'x+b'y=c'$, *sont déterminées, incompatibles ou indéterminées et réciproquement.*

310. *Lorsque les termes tout connus* c *et* c' *des équations* (a) *sont nuls sans que l'on ait* $ab'-ba'=0$, *les valeurs de* x *et de* y *sont aussi nulles et réciproquement.* En effet, si dans les formules

$$x = \frac{cb'-bc'}{ab'-ba'}, \qquad y = \frac{ac'-ca'}{ab'-ba'},$$

on fait $c=0$, $c'=0$, on trouve

$$x = \frac{0}{ab'-ba'} = 0, \qquad y = \frac{0}{ab'-ba'} = 0.$$

Réciproquement si $x=0$ et $y=0$, on a $c=0$, $c'=0$ et $ab'-ba'$ n'est pas nul ; car, en substituant $x=0$, $y=0$, dans les équations (a), elles deviennent

$$a.0+b.0=c, \quad a'.0+b'.0=c', \quad \text{d'où } c=0, \; c'=0 ;$$

on ne peut avoir d'ailleurs $ab'-ba'=0$, car il s'en suivrait

$$x=\frac{0}{0}, \; y=\frac{0}{0}.$$

311. Si $c=0$, $c'=0$ et si en même temps $ab'-ba'=0$, les valeurs des inconnues sont de la forme $\frac{0}{0}$. Ce cas d'indétermination mérite d'être distingué, à raison de ce que l'on peut y déterminer *le rapport des inconnues*. En effet, des équations

$$ax+by=0, \; a'x+b'y=0, \quad \text{on tire } \frac{x}{y}=-\frac{b}{a}, \; \frac{x}{y}=-\frac{b'}{a'} ;$$

ces deux valeurs de $\frac{x}{y}$ sont identiques, en vertu de la relation

$$ab'-ba'=0, \quad \text{d'où l'on déduit } \frac{b'}{a'}=\frac{b}{a}.$$

312. Problème. *Former deux équations du premier degré qui aient pour solution commune $x=x'$, $y=y'$.* Soient

$$ax+by=c, \qquad a'x+b'y=c', \qquad \text{(f)}$$

les équations cherchées ; a, b, c, a', b', c', sont six nombres qu'il s'agit de déterminer. Ces équations étant résolues par $x=x'$, $y=y'$, donneront

$$ax'+by'=c, \qquad a'x'+b'y'=c', \qquad \text{(g)}$$

et il n'y aura que deux équations pour la détermination des six inconnues ; la question est donc indéterminée et *il existe une infinité de couples d'équations susceptibles d'une solution donnée.*

Égalons les valeurs de c et de c' dans les équations (f) et (g) ; nous obtiendrons

$$ax+by=ax'+by', \quad a'x+b'y=a'x'+b'y', \quad \text{(h)}$$

équations qui sont vérifiées par $x=x'$, $y=y'$, quelles que soient les valeurs assignées aux quatre coefficiens a, b, a', b'. Cependant il est essentiel que ces valeurs ne remplissent pas la condition

$$ab'-ba'=0, \quad \text{sans quoi l'on aurait } x=\frac{0}{0}, \; y=\frac{0}{0}.$$

Soit à former deux équations ayant pour solution commune $x=3$, $y=-2$. Remplaçons x' et y' par 3 et -2 dans les équations (b) et nous aurons

$$ax+by=3a-2b, \qquad a'x+b'y=3a'-2b';$$

prenons actuellement a, b, a', b', à volonté; posons, par exemple, $a=5$, $b=2$, $a'=3$, $b'=-7$ et substituons; nous trouverons pour les équations demandées

$$5x+2y=11, \qquad 3x-7y=23.$$

313. Problème. *Former deux équations indéterminées.* Prenons arbitrairement une équation et multiplions ses deux membres par un nombre quelconque; l'équation résultante sera évidemment une conséquence de la première et par suite leur système sera indéterminé. Ainsi, les équations

$$ax+by=c, \qquad max+mby=mc$$

sont indéterminées. En y appliquant les formules (c) et (e) du n° 306, on trouve effectivement

$$x=\frac{cmb-bmc}{amb-bma}=\frac{0}{0}, \qquad y=\frac{amc-cma}{amb-bma}=\frac{0}{0}.$$

314. Problème. *Former deux équations incompatibles.* Prenons une équation quelconque et, après avoir multiplié ses deux membres par un nombre arbitraire, altérons le dernier en y joignant tel nombre positif ou négatif que l'on voudra; l'équation ainsi obtenue sera visiblement contradictoire avec la première, et par conséquent il y aura incompatibilité dans leur système. Les équations

$$ax+by=c, \qquad max+mby=mc+d,$$

formées par ce procédé, sont *incompatibles*. Si on y applique les formules (c) et (e) du n° 306, on trouve

$$x=\frac{cmb-b(mc+d)}{amb-bma}=-\frac{bd}{0}, \qquad y=\frac{a(mc+d)-cma}{amb-bma}=\frac{ad}{0}.$$

III. *Discussion des équations à trois inconnues.*

315. *Toute équation du premier degré à trois inconnues est de la forme* $ax+by+cz=d$; ce qui résulte de ce que l'on peut transposer les termes en x, y et z dans le premier membre et les autres termes dans le second ; puis, représenter par a, b, c, la somme des coefficiens de x, y, z, et par d celle des termes tout connus.

316. Problème. *Résoudre les trois équations générales*
$$ax+by+cz=d, \quad a'x+b'y+c'z=d', \quad a''x+b''y+c''z=d''. \quad \text{(i)}$$

Le procédé d'élimination qui conduit aux calculs les moins compliqués, consiste à prendre les valeurs de x et de y dans les deux premières équations, en regardant z comme connu, et à les substituer dans la troisième ; de là résulte une équation à une seule inconnue z..Cela posé, on tire des deux premières équations
$$ax+by=d-cz, \qquad a'x+b'y=d'-c'z ;$$
pour en déduire les valeurs de x et de y, il suffit de changer, dans les formules (c) et (e) du n° 306, c en $d-cz$ et c' en $d'-c'z$, ce qui donne
$$x=\frac{(d-cz)b'-b(d'-c'z)}{ab'-ba'}, \quad y=\frac{a(d'-c'z)-(d-cz)a'}{ab'-ba'}$$
ou bien, en séparant les termes affectés de z des termes connus,
$$x=\frac{(bc'-cb')z-(bd'-db')}{ab'-ba'}, \quad y=\frac{(ca'-ac')z-(da'-ad')}{ab'-ba'}.$$

Substituant ces valeurs dans la troisième équation, multipliant par $ab'-ba'$ et tirant la valeur de z, il vient
$$z=\frac{a''(bd'-db')+b''(da'-ad')+d''(ab'-ba')}{a''(bc'-cb')+b''(ca'-ac')+c''(ab'-ba')},$$
ou, en effectuant les multiplications indiquées et disposant les termes d'une manière convenable,
$$z=\frac{ab'd''-ad'b''+da'b''-ba'd''+bd'a''-db'a''}{ab'c''-ac'b''+ca'b''-ba'c''+bc'a''-cb'a''}. \quad \text{(j)}$$

On pourrait déterminer y et x par un procédé analogue, mais il est beaucoup plus expéditif de remarquer que *les équations* (i) *ne changent pas, lorsque, sans toucher aux accens, on remplace* c *par* b, z *par* y *et réciproquement ;* la formule (j), qui en est une conséquence, jouit par conséquent de la même propriété ; elle devient, après ces mutations
$$y=\frac{ac'd''-ad'c''+da'c''-ca'd''+cd'a''-dc'a''}{ac'b''-ab'c''+ba'c''-ca'b''+cb'a''-bc'a''},$$

ou bien, en multipliant le numérateur et le dénominateur par —1 et changeant les termes de place deux à deux,

$$y = \frac{ad'c'' - ac'd'' + ca'd'' - da'c'' + dc'a'' - cd'a''}{ab'c'' - ac'b'' + ca'b'' - ba'c'' + bc'a'' - cb'a''}. \qquad (k)$$

Remplaçant enfin dans la formule (j) c par a, z par x et réciproquement, on trouve, après avoir multiplié les deux termes de la fraction du second membre par —1,

$$x = \frac{db'c'' - dc'b'' + cd'b'' - bd'c'' + bc'd'' - cb'd''}{ab'c'' - ac'b'' + ca'b'' - ba'c'' + bc'a'' - cb'a''}. \qquad (l)$$

Appliquons ces formules à la résolution des trois équations $x - 2y + 3z = 3$, $2x - 3y - 9z = 1$, $3x - 5y - 4z = 6$; il faudra faire $a = 1$, $b = -2$, $c = 3$, $d = 3$, $a' = 2$, $b' = -3$, $c' = -9$, $d' = 1$, $a'' = 3$, $b'' = -5$, $c'' = -4$, $d'' = 6$, et substituer dans (j), (k) et (l); on trouve, tout calcul achevé, $x = 20$, $y = 10$, $z = 1$.

317. **Formation des formules (j), (k) et (l).** *Pour former le dénominateur commun, on permute de toutes les manières possibles les coefficiens* a, b, c, *des trois inconnues dans la première équation ; ce qui se fait en prenant les deux produits* ab *et* ba *et en y introduisant la lettre* c *successivement à la 3ᵉ, 2ᵉ et 1ʳᵉ place, d'où résultent les 6 permutations* abc, acb, cab, bac, bca, cba ; *on affecte ensuite la deuxième lettre de chaque terme d'un accent et la troisième de deux ; puis, on sépare ces termes alternativement par les signes — et +, ce qui donne pour le dénominateur*

$$ab'c'' - ac'b'' + ca'b'' - ba'c'' + bc'a'' - cb'a''.$$

Pour former le numérateur relatif à chaque inconnue, on remplace, dans ce dénominateur, le coefficient de cette inconnue dans la première équation par le terme tout connu, en ayant le soin de ne pas déplacer les accens. Ainsi pour l'inconnue x, *on change* a *en* d ; *pour l'inconnue* y, b *en* d ; *pour l'inconnue* z, c *en* d.

318. *Trois équations du premier degré à trois inconnues ne sont généralement susceptibles que d'une seule solution.* En effet, par l'élimination successive 1° de y et de z, 2° de x et de z, 3° de x et de y, ces trois équations se ramènent à trois autres du premier degré qui ne renferment plus qu'une inconnue, savoir : la première, x ; la deuxième, y ; la troisième, z. Or, ces dernières ne peuvent être résolues que par un seul système de valeurs de x,

y, z (301). Donc les premières jouissent aussi de la même propriété.

319. DISCUSSION DES FORMULES (j), (k) ET (l). Afin d'abréger, remarquons que la formule (l) peut s'écrire ainsi

$$x = \frac{d(b'c'' - c'b'') + d'(cb'' - bc'') + d''(bc' - cb')}{a(b'c'' - c'b'') + a'(cb'' - bc'') + a''(bc' - cb')}$$

ou de la sorte

$$x = \frac{d\mathrm{L} + d'\mathrm{M} + d''\mathrm{N}}{a\mathrm{L} + a'\mathrm{M} + a''\mathrm{N}},$$

en posant

$$\mathrm{L} = b'c'' - c'b'', \quad \mathrm{M} = cb'' - bc'', \quad \mathrm{N} = bc' - cb'. \quad (m)$$

ajoutons deux fois ces trois dernières équations, 1° après les avoir multipliées par b, b', b''; 2° après les avoir multipliées par c, c', c''; nous obtiendrons, toute réduction faite dans les deuxièmes membres,

$$b\mathrm{L} + b'\mathrm{M} + b''\mathrm{N} = 0, \quad c\mathrm{L} + c'\mathrm{M} + c''\mathrm{N} = 0, \quad (n)$$

équations dont nous nous servirons incessamment.

Cela posé, désignons par A, B, C, les numérateurs des inconnues x, y, z, et par D leur dénominateur commun, et distinguons trois cas, comme dans les discussions précédentes; 1° D n'est pas nul; 2° D = 0; 3° D = 0 et A = 0.

1er CAS. Si D n'est pas nul, les valeurs

$$x = \frac{\mathrm{A}}{\mathrm{D}}, \qquad y = \frac{\mathrm{B}}{\mathrm{D}}, \qquad z = \frac{\mathrm{C}}{\mathrm{D}},$$

sont *finies et déterminées*, et les équations (i), n'étant satisfaites que par un seul système de valeurs finies de x, y, z sont *déterminées*.

2e CAS. Si D = 0, les valeurs des trois inconnues deviennent

$$x = \frac{\mathrm{A}}{0}, \qquad y = \frac{\mathrm{B}}{0}, \qquad z = \frac{\mathrm{C}}{0}.$$

J'affirme que les trois équations (i) *sont incompatibles;* et pour cela, il suffit de faire voir que la troisième est contradictoire avec l'une des équations que l'on peut déduire des deux autres. Or, ajoutons ces dernières après les avoir multipliées par L et par M, il vient

$$(a\mathrm{L} + a'\mathrm{M})x + (b\mathrm{L} + b'\mathrm{M})y + (c\mathrm{L} + c'\mathrm{M})z = d\mathrm{L} + d'\mathrm{M};$$

11

mais de la relation de condition $a_\mathrm{L} + a'_\mathrm{M} + a''_\mathrm{N} = 0$ et des équations (n), on tire

$$a_\mathrm{L} + a'_\mathrm{M} = -a''_\mathrm{N}, \quad b_\mathrm{L} + b'_\mathrm{M} = -b''_\mathrm{N}, \quad c_\mathrm{L} + c'_\mathrm{M} = -c''_\mathrm{N} ;$$

substituant les seconds membres aux premiers dans l'équation précédente et divisant par $-\mathrm{N}$, elle devient

$$a''x + b''y + c''z = -\frac{d_\mathrm{L} + d'_\mathrm{M}}{\mathrm{N}}, \quad (o)$$

équation évidemment incompatible avec celle-ci

$$a''x + b''y + c''z = d'',$$

puisque les premiers membres sont identiques et les seconds différens, en vertu de l'inégalité hypothétique

$$d_\mathrm{L} + d'_\mathrm{M} + d''_\mathrm{N} > \text{ou} < 0, \text{ d'où } d'' > \text{ou} < -\frac{d_\mathrm{L} + d'_\mathrm{M}}{\mathrm{N}}.$$

3ᵉ Cas. Si $\mathrm{D} = 0$ et $\mathrm{A} = 0$, l'on a $x = \dfrac{0}{0}$; *les équations* (i) *sont indéterminées.* Cette assertion sera fondée, si l'on démontre que la troisième est une conséquence des deux autres. La condition $\mathrm{A} = 0$ ou $d_\mathrm{L} + d'_\mathrm{M} + d''_\mathrm{N} = 0$ fournit

$$d'' = -\frac{d_\mathrm{L} + d'_\mathrm{M}}{\mathrm{N}}$$

et si l'on substitue dans l'équation (o) qui résulte des deux premières, en vertu de l'hypothèse $\mathrm{D} = 0$, on trouve effectivement la troisième équation $a''x + b''y + c''z = d''$.

Considérons actuellement les trois relations

$$a_\mathrm{L} + a'_\mathrm{M} + a''_\mathrm{N} = 0, \quad b_\mathrm{L} + b'_\mathrm{M} + b''_\mathrm{N} = 0, \quad c_\mathrm{L} + c'_\mathrm{M} + c''_\mathrm{N} = 0, \quad (p)$$

on déduit de la première et de la troisième, en regardant N comme connue,

$$\mathrm{L} = \frac{c'a'' - a'c''}{ca' - ac'} \cdot \mathrm{N}, \qquad \mathrm{M} = \frac{ac'' - ca''}{ca' - ac'} \cdot \mathrm{N}; \qquad (q)$$

substituant ces valeurs de L et de M dans l'égalité de condition $d_\mathrm{L} + d'_\mathrm{M} + d''_\mathrm{N} = 0$, et chassant le dénominateur, il vient

$$[d(c'a'' - a'c'') + d'(ac'' - ca'') + d''(ca' - ac')]\,\mathrm{N} = 0,$$

ou $\mathrm{B_N} = 0$, en observant que la quantité comprise dans la parenthèse carrée n'est autre chose que le numérateur de y.

On obtiendrait pareillement $\mathrm{C_N} = 0$ en remplaçant, dans l'équation $D=0$, L et M par leurs valeurs, tirées des deux premières relations (P).

Les équations $BN=0$, $CN=0$ qui résultent de la coexistence des deux hypothèses relatives au troisième cas, fournissent $B=0$, $C=0$, excepté dans les circonstances particulières où $N=0$. *Donc si l'une des inconnues se présente sous la forme* $\dfrac{0}{0}$, *les deux autres seront généralement de la même forme.*

Les réciproques des trois cas précédens peuvent s'établir à l'aide des raisonnemens que nous avons employés pour les équations à deux inconnues.

Concluons de toute cette analyse que selon que les valeurs des inconnues x, y, z *sont finies, infinies ou indéterminées, le système des trois équations qui les a fournies est déterminé, impossible ou indéterminé et réciproquement.*

320. Il nous reste à examiner le cas singulier de $N=0$ dans lequel $x=\dfrac{0}{\rho}$, $y=\dfrac{B}{0}$, $z=\dfrac{C}{0}$; pour interpréter ces résultats, nous remonterons aux équations données.

En vertu des relations (q) on a d'abord $L=0$, $M=0$ et il s'ensuit

$$b'c''-c'b''=0, \quad cb''-bc''=0, \quad bc'-cb'=0 ; \quad (\text{r})$$

multiplions les deux dernières équations (i) par c et remplaçons cb' par bc', cb'' par bc'', elles prennent la forme

$$\left\{ \begin{array}{l} ax+\ (by+cz)=d, \\ ca'x+c'\,(by+cz)=cd', \\ ca''x+c''\,(by+cz)=cd'', \end{array} \right. (\text{s}) \quad \text{ou} \quad \left\{ \begin{array}{l} ax+u=d, \\ ca'x+c'u=cd', \\ ca''x+c''u=cd'', \end{array} \right. (\text{t})$$

en posant $by+cz=u$. Ces trois dernières équations sont visiblement incompatibles (257). *La notation* $\dfrac{0}{0}$ *indique donc ici une impossibilité.*

Les équations (t) sont cependant possibles, lorsque l'une d'elles, par exemple la première, est une conséquence des deux autres ; de celles-ci on retire

$$x=\frac{d'c''-c'd''}{a'c''-c'a''} , \quad u \text{ ou } by+cz=\frac{c\,(a'd''-d'a'')}{a'c''-c'a''} ; \quad (\text{u})$$

substituant dans la première, chassant le dénominateur et trans-posant tous les termes dans le même membre, il vient
$$a(d'c'' - c'd'') + c(a'd'' - d'a'') - d(a'c'' - c'a'') = 0 \text{ ou } \mathbf{B} = 0 ;$$
cette dernière équation, multipliée par b, donne $b\mathbf{B} = 0$, et en y remplaçant bc' par cb' et bc'' par cb'', elle devient $cc = 0$ d'où $c = 0$, en admettant que c ne soit pas nul. On a donc $x = \dfrac{0}{0}$, $y = \dfrac{0}{0}$, $z = \dfrac{0}{0}$, quoique la valeur de x soit déterminée et que l'indétermination ne porte que sur y et z comme on le voit par les équations (u) ; *c'est donc un nouvel exemple du cas où le symbole* $\dfrac{0}{0}$ *prend une valeur finie.* L'hypothèse de $c = 0$ sera examinée dans un instant.

Supposons, pour compléter cette discussion, que, indépen-damment des trois relations (r), on ait celles-ci
$$c'a'' - a'c'' = 0, \quad ac'' - ca'' = 0, \quad ca' - ac' = 0 \quad (\text{v})$$
dont les premiers membres ne sont autre chose que les coefficiens de d, d', d'', dans le numérateur $\mathbf{B}$, de sorte que $\mathbf{B} = 0$.

On tire des conditions (r) $c' = \dfrac{cb'}{b}$, $c'' = \dfrac{cb''}{b}$; et en faisant la substitution dans les nouvelles (v) et chassant les dénominateurs, on trouve
$$c(b'a'' - a'b'') = 0, \quad c(ab'' - ba'') = 0, \quad c(ba' - ab') = 0,$$
d'où l'on déduit, en rejettant le cas de $c = 0$,
$$b'a'' - a'b'' = 0, \quad ab'' - ba'' = 0, \quad ba' - ab' = 0, \quad (\text{z})$$
et par suite $c = 0$; de manière que $x = \dfrac{0}{0}$, $y = \dfrac{0}{0}$, $z = \dfrac{0}{0}$; or, dans cette circonstance, les équations (i) sont *incompatibles ;* car si dans le système (s) on remplace ca' par ac', ca'' par ac'', et si l'on divise les deux dernières équations par c' et c'', il se change en celui-ci, dont l'impossibilité est manifeste,
$$ax + by + cz = d, \quad ax + by + cz = \dfrac{cd'}{c'}, \quad ax + by + cz = \dfrac{cd''}{c''}.$$

Revenons enfin à l'hypothèse $c = 0$ dans laquelle $x = \dfrac{0}{0}$,

$$y = \frac{o}{o}, \quad z = \frac{c}{o} \; ; \text{ les relations (r) et (v) se réduisent à}$$

$$b'c'' - c'b'' = o, \quad -b'c'' = o, \quad bc' = o,$$
$$c'a'' - a'c'' = o, \quad ac'' = o, \quad -ac' = o,$$

et pour y satisfaire, sans que les conditions (z) aient lieu, il faut poser $c' = o$, $c'' = o$; ce qui correspond au système d'*équations incompatibles* (257)

$$ax + by = d, \quad a'x + b'y = d', \quad a''x + b''y = d''.$$

321. *Lorsque les termes tout connus* d, d', d'', *sont nuls et que* d *n'égale pas zéro, les valeurs des inconnues sont aussi nulles et réciproquement.* En effet dans la triple supposition $d = o$, $d' = o$, $d'' = o$, les formules (j), (k) et (l) donnent

$$x = \frac{o}{D}, \quad y = \frac{o}{D}, \quad z = \frac{o}{D} \text{ ou } x = o, \quad y = o, \quad z = o.$$

Réciproquement si $x = o$, $y = o$, $z = o$, je dis que $d = o$, $d' = o$, $d'' = o$ et que D n'est pas nul. Car ces valeurs substituées dans les équations (i) fournissent

$$a.o + b.o + c.o = d, a'.o + b'.o + c'.o = d', a''.o + b''.o + c''.o = d'',$$

d'où $d = o$, $d' = o$, $d'' = o$. D ne peut d'ailleurs être zéro, sans quoi l'on aurait $x = \frac{o}{o}$, $y = \frac{o}{o}$, $z = \frac{o}{o}$ ¿ ce qui est contre l'hypothèse.

322. Si $d = o$, $d' = o$, $d'' = o$, D $= o$, les valeurs des inconnues sont indéterminées. Ce cas d'indétermination est remarquable, en ce que l'*on peut y trouver les rapports de l'une des inconnues aux deux autres* ; en effet, les équations

$$ax + by + cz = o, \quad a'x + b'y + c'z = o, \quad a''x + b''y + c''z = o,$$

divisées par z, se transforment en

$$a\frac{x}{z} + b\frac{y}{z} + c = o, \; a'\frac{x}{z} + b'\frac{y}{z} + c' = o, \; a''\frac{x}{z} + b''\frac{y}{z} + c'' = o \; ;$$

considérant $\frac{x}{z}$, $\frac{y}{z}$ comme inconnues, on tire des deux premières

$$\frac{x}{z} = \frac{bc' - cb'}{ab' - ba'}, \qquad \frac{y}{z} = \frac{ca' - ac'}{ab' - ba'} \; ;$$

et ces valeurs vérifient la troisième, car après la substitution et l'évanouissement des dénominateurs, on trouve $D=0$, ce qui est vrai par hypothèse.

323. Nous recommandons aux élèves de s'exercer sur les questions suivantes :

1° *Former trois équations du premier degré qui aient pour solution $x=x'$, $y=y'$, $z=z'$.*

2° *Former trois équations indéterminées ou incompatibles, en partant d'une ou de deux équations données.*

3° *Résoudre quatre équations générales du premier degré à quatre inconnues.*

324. *L'indétermination et l'incompatibilité des équations résolues directement, se manifestent par l'identité $0=0$ et par l'équation impossible $A=0$.* Considérons d'abord le système d'équations

$$2x-3y=5, \qquad 10x-15y=25,$$

qui, traité par les formules générales du n° 306, fournit $x=\dfrac{0}{0}$,

$y=\dfrac{0}{0}$; on en retire

$$x=\frac{3y+5}{2}, \qquad x=\frac{15y+25}{10} \quad \text{et} \quad \frac{3y+5}{2}=\frac{15y+25}{10} ;$$

d'où 1° $15y+25=15y+25$; 2° $15y-15y=25-25$; 3° $0=0$.

Soient encore les équations

$$2x-3y=5, \qquad 10x-15y=27 ;$$

d'où l'on déduit, à l'aide des formules générales, $x=\dfrac{6}{0}$,

$y=\dfrac{4}{0}$. En les résolvant directement, on trouve

$$x=\frac{3y+5}{2}, \qquad x=\frac{15y+27}{10} \quad \text{et} \quad \frac{3y+5}{2}=\frac{15y+27}{10} ;$$

d'où 1° $15y+25=15y+27$; 2° $15y-15y=27-25$; 3° $0=2$.

Pour reconnaître l'identité de ces caractères, il suffit de chasser les dénominateurs dans les expressions

$$x=\frac{0}{0} \quad \text{et} \quad x=\frac{A}{0},$$

ce qui donne

$$0.x=0 \quad \text{ou} \quad 0=0, \qquad 0.x=A \quad \text{ou} \quad 0=A.$$

IV. *Conclusion.*

325. Lorsque les conditions d'un problème ont été traduites en algèbre, il peut arriver que le nombre des équations soit égal à celui des inconnues, ou qu'il soit plus petit, ou enfin qu'il soit plus grand.

1° *S'il y a autant d'équations que d'inconnues, le problème est généralement déterminé;* cependant il deviendrait *indéterminé*, si les valeurs des inconnues étaient de la forme $\frac{0}{0}$, et *impossible* si elles étaient de celle-ci $\frac{A}{0}$.

2° *S'il y a* m *équations entre* m $+$ n *inconnues, le problème est indéterminé*, car on peut prendre arbitrairement n inconnues et déterminer les m autres au moyen des m équations données; observons toutefois que le problème deviendrait *impossible*, si ces équations étaient incompatibles.

3° *S'il y a* m $+$ n *équations entre* m *inconnues, la question est en général impossible;* car les valeurs des m inconnues déduites des m premières équations, ne peuvent vérifier les n autres qui n'ont pas participé à leur détermination; si cependant, n équations étaient des conséquences des m autres ou si plus de n équations se trouvaient dans ce cas, la question serait *déterminée* ou *indéterminée.*

326. Nous terminerons la théorie des équations du premier degré par la résolution du problème suivant, remarquable en ce que son énoncé offre en apparence plus de conditions que d'inconnues.

Un père de famille ordonne, par son testament, que son bien soit partagé comme il suit :

L'aîné de ses enfans prélève a fr. *sur son bien, plus le* $\frac{1}{n}$ *de ce qui reste; le second,* 2a fr. *plus le* $\frac{1}{n}$ *de ce qui reste; le troisième,*

$3a$ *fr. plus le* $\dfrac{1}{n}$ *du nouveau reste ; et ainsi de suite jusqu'au dernier, en augmentant toujours de* a *fr.*

Les dispositions du testament ayant été suivies, il se trouve que le bien a été partagé également entre tous les héritiers ; quel est le bien du père, la part de chaque enfant et le nombre des enfans ?

Soit x le bien du père et y la part de chacun des enfans ; l'énoncé donne le moyen d'évaluer en x la somme qui revient à chaque héritier, et, en égalant chacune de ces parts à y, on parvient à autant d'équations qu'il y a d'enfans ; or, le nombre des enfants étant inconnu, celui des équations du problème l'est pareillement ; pour que cette question soit possible et déterminée, il faut donc que toutes ces équations se réduisent à deux, à l'aide desquelles on puisse trouver x et y, et c'est précisément ce qui arrive.

Cherchons, pour le faire voir, la part du $p.^{\text{ième}}$ enfant ; elle se compose de pa fr. et de la $\dfrac{1}{n}$ partie de ce qui reste, lorsque l'on a retranché de x les quantités pa et $(p-1)y$, dont la dernière est la somme des $p-1$ parts précédentes. On a donc

$$pa + \frac{x - pa - (p-1)y}{n} = y \quad \text{ou} \quad p(an - a - y) = ny - y - x,$$

après avoir multiplié par n et transposé dans le second membre les termes qui ne renferment pas p. Actuellement, si l'on fait $p=1$, $p=2$, $p=3\ldots\ldots$ on aura l'équation relative au 1er, 2e, $3^{\text{e}}\ldots$ enfant. Or, il est manifeste qu'à toutes les équations obtenues ainsi, on peut substituer les deux suivantes

$$an - a - y = 0, \qquad ny - y - x = 0,$$

puisqu'alors les deux membres de chacune deviennent zéro ; on en retire

$$y = a(n-1), \quad x = y(n-1) \quad \text{ou} \quad x = a(n-1)^2 ;$$

le nombre des enfans, étant exprimé par $\dfrac{x}{y}$, égale $n-1$, en vertu de l'équation $x = y(n-1)$. Supposant $a=100$, $n=10$, et substituant dans ces formules, on trouve

$$x = 100.9^2 = 8100, \quad y = 100.9 = 900, \quad \frac{x}{y} = 9.$$

CHAPITRE VI.

ÉQUATIONS ET PROBLÈMES DU SECOND DEGRÉ A UNE SEULE INCONNUE.

327. On distingue deux espèces d'équations du second degré, les équations *incomplètes* ou *à deux termes*, et les équations *complètes* ou *à trois termes*.

Les équations *incomplètes* sont celles qui ne renferment que des termes affectés du carré de l'inconnue et des termes tout connus. *Exemple* $\dfrac{5x^2}{4} = 1 - x^2$.

Les équations *complètes* renferment en outre des termes affectés de la première puissance de l'inconnue. *Exemple.*

$$\frac{x^2 + x}{3} - 2 = \frac{x^2 - 1}{4}.$$

328. On appelle *racine* d'une équation du second degré, et en général d'une équation quelconque, toute expression qui, substituée à l'inconnue, vérifie cette équation.

I. *Résolution et discussion des équations incomplètes.*

329. *Toute équation incomplète du second degré est de la forme* $x^2 = q$; car, après en avoir chassé les dénominateurs, si l'on réunit dans le premier membre les termes affectés du carré de l'inconnue et dans le second les termes connus, on a, toute réduction faite, une équation de la forme $ax^2 = b$, a et b désignant des nombres quelconques; divisant les deux membres par a, elle devient $x^2 = \dfrac{b}{a}$ ou $x^2 = q$, en posant, pour simplifier, $\dfrac{b}{a} = q$.

Si l'on traite de cette manière l'équation

$$\frac{5x^2}{4} = 1 - x^2,$$

on obtient successivement

$$5x^2 = 4 - 4x^2, \quad 5x^2 + 4x^2 = 4, \quad 9x^2 = 4, \quad x^2 = \frac{4}{9}.$$

530. Pour résoudre une équation incomplète du second degré, *on la met sous la forme* $x^2 = q$ *, puis, on extrait la racine carrée des deux membres, en affectant celle du second du double signe plus ou moins.* De là résulte

$$x = \pm \sqrt{q},$$

et, en dédoublant cette expression, $x = \sqrt{q}$ et $x = -\sqrt{q}$.

Cette règle est évidente, puisqu'on ne trouble pas une équation en effectuant la même opération sur les deux membres, et que toute racine de degré pair d'une quantité doit être précédée du double signe *plus ou moins* (156).

Substituons tour à tour, afin de vérifier, $\sqrt{q}$ et $-\sqrt{q}$ à x dans l'équation $x^2 = q$; il vient

$$(\sqrt{q})^2 = q \text{ ou } q = q, \quad (-\sqrt{q})^2 = q \text{ ou } q = q.$$

Si l'on applique cette règle à l'équation $x^2 = \dfrac{4}{9}$ on trouve

$$x = \pm \sqrt{\dfrac{4}{9}} = \pm \dfrac{2}{3} \text{ ou } x = \dfrac{2}{3} \text{ et } x = -\dfrac{2}{3}.$$

531. Lorsqu'on extrait la racine carrée des deux membres de l'équation $x^2 = q$, on devrait, à la rigueur, affecter aussi la racine du second membre du double signe *plus ou moins* ; ce qui donnerait

$$\pm x = \pm \sqrt{q};$$

formule qui, par les diverses combinaisons des signes $+$ et $-$, comporte les quatre suivantes

$$x = \sqrt{q}, \quad x = -\sqrt{q}, \quad -x = \sqrt{q}, \quad -x = -\sqrt{q};$$

mais cela est inutile, car, en changeant les signes des deux dernières équations, on retombe sur les deux premières.

532. *Toute équation incomplète du second degré a deux racines et ne peut en avoir davantage.* En effet, l'équation $x^2 = q$ ou $x^2 - q = 0$ peut se mettre sous la forme

$x^2 - (\sqrt{q})^2 = 0$, ou bien sous celle-ci, $(x - \sqrt{q})(x + \sqrt{q}) = 0$,

en se rappelant que la différence des carrés de deux quantités est égale à leur somme multipliée par leur différence ; or, le premier membre, étant le produit de deux facteurs, ne peut être annullé qu'en égalant l'un ou l'autre à zéro ; cette équation équivaut donc aux deux suivantes du premier degré

$x - \sqrt{q} = 0$, $x + \sqrt{q} = 0$, d'où $x = \sqrt{q}$, $x = -\sqrt{q}$.

Nous retrouvons ainsi les valeurs déjà obtenues, mais ce procédé nous apprend en outre que ce sont les seules qui puissent vérifier l'équation $x^2 = q$.

333. DISCUSSION DE LA FORMULE $x = \pm\sqrt{q}$. Il faut distinguer *trois cas* : celui où q est *positif;* celui où $q = 0$; celui enfin où il est *négatif.*

1er CAS. Si q est *positif*, les deux racines sont *réelles et de signes différens ; commensurables* ou *incommensurables*, selon que q est ou n'est pas un carré parfait.

1er *Exemple.* L'équation $x^2 = 36$, dont le second membre 36 est à la fois positif et un carré exact, a deux racines réelles commensurables. Ces racines sont 6 et — 6.

2e *Ex.* L'équation $x^2 = 5$, dont le second membre 5 est positif sans être un carré parfait, doit avoir pour racines deux nombres réels et incommensurables ; on en tire effectivement
$$x = \pm\sqrt{5} \text{ ou } x = 2,236.... \text{ et } x = -2,236....$$
à 0,001 près ; on conçoit que ces valeurs ne satisfont à l'équation $x^2 = 5$ qu'approximativement.

2e CAS. Si $q = 0$, la formule devient $x = \pm 0$; conséquemment, les racines sont *égales entr'elles et à zéro.* L'équation se réduit alors à $x^2 = 0$ ou $x.x = 0$, forme qui met en évidence les deux racines.

3e CAS. Si q est *négatif*, les deux racines sont *imaginaires* (158), et l'équation $x^2 = q$ est *impossible*, car quel que soit le nombre mis à la place de x, il ne peut y avoir égalité entre les deux membres, le premier étant essentiellement positif, et le second étant négatif par hypothèse.

Ex. Les deux racines de l'équation $x^2 = -81$, dont le second membre — 81 est négatif, sont imaginaires. L'on en déduit en effet $x = \pm\sqrt{-81}$, ou, en vertu du n° 160, $x = \pm 9\sqrt{-1}$.

II. *Résolution des équations complètes du second degré.*

334. *Toute équation complète du second degré est de la forme*

$x^2+px=q$; car, chassant les dénominateurs, transposant dans le premier membre les termes affectés du carré et de la première puissance de l'inconnue et les autres termes dans le second, on trouve, réduction achevée, une équation de ce genre $ax^2+bx=c$, a, b et c étant des quantités connues ; divisant les deux membres par a, il vient

$$x^2+\frac{b}{a}\,x=\frac{c}{a} \quad \text{ou} \quad x^2+px=q,$$

en représentant, pour plus de brièveté, $\frac{b}{a}$ par p et $\frac{c}{a}$ par q.

Avant de résoudre une équation du second degré, on doit toujours la ramener à cette forme ; c'est ce que l'on appelle *préparer l'équation*.

En effectuant cette suite de transformations sur l'équation particulière

$$\frac{x^2+x}{3}-2=\frac{x^2-1}{4},$$

on en déduit successivement
$$4x^2+4x-24=3x^2-3, \quad 4x^2-3x^2+4x=24-3, \quad x^2+4x=21.$$

335. Pour résoudre une équation complète du second degré, *il faut, après l'avoir préparée, égaler la première puissance de l'inconnue à la moitié du coefficient du second terme pris en signe contraire, plus ou moins la racine carrée du carré de cette moitié joint au membre tout connu.*

Considérons l'équation générale $x^2+px=q$, et remarquons que le premier membre se compose des deux premiers termes du carré du binome $x+\dfrac{p}{2}$, lequel est égal à

$$x^2+px+\frac{p^2}{4}\,;$$

ajoutons en conséquence $\dfrac{p^2}{4}$ à chaque membre, afin de rendre le premier un carré parfait et en même temps de maintenir l'équation, nous aurons

$$x^2+px+\frac{p^2}{4}=\frac{p^2}{4}+q \quad \text{ou} \quad \left(x+\frac{p}{2}\right)^2=\frac{p^2}{4}+q,$$

équation incomplète du second degré, en tant que l'on regarde $x+\dfrac{p}{2}$ comme l'inconnue; on en retire (337)

$$x+\frac{p}{2}=\pm\sqrt{\frac{p^2}{4}+q}\ \text{ d'où }\ x=-\frac{p}{2}\pm\sqrt{\frac{p^2}{4}+q};$$

cette formule équivaut aux deux suivantes

$$x=-\frac{p}{2}+\sqrt{\frac{p^2}{4}+q},\quad x=-\frac{p}{2}-\sqrt{\frac{p^2}{4}+q},$$

et sa traduction en langage ordinaire fournit la règle énoncée.

Si l'on substitue la formule trouvée à x dans l'équation $x^2+px=q$, il vient

$$\left(-\frac{p}{2}\pm\sqrt{\frac{p^2}{4}+q}\right)^2+p\left(-\frac{p}{2}\pm\sqrt{\frac{p^2}{4}+q}\right)=q$$

et, en développant les calculs indiqués,

$$\frac{p^2}{4}\mp p\sqrt{\frac{p^2}{4}+q}+\frac{p^2}{4}+q-\frac{p^2}{2}\pm p\sqrt{\frac{p^2}{4}+q}=q,$$

équation qui se réduit à l'identité $q=q$.

Appliquons d'abord cette règle à l'équation du n° 331,

$$x^2+4x=21;$$

nous en tirerons, en remarquant que $p=4$ et $q=21$,

$$x=-\frac{4}{2}\pm\sqrt{\left(-\frac{4}{2}\right)^2+21}\ \text{ ou }\ x=-2\pm\sqrt{4+21};$$

or, $4+21=25$ et $\sqrt{25}=5$; donc $x=-2\pm5$ ou bien, en isolant ces valeurs, $x=-2+5=3$ et $x=-2-5=-7$. Les nombres 3 et -7, comme il est facile de s'en assurer, satisfont individuellement à l'équation $x^2+4x=21$; ce sont par conséquent les racines de cette équation.

Prenons, pour deuxième exemple, l'équation

$$2x^2-4x+\frac{5}{3}=\frac{1-2x^2}{5};$$

chassant d'abord les dénominateurs, nous aurons

$$30x^2-60x+25=3-6x^2,$$

et, transposant $-6x^2$ dans le premier membre et 25 dans le second,

$$36x^2-60x=-22;$$

divisant tous les termes par 2 et dégageant x^2 de son coefficient, il vient enfin

$$x^2 - \frac{30}{18}\, x = -\frac{11}{18} \text{ ou } x^2 - \frac{5}{3}\, x = -\frac{11}{18}.$$

Appliquons maintenant à cette équation la méthode exposée au commencement de ce n°, en observant qu'ici $p = -\frac{5}{3}$ et $q = -\frac{11}{18}$; nous trouverons

$$x = \frac{5}{6} \pm \sqrt{\frac{25}{36} - \frac{11}{18}} = \frac{5}{6} \pm \sqrt{\frac{3}{36}} = \frac{5 \pm \sqrt{3}}{6}.$$

Le nombre 3 n'étant pas un carré parfait, les valeurs de x sont incommensurables; en se bornant aux milliè...., on obtient

$$x = \frac{5 \pm 1,732.}{6} \text{ ou } x = 1,122\ldots \text{ et } x\ldots 547\ldots;$$

mais ces deux valeurs n'identifient les deux membres de l'équation proposée que par approximation.

Soit, pour dernier exemple, l'équation littérale

$$(a-b)x^2 - 2adx = -ad^2,$$

que l'on peut mettre de suite sous la forme voulue, en divisant par $a-b$; il en résulte

$$x^2 - \frac{2ad}{a-b}\, x = -\frac{ad^2}{a-b},$$

d'où l'on tire, en suivant la règle,

$$x = \frac{ad}{a-b} \pm \sqrt{\frac{a^2 d^2}{(a-b)^2} - \frac{ad^2}{a-b}}.$$

Or, remarquons que

$$\sqrt{\frac{a^2 d^2}{(a-b)^2} - \frac{ad^2}{a-b}} = d\sqrt{\frac{a^2 - a(a-b)}{(a-b)^2}} = \frac{d\sqrt{ab}}{a-b};$$

ce qui ramène la formule précédente à celle-ci

$$x = \frac{ad \pm d\sqrt{ab}}{a-b}, \text{ ou bien à } x = \frac{d.(a \pm \sqrt{ab})}{a-b};$$

ces valeurs peuvent encore être simplifiées, car, si l'on observe que

$$a \pm \sqrt{ab} = \sqrt{a}.\sqrt{a} \pm \sqrt{a}.\sqrt{b} = \sqrt{a}(\sqrt{a} \pm \sqrt{b}),$$
$$a - b = (\sqrt{a} \pm \sqrt{b})(\sqrt{a} \mp \sqrt{b}),$$

elles deviennent

$$x = \frac{d\sqrt{a}\,(\sqrt{a} \pm \sqrt{b})}{(\sqrt{a} \pm \sqrt{b})\,(\sqrt{a} \mp \sqrt{b})} \quad \text{et enfin} \quad x = \frac{d\sqrt{a}}{\sqrt{a} \mp \sqrt{b}}.$$

336. Il est facile de remonter de la formule

$$x = -\frac{p}{2} \pm \sqrt{\frac{p^2}{4} + q}$$

à l'équation d'où on l'a tirée. Il suffit pour cela de suivre une marche inverse, c'est-à-dire, de faire passer le terme $-\dfrac{p}{2}$ dans le premier membre et d'élever ensuite au carré ; ce qui fournit

$$\left(x + \frac{p}{2}\right)^2 = \left(\sqrt{\frac{p^2}{4} + q}\right)^2, \text{ et } x^2 + px = q, \quad .$$

en faisant les calculs et omettant le terme $\dfrac{p^2}{4}$ commun aux deux membres.

337. On peut résoudre l'équation $x^2 + px = q$ au moyen d'une transformation très usitée en algèbre, et qu'il est important de connaître ; elle consiste à faire $x = y + z$, y étant une nouvelle inconnue et z une *indéterminée* dont on pourra disposer pour rendre incomplète l'équation en y ; opérant la substitution, on trouve

$$(y + z)^2 + p(y + z) = q \,;$$

et, effectuant les calculs, puis, transposant dans le second membre les termes indépendans de y,

$$y^2 + (2z + p)y = -z^2 - pz + q. \qquad \text{(a)}$$

On peut actuellement profiter de l'indétermination de z pour poser

$$2z + p = 0 \quad \text{d'où} \quad z = -\frac{p}{2} \,;$$

portant cette valeur de z dans l'équation (a), il vient

$$y^2 = -\left(-\frac{p}{2}\right)^2 - p\left(-\frac{p}{2}\right) + q = \frac{p^2}{4} + q,$$

$$\text{d'où} \quad y = \pm \sqrt{\frac{p^2}{4} + q} \,;$$

enfin, à cause de $x=y+z$, on conclut comme précédemment

$$x=-\frac{p}{2}\pm\sqrt{\frac{p^2}{4}+q}.$$

338. *Toute équation du second degré a deux racines et ne peut en avoir davantage.* Car, si l'équation $x^2=px+q$ pouvait avoir trois racines différentes a, b et c, l'on aurait

$$a^2+pa=q, \quad b^2+pb=q, \quad c^2+pc=q;$$

et, en retranchant successivement la deuxième et la troisième équation de la première

$$a^2-b^2+p(a-b)=0, \quad a^2-c^2+p(a-c)=0;$$

équations qui, en vertu du n° 46, peuvent s'écrire ainsi

$$(a-b)(a+b+p)=0, \quad (a-c)(a+c+p)=0,$$

ou bien, parce que les binomes $a-b$ et $a-c$ ne peuvent être nuls,

$$a+b+p=0, \qquad a+c+p=0,$$

d'où, en retranchant, $b-c=0$, ce qui est contraire à la supposition. Donc *toute équation*, etc.

III. *Relations entre les racines et les coefficiens.*

339. 1° *La somme des deux racines d'une équation du second degré est égale au coefficient du second terme, pris en signe contraire;* 2° *le produit des mêmes racines est égal au membre connu, pris aussi en signe contraire.* En effet, si l'on désigne les deux racines de l'équation $x^2+px=q$ par a et b, on aura

$$a=-\frac{p}{2}+\sqrt{\frac{p^2}{4}+q}, \qquad b=-\frac{p}{2}-\sqrt{\frac{p^2}{4}+q};$$

ajoutant ces équations membre à membre, il vient

$$a+b=-\frac{p}{2}+\sqrt{\frac{p^2}{4}+q}-\frac{p}{2}-\sqrt{\frac{p^2}{4}+q}=-p;$$

et, en les multipliant,

$$ab=\left(-\frac{p}{2}+\sqrt{\frac{p^2}{4}+q}\right)\left(-\frac{p}{2}-\sqrt{\frac{p^2}{4}+q}\right),$$

ou, parce que le premier facteur du second membre est la somme des deux quantités dont le second facteur exprime la différence,

$$ab=\left(-\frac{p}{2}\right)^{2}-\left(\sqrt{\frac{p^{2}}{4}+q}\right)^{2}=\frac{p^{2}}{4}-\left(\frac{p^{2}}{4}+q\right)=-q.$$

340. Problème. *Former une équation du second degré dont les racines soient a et b.* Si l'on suppose le coefficient de x^{2} égal à l'unité, $-(a+b)$ et $-ab$ sont évidemment le coefficient du second terme et le membre tout connu (339); l'équation demandée est en conséquence

$$x^{2}-(a+b)x=-ab\,;$$

on trouve en effet, en résolvant cette équation, $x=a$ et $x=b$. On peut encore vérifier ce résultat, en y mettant alternativement a et b au lieu de x, ce qui donne

$$a^{2}-(a+b)a=-ab\,;\qquad b^{2}-(a+b)b=-ab\,,$$

équations qui se réduisent l'une et l'autre à $-ab=-ab$.

Ainsi, l'équation dont les racines sont $\frac{2}{3}$ et -5 est

$$x^{2}-\left(\frac{2}{3}-5\right)x=-\frac{2}{3}\times-5\quad\text{ou}\quad x^{2}+\frac{13}{3}x=\frac{10}{3}.$$

341. Problème. *Une équation du second degré étant donnée, former une autre équation dont les racines soient égales à celles de la première prises en signes contraires.* Soit $x^{2}+px=q$ l'équation donnée, et a, b les deux racines, en sorte que $a+b=-p$ et $ab=-q$. Les racines de l'équation cherchée étant $-a$ et $-b$, le coefficient de x sera exprimé par $-(-a-b)=a+b=-p$ et le membre connu par $-(-a)(-b)=-ab=q$. L'équation demandée est donc $x^{2}-px=q$; de là il suit que, *pour changer les signes des racines d'une équation du second degré, il suffit de changer le signe du coefficient du second terme.*

IV. *Résolution de quelques problèmes.*

342. Problème. *Trouver un nombre dont le carré augmenté de 10 soit égal à 7 fois le même nombre.*

Soit x le nombre inconnu; l'on a immédiatement

$$x^{2}+10=7x\quad\text{ou}\quad x^{2}-7x=-10\,;$$

on tire de cette équation

$$x = \frac{7}{2} \pm \sqrt{\frac{49}{4} - 10} = \frac{7}{2} \pm \sqrt{\frac{9}{4}} = \frac{7 \pm 3}{2};$$

et, en dédoublant les racines,

$$x = \frac{7+3}{2} = 5, \qquad x = \frac{7-3}{2} = 2.$$

Les nombres 5 et 2 satisfont l'un et l'autre à la condition demandée, car

$$5^2 + 10 = 35 = 7.5, \qquad 2^2 + 10 = 14 = 7.2.$$

343. PROBLÈME. *Une personne achète un cheval qu'elle vend, quelque temps après, pour 21 louis ; à cette vente, elle perd autant pour 100 que le cheval lui avait coûté. On demande combien elle l'avait acheté ?*

Désignons par x la somme cherchée évaluée en louis ; puisque sur 100 louis cette personne perd x, sur 1 louis elle perd $\frac{x}{100}$,

et par conséquent sur x louis elle éprouve une perte égale à $\frac{x}{100}$.

x ou $\frac{x^2}{100}$; or, cette perte est aussi exprimée par $x - 21$: donc

$$\frac{x^2}{100} = x - 21 \quad \text{ou} \quad x^2 = 100x - 2100 \quad \text{ou bien} \quad x^2 - 100x = -2100 ;$$

équation du second degré d'où l'on tire

$$x = 50 \pm \sqrt{2500 - 2100} = 50 \pm \sqrt{400} = 50 \pm 20$$
$$\text{ou bien} \quad x = 50 + 20 = 70 \quad \text{et} \quad x = 50 - 20 = 30.$$

Ainsi ce problème est susceptible de deux solutions que nous allons vérifier sur l'énoncé même, 1° si cette personne a acheté le cheval 70 louis, et si, en le vendant, elle a perdu 70 pour 100, la perte est $\frac{70}{100} \cdot 70 = 49$, effectivement, $70 - 21 = 49$.

2° Si elle l'a acheté 30 louis ; la perte est pareillement $\frac{30}{100} \cdot 30 = 9$, ce qui est encore exact, puisque $30 - 21 = 9$.

344. PROBLÈME. *L'extrémité supérieure d'une échelle est éloignée de 7 pieds du faîte du mur sur lequel elle s'appuie, et la distance de l'autre extrémité au pied du même mur est de 6 pieds. On demande la hauteur de ce mur, sachant que la longueur de l'échelle en est les deux tiers ?*

Soit x la hauteur cherchée ; $x-7$ est le côté d'un triangle rectangle dont l'hypothénuse est la longueur $\dfrac{2x}{3}$ de l'échelle, et dont l'autre côté de l'angle droit est la distance 6 de son extrémité inférieure au pied du mur ; or, la somme des carrés des côtés de l'angle droit d'un triangle rectangle est égale au carré de l'hypothénuse, donc

$$(x-7)^2 + 6^2 = \left(\frac{2x}{3}\right)^2 \quad \text{ou} \quad x^2 - 14x + 85 = \frac{4x^2}{9}.$$

Préparant cette équation, il vient successivement

$$9x^2 - 126x + 765 = 4x^2, \quad 5x^2 - 126x = -765,$$
$$x^2 - \frac{126}{5}x = -\frac{765}{5}.$$

on tire de cette dernière

$$x = \frac{63}{5} \pm \sqrt{\frac{63^2 - 5.765}{5^2}} = \frac{63 \pm \sqrt{144}}{5} = \frac{63 \pm 12}{5},$$

et, en séparant les racines, $x = 15$ et $x = 10\frac{1}{5}$. Ces deux valeurs satisferont également à la question.

345. PROBLÈME. *Déterminer la base du système de numération dans lequel le nombre 129 se trouve exprimé par 243.*

Soit x cette base ; les unités du premier, deuxième, troisième.... ordre de ce système, valent 1, x, x^2....; le nombre de ce système exprimé par 243 correspond conséquemment au nombre $2x^2 + 4x + 3$ du système décimal ; de là résulte l'équation

$$2x^2 + 4x + 3 = 129 \qquad \text{ou bien} \qquad x^2 + 2x = 63 ;$$

on en déduit

$$x = -1 \pm \sqrt{(-1)^2 + 63} = -1 \pm 8, \quad \text{ou } x = 7 \text{ et } x = -9.$$

Ce problème a donc deux solutions, en admettant toutefois que la base demandée peut être négative.

546. Problème. *Partager le nombre* a *en deux parties; telles que la plus petite soit à la plus grande comme cette dernière est au nombre* a.

Soit x la plus grande partie, $a-x$ sera la plus petite, et l'on aura

$$a-x : x : : x : a,$$

proportion d'où l'on conclut

$$x^2=a^2-ax \text{ et } x^2+ax=a^2.$$

Résolvant cette équation, on trouve

$$x=-\frac{a}{2}\pm\sqrt{\frac{a^2}{4}+a^2}=\frac{-a\pm a\sqrt{5}}{2}=\frac{-1\pm\sqrt{5}}{2}.a;$$

ces deux valeurs de x sont réelles, incommensurables et de signes différens; la racine négative, quoique satisfaisant à l'équation, est évidemment inadmissible. La réponse à la question proposée est donc

$$x=\frac{-1+\sqrt{5}}{2}.a=0,618...a, \quad a-x=\frac{3-\sqrt{5}}{2}.a=0,382..a.$$

On peut remarquer que cette valeur de x est l'expression du côté du *décagone régulier*, inscrit dans un cercle dont le rayon serait a.

347. Problème. *Plusieurs droites, situées dans le même plan et telles qu'il n'en existe pas de parallèles ni plus de deux concourant au même point, se rencontrent en* a *points. Déterminer le nombre de ces droites?*

Représentons ce nombre par x; chaque droite, rencontrant les $x-1$ autres, fournit $x-1$ points d'intersection; l'expression $x(x-1)$ ou x^2-x représente donc le double du nombre des points de concours, à raison de ce que l'un quelconque d'entr'eux, se trouvant à la fois sur deux droites, a été compté deux fois; en conséquence, l'équation du problème est

$$x^2-x=2a$$

d'où

$$x=\frac{1}{2}\pm\sqrt{\frac{1}{4}+2a} \text{ et } x=\frac{1\pm\sqrt{1+8a}}{2}.$$

Le radical étant plus grand que l'unité, la seconde valeur de x est négative et doit être rejetée. Quant à la première, elle ne sera visiblement admissible que dans le cas où $1+8a$ sera un carré parfait.

Si l'on fait $a=21$, cette formule donne $x=7$; si l'on suppose $a=4$, $1+8a$ ou 33 n'est pas un carré exact et la question est insoluble.

348. PROBLÈME. *On devait partager* 360 *fr. entre un certain nombre de personnes ; quatre d'entr'elles se trouvent absentes, et cette circonstance augmente la quote-part des autres de* 3 *fr. Combien devait-il d'abord y avoir de partageans?*

Soit x ce nombre de personnes ; si elles assistaient toutes au partage, chacune recevrait $\dfrac{360}{x}$; mais puisqu'il en manque 4, le nombre des partageans n'est plus que $x-4$, et par suite la quote-part s'élève à $\dfrac{360}{x-4}$; or, d'après l'énoncé, la différence de ces deux expressions doit être 3 ; donc l'on a

$$3 = \frac{360}{x-4} - \frac{360}{x}$$

et, divisant par 3, puis chassant les dénominateurs,

$$x(x-4)=120x-120(x-4) \text{ ou bien } x^2-4x=480,$$

on déduit aisément de cette équation

$$x=2\pm\sqrt{4+480}=2\pm\sqrt{484}=2\pm22,$$
$$\text{ou } x=24 \text{ et } x=-20.$$

Ces deux valeurs vérifient séparément l'équation du problème, mais la dernière est inadmissible, vu qu'un nombre de personnes ne peut être négatif. Il n'y a donc qu'une solution.

Il est cependant à remarquer que la valeur négative de x, abstraction faite de son signe, correspond à une autre question, numériquement liée à la première, que l'on peut énoncer ainsi : *on devait partager* 360 *fr. entre un certain nombre de personnes ; quatre nouveaux partageans surviennent, et cette circonstance diminue la part commune de* 3 *fr. Quel était dans le principe le nombre des partageans?*

En désignant ce nombre par x, on trouve pour l'équation du problème

$$3 = \frac{360}{x} - \frac{360}{x+4}, \text{ d'où } x^2+4x=480.$$

Or, cette équation ne diffère de celle d'abord obtenue que par le signe du coefficient de x, et, d'après le n° 338, elle doit avoir pour racines celles de la première, prises en signes contraires, c'est-à-dire, -24 et 20; le nombre 20 répond donc à ce dernier énoncé.

349. Problème. *Partager le nombre a en deux parties, telles que la somme des quotiens, que l'on obtient en divisant la première par la seconde et la seconde par la première, soit un nombre donné* b.

Désignons la première partie par x, l'autre sera $a-x$, et l'on aura immédiatement

$$\frac{x}{a-x} + \frac{a-x}{x} = b \text{ ou bien } x^2 + (a-x)^2 = bx(a-x);$$

développant les calculs et mettant cette équation sous la forme exigée, il vient

$$(b+2)x^2 - (b+2)ax = -a^2 \text{ ou } x^2 - ax = -\frac{a^2}{b+2};$$

de là on tire

$$x = \frac{a}{2} \pm \sqrt{\frac{a^2}{4} - \frac{a^2}{b+2}} \quad \text{et} \quad x = \frac{a}{2}\left(1 \pm \sqrt{\frac{b-2}{b+2}}\right).$$

Lorsque b est < 2, auquel cas la quantité soumise au radical est négative, les racines sont imaginaires et le problème *impossible*. La plus petite valeur que l'on puisse attribuer à b est donc 2; dans cette hypothèse, la formule précédente donne $x = \frac{a}{2}$, c'est-à-dire que le nombre est divisé par moitié, ce qui d'ailleurs est évident.

Lorsque b est > 2, le radical est une expression réelle plus petite que l'unité; conséquemment les deux racines sont positives, la première $> \frac{a}{2}$ et la seconde $< \frac{a}{2}$, et en outre leur somme est égale à a; elles représentent donc les deux parties cherchées du nombre a; ce que l'on pouvait prévoir, car, si la question était de nouveau traduite en algèbre en prenant pour inconnue la deuxième partie, on retomberait évidemment sur l'équation d'abord obtenue. Ainsi, ce problème n'est susceptible que d'une seule solution.

350. Problème. *Deux voyageurs partent au même instant des points* A *et* B, *distans de 20 lieues, l'un de* A *pour aller en* B, *l'autre de* B *pour aller en* A ; *leurs vitesses sont uniformes et dans un rapport tel, que le premier arrive en* B *quatre heures après qu'ils se sont rencontrés, et que le second arrive en* A *neuf heures après cette rencontre. On demande à quelles distances des points* A *et* B *ils se sont rencontrés, et après combien d'heures ?*

Si x est la distance du point de rencontre à A, $20-x$ sera la distance du même point à B ; le premier voyageur, parcourant $20-x$ lieues dans 4 heures, met $\dfrac{4}{20-x}$ heures pour faire une lieue et $\dfrac{4x}{20-x}$ pour en faire x. On trouve de la même manière que le second voyageur emploie $\dfrac{9(20-x)}{x}$ heures pour parcourir $20-x$ lieues. Or, au moment de leur rencontre, ils ont marché pendant le même temps ; donc

$$\frac{9(20-x)}{x} = \frac{4x}{20-x} \text{ ou } 9(20-x)^2 = 4x^2.$$

On peut résoudre de suite cette équation, en extrayant la racine carrée des deux membres, ce qui donne

$$3(20-x) = \pm 2x, \text{ et par suite } x = \frac{60}{3+2} \text{ ou } x = 12 \text{ et } x = 60 ;$$

la seconde racine $x = 60$ ne peut satisfaire à l'énoncé, puisque la distance de A à B n'est que de 20 lieues ; la première racine $x = 12$ répond donc seule à la question ; ainsi, les distances du point de rencontre aux points de départ sont 12 et $20-12$ ou 8 lieues, et la rencontre a lieu après $\dfrac{4 \cdot 12}{20-12}$ ou 6 heures.

Reprenons ce problème d'une manière générale ; supposons que la distance des points de départ soit d, et que les voyageurs arrivent en B et A, a et b heures après leur rencontre ; enfin, prenons pour inconnue le temps z après lequel ils se sont rencontrés.

Puisque les voyageurs parcourent la distance d, l'un en $a+z$

et l'autre en $b + z$ heures, ils font respectivement dans une heure $\dfrac{d}{a + z}$ et $\dfrac{d}{b + z}$ lieues ; dans un temps z, ils ont conséquemment parcouru les espaces $\dfrac{dz}{a + z}$ et $\dfrac{dz}{b + z}$, et, comme ils se trouvent alors au même point de la ligne AB, l'on a

$$\frac{dz}{a + z} + \frac{dz}{b + z} = d \qquad \text{ou bien} \qquad \frac{z}{a + z} + \frac{z}{b + z} = 1,$$

équation qui se réduit à $z^2 = ab$, d'où $z = \sqrt{ab}$. Si l'on suppose $a = 4$ et $b = 9$, cette formule donne $z = \sqrt{4.9} = 6$, résultat obtenu plus haut.

551. PROBLÈME. *Déterminer la profondeur d'un puits, sachant : 1° qu'il s'écoule a secondes entre l'instant où on y laisse tomber une pierre et celui où on l'entend frapper le fonds du puits ; 2° que l'espace parcouru par un corps pesant dans un temps donné, s'obtient en multipliant 15 pieds par le carré du nombre de secondes dont il est composé ; 3° que le son se transmet uniformément et parcourt environ 1000 pieds par seconde.*

Si l'on représente par x la profondeur cherchée, x égale 15 pieds multipliés par le carré du nombre de secondes que la pierre emploie pour parcourir cette distance ; donc le carré de ce temps est $\dfrac{x}{15}$; d'un autre côté le même temps est exprimé par $a - \dfrac{x}{1000}$, puisque le son, produit par le choc, se transmet à l'ouverture du puits en $\dfrac{x}{1000}$ secondes. Ainsi, l'équation du problème sera

$$\left(a - \frac{x}{1000} \right)^2 = \frac{x}{15} ;$$

posons, pour éviter les calculs,

$$\frac{x}{1000} = y, \quad \text{d'où} \quad x = 1000y \quad \text{et} \quad \frac{x}{15} = 2 . \frac{100}{3} y ;$$

ce qui revient évidemment à prendre pour inconnue le temps que le son emploie pour parcourir la profondeur x ; il vient, en désignant $\dfrac{100}{3}$ par b,

$$(a-y)^2 = 2by \quad \text{ou bien} \quad y^2 - 2(a+b)y = -a^2;$$

d'où l'on déduit

$$y = a+b \pm \sqrt{(a+b)^2 - a^2};$$

les deux valeurs de y sont positives, mais la première étant plus grande que a doit être rejetée ; portant la seconde dans $x = 1000y$ et effectuant le carré de $a+b$, on obtient,

$$x = 1000(a+b - \sqrt{b^2 + 2ab}).$$

On peut déduire de cette formule une valeur de x suffisamment approchée et d'un usage fort commode ; si l'on développe à cet effet le radical, en observant que le temps a ne se compose ordinairement que de quelques secondes, et que par suite la fraction $\dfrac{a}{b}$ ou $\dfrac{3a}{100}$ est assez petite pour que l'on puisse en négliger les puissances supérieures à la troisième (90); on trouve

$$\sqrt{b^2 + 2ab} = b\sqrt{1 + 2\,\frac{a}{b}} = b\left(1 + \frac{a}{b} - \frac{1}{2}\frac{a^2}{b^2} + \frac{1}{2}\frac{a^3}{b^3}\right)$$

$$= b + a - \frac{1}{2}\frac{a^2}{b}\left(1 - \frac{a}{b}\right),$$

et, en substituant dans la valeur de x,

$$x = \frac{1000}{2b}\,a^2\left(1 - \frac{a}{b}\right), \quad \text{ou bien,} \quad x = 15a^2(1 - 0,03.a),$$

en remplaçant la lettre b par la fraction $\dfrac{100}{3}$ qu'elle représente.

Si l'on suppose $a = 3''$, on obtient, à un pied près,

$$x = 15.3^2(1. - 0,03.3) = 123.$$

V. *Exercices.*

352. *Résoudre les équations suivantes :*

1° $x^2 - 12x = -35$;   *Rép.* $x = 5$, $x = 7$.

2° $15 + 26x + 7x^2 = 0$;   *Rép.* $x = -3$, $x = -\dfrac{5}{7}$.

3° $5x^2 + \dfrac{4}{5} = 4x$;   *Rép.* $x = \dfrac{2}{5}$, $x = \dfrac{2}{5}$.

$4°\ \dfrac{x-1}{x+1}=\dfrac{1}{3x}$; $Rép.\ x=1,548..\ x=-0,215.$

$5°\ x^2-6x=-58$; $Rép.\ x=3\pm7\sqrt{-1}.$

$6°\ a^2(x^2-2x+1)-b^2(x^2+2x+1)=0$; $Rép.\ x=\dfrac{a+b}{a-b},\ x=\dfrac{a-b}{a+b}.$

553. Problème. *Décomposer le nombre 10 en deux parties, telles que la somme de leurs cubes soit 370. Rép. Ces deux parties sont 7 et 3.*

554. Problème. *Trouver 1° le nombre qui, augmenté de sa racine carrée, donne pour somme 42 ; 2° le nombre qui, diminué de sa racine carrée, donne pour reste 42 ? Rép. 1° $x=36$: 2° $x=49$.*

555. Problème. *Déterminer les racines de l'équation $x^2+px+q=0$, dans laquelle p et q sont des quantités inconnues, sachant que le trinome x^2+px+q prend la valeur numérique 14, quand on suppose $x=5$, et la valeur 34 quand on fait $x=7$? Rép. $x=1\pm\sqrt{2}$.*

556. Problème. *Exprimer que les équations $x^2+px=q$, $x^2+p'x=q'$ ont une racine commune ? Rép. L'équation de condition cherchée est $(q-q')^2+p\,(q-q')\,(p-p')=q\,(p+p')^2$.*

557. Problème. *Trouver un rectangle dont la différence des côtés soit a et dont la surface soit b. Rép. Ces côtés sont*

$$\dfrac{a+\sqrt{a^2+4b}}{2}\ \text{et}\ \dfrac{-a+\sqrt{a^2+4b}}{2}\,.$$

558. Problème. *La surface d'un rectangle est de 391 mètres carrés ; si l'on augmentait chaque côté d'un mètre, la surface serait 432 mètres carrés. Quels sont les côtés de ce rectangle ? Rép. Les côtés sont 23 et 17 mètres.*

559. Problème. *Déterminer les côtés du triangle rectangle, qui a pour contour 12 mètres et pour surface 6 mètres carrés ? Rép. Les côtés sont 5, 4 et 3 mètres.*

560. Problème. *On dispose une armée, composée de 20161 hommes, en trois bataillons carrés à centres pleins ; le côté du premier carré renferme 19 hommes de plus que celui du second, et celui du second 21 hommes de plus que le côté du troisième ; on*

*demande combien il y a d'hommes sur le côté de chaque bataillon ?
Rép. Il y a 100 hommes sur le côté du premier, 81 sur le côté du
second, et 60 sur celui du troisième.*

361. PROBLÈME. *On a partagé 120 fr. entre un certain nombre
de personnes, et 360 fr. entre les mêmes personnes et 4 autres.
Chacune de celles qui ont participé aux deux partages a reçu 56 fr.
On demande le nombre de ces dernières ?* Rép. $x=6$.

362. PROBLÈME. *On a un certain nombre de plans dont le rapport au nombre des points d'intersection qu'ils fournissent est
1 : 22. On demande le nombre de ces plans, sachant qu'il n'en
existe pas de parallèles ni plus de trois concourant au même point ?*
Rép. $x=13$.

363. PROBLÈME. *Deux paysannes, ayant porté entr'elles deux
77 œufs au marché, en reviennent avec des sommes égales. Si
chacune d'elles eût vendu ses œufs sur le même pied que l'autre a
vendu les siens, la première aurait reçu 5 fr. 60 et la seconde
3 fr. 15. Combien chacune avait-elle d'œufs ?* Rép. 44 et 33.

364. PROBLÈME. *Un tonneau plein de liqueur a trois orifices
A, B, C ; il peut se vider par les trois orifices ensemble en 6 heures ;
par l'orifice B seul, il se viderait dans les trois quarts du temps
qu'il mettrait à se vider par A seul ; et par C, dans un temps qui
est plus grand de 5 heures que le temps par B. On demande en
combien de temps le tonneau se videra par chacune des ces ouver-
tures séparément ?* Rép. *Les trois temps inconnus sont* 20, 15 *et*
20 *heures.*

365. PROBLÈME. *On remet à un banquier deux billets sur la
même personne ; le premier de 550 fr. payable dans 7 mois, le
second de 720 fr. payable dans 4 mois ; et il donne pour le tout une
somme de 1200 fr. ; on demande quel est le taux annuel de l'intérêt d'après lequel ces billets ont été escomptés.* Rép. *Ce taux est de*
13 *fr.* 27.

366. PROBLÈME. *Une personne possédant 1000 fr. partage cette
somme en deux parties qu'elle fait valoir à des intérêts différens,
et dont elle retire en tout 63 fr. 57 ; si elle faisait valoir la première
partie au même taux que la seconde, elle en retirerait 22 fr. 50*

d'intérêt, et, si elle faisait valoir la seconde au même taux que la première, cette partie rapporterait annuellement 33 fr. 93. On demande les deux taux d'intérêt? Rép. 5 et 7.

***

CHAPITRE VII.

DISCUSSION DES ÉQUATIONS ET DES PROBLÈMES DU SECOND DEGRÉ.

I. *Autre manière de présenter la théorie des équations du second degré.*

367. Reprenons l'équation générale

$$x^2 + px = q \quad \text{ou} \quad x^2 + px - q = 0,$$

et remarquons que l'on a identiquement

$$x^2 + px - q = x^2 + px + \frac{p^2}{4} - \left(\frac{p^2}{4} + q \right)$$

ou bien

$$x^2 + px - q = \left(x + \frac{p}{2} \right)^2 - \left(\sqrt{\frac{p^2}{4} + q} \right)^2,$$

et, parce que le dernier membre est la différence de deux carrés,

$$x^2 + px - q = \left(x + \frac{p}{2} - \sqrt{\frac{p^2}{4} + q} \right)\left(x + \frac{p}{2} + \sqrt{\frac{p^2}{4} + q} \right); \text{ (a)}$$

conséquemment l'équation $x^2 + px - q = 0$ peut se mettre sous la forme

$$\left(x + \frac{p}{2} - \sqrt{\frac{p^2}{4} + q} \right)\left(x + \frac{p}{2} + \sqrt{\frac{p^2}{4} + q} \right) = 0,$$

et l'on ne peut y satisfaire que de deux manières :

1° en posant $x + \frac{p}{2} - \sqrt{\frac{p^2}{4} + q} = 0$, d'où $x = -\frac{p}{2} + \sqrt{\frac{p^2}{4} + q}$;

2° en posant $x + \frac{p}{2} + \sqrt{\frac{p^2}{4} + q} = 0$, d'où $x = -\frac{p}{2} - \sqrt{\frac{p^2}{4} + q}$;

de là découlent la règle pour résoudre les équations du second degré, et le théorème du n° 335.

368. Si l'on désigne les deux racines de l'équation $x^2 + px - q = 0$, par a et b, on aura

$$a = -\frac{p}{2} + \sqrt{\frac{p^2}{4} + q}, \qquad b = -\frac{p}{2} - \sqrt{\frac{p^2}{4} + q},$$

et, en retranchant tour à tour ces dernières de l'égalité $x = x$,

$$x - a = x + \frac{p}{2} - \sqrt{\frac{p^2}{4} + q}, \; x - b = x + \frac{p}{2} + \sqrt{\frac{p^2}{4} + q};$$

substituant les premiers membres aux seconds dans l'équation identique (a), il vient

$$x^2 + px - q = (x - a)(x - b).$$

Ainsi, *le premier membre d'une équation du second degré, dont le coefficient du carré de l'inconnue est l'unité et dont le second membre est zéro, est identiquement égal au produit de deux facteurs binomes du premier degré, ayant pour terme commun l'inconnue et pour seconds termes les racines prises en signes contraires.*

369. Si l'on développe le second membre de l'équation précédente, on trouve

$$x^2 + px - q = x^2 - (a + b)x + ab,$$

identité qui ne peut avoir lieu, à moins que l'on ait

$$p = -(a + b), \qquad -q = ab;$$

ce sont les relations du n° 336.

370. Problème. *Décomposer le trinome du second degré* $Lx^2 + Mx + N$ *en deux facteurs du premier degré.*

Résolvons à cette effet l'équation

$$Lx^2 + Mx + N = 0 \text{ ou } x^2 + \frac{M}{L}x + \frac{N}{L} = 0,$$

après avoir divisé tous les termes par L; nous en tirerons

$$x = \frac{-M \pm \sqrt{M^2 - 4NL}}{2L}, \qquad \text{(b)}$$

soient a et b ces deux valeurs de x; nous aurons (365)

$$x^2 + \frac{M}{L}x + \frac{N}{L} = (x - a)(x - b),$$

et, en multipliant par L,

$$Lx^2 + Mx + N = L(x - a)(x - b). \qquad \text{(c)}$$

371. S'il existe entre les trois coefficiens L, M, N la relation $M^2 = 4NL$, la formule (b) se réduit à

$$x = -\frac{M}{2L} \pm 0, \quad \text{d'où} \quad a = b = -\frac{M}{2L} \, ;$$

l'identité (c) prend alors la forme

$$Lx^2 + Mx + N = L\left(x + \frac{M}{2L} \right)^2,$$

et, en extrayant la racine carrée des deux membres, il vient

$$\sqrt{Lx^2 + Mx + N} = \pm\sqrt{L}\left(x + \frac{M}{2L} \right) = \pm\left(x\sqrt{L} + \frac{M}{2\sqrt{L}} \right).$$

Donc *le trinome* $Lx^2 + Mx + N$ *est un carré parfait, quand le carré du coefficient du terme moyen est égal à quatre fois le produit des coefficiens extrêmes.*

II. *Discussion des racines.*

372. Nous distinguerons trois cas dans la discussion des formules

$$x = -\frac{p}{2} + \sqrt{\frac{p^2}{4} + q}, \quad x = -\frac{p}{2} - \sqrt{\frac{p^2}{4} + q} \, ;$$

celui où la quantité $\dfrac{p^2}{4} + q$, soumise au radical, est *positive;* celui où elle est *nulle;* celui enfin où elle est *négative.*

1er CAS. Lorsque $\dfrac{p^2}{4} + q$ est positif, les deux racines sont *réelles, commensurables* ou *incommensurables,* suivant que cette expression est ou n'est pas un carré exact.

Ce premier cas offre *trois variétés :* 1° q positif; 2° $q = 0$; 3° q négatif, mais plus petit, indépendamment des signes, que $\dfrac{p^2}{4}$.

1re *Variété.* Si q est positif, l'on a

$$\frac{p^2}{4} < \frac{p^2}{4} + q \quad \text{et par suite} \quad \sqrt{\frac{p^2}{4}} \quad \text{ou} \quad \frac{p}{2} < \sqrt{\frac{p^2}{4} + q} \, ;$$

chaque racine prend en conséquence le signe du radical qui lui correspond. Donc *toute équation du second degré, dont le membre connu est positif, a deux racines réelles et de signes différens.*

2ᵉ *Variété.* Si $q=0$, les racines deviennent

$$x = -\frac{p}{2} + \frac{p}{2} = 0, \qquad x = -\frac{p}{2} - \frac{p}{2} = -p.$$

Ainsi, *les racines d'une équation du second degré, privée de terme tout connu, sont égales, l'une à zéro, et l'autre au coefficient du second terme pris en signe contraire.*

Au surplus, on peut tirer ces résultats de l'équation $x^2+px=0$; car, mettant x en facteur, elle prend la forme $x(x+p)=0$, et l'on peut y satisfaire, soit en posant $x=0$, soit en posant $x+p=0$, d'où $x=-p$.

3ᵉ *Variété.* Si q est négatif et numériquement plus petit que $\frac{p^2}{4}$, on a

$$\frac{p^2}{4} > \frac{p^2}{4} + q \text{ et par suite } \frac{p}{2} > \sqrt{\frac{p^2}{4} + q};$$

les deux racines prennent donc le signe de leur premier terme $-\frac{p}{2}$; de là il suit que *lorsque le membre tout connu est négatif et plus petit, abstraction faite des signes, que le carré de la moitié du coefficient du second terme, les deux racines sont réelles et de même signe, positives si ce coefficient est négatif, négatives s'il est positif.*

On peut parvenir aux résultats précédens par une voie qu'il ne sera pas inutile de faire connaître. Si l'on représente les deux racines par a et b, on a, comme on le sait,

$$ab=-q, \qquad a+b=-p;$$

or, 1° si q est positif, les racines sont de signes contraires, attendu que leur produit $-q$ est négatif; la seconde relation fait voir en outre que la racine, numériquement la plus grande, a le même signe que $-p$. 2° Si $q=0$, les relations deviennent $ab=0$ et $a+b=-p$, ce qui permet de conclure que l'une des racines est nulle et que l'autre est $-p$. 3° Si q est négatif, les deux racines ont le signe de $-p$, puisque leur produit $-q$ est positif et que leur somme est $-p$.

Faisons passer le terme $-\dfrac{p}{2}$ dans le premier membre de la formule

$$x = -\frac{p}{2} \pm \sqrt{\frac{p^2}{4} + q},$$

et élevons au carré (333), il vient

$$\left(x + \frac{p}{2}\right)^2 = \left(\sqrt{\frac{p^2}{4} + q}\right)^2 \text{ ou bien} \left(x + \frac{p}{2}\right)^2 - \left(\sqrt{\frac{p^2}{4} + q}\right)^2 = 0$$

d'où il suit que *dans le cas où les racines d'une équation du second degré sont réelles, tous les termes, réunis dans le premier membre, équivalent à la différence de deux carrés.*

2ᵉ CAS. Lorsque $\dfrac{p^2}{4} + q = 0$, ou, ce qui est la même chose, lorsque $q = -\dfrac{p^2}{4}$, les valeurs de l'inconnue se réduisent à

$$x = -\frac{p}{2} + \sqrt{0} = -\frac{p}{2}, \qquad x = -\frac{p}{2} - \sqrt{0} = -\frac{p}{2};$$

conséquemment, *si le membre connu est négatif et numériquement égal au carré de la moitié du coefficient du second terme, les deux racines sont égales entr'elles et à cette même moitié prise en signe contraire.*

L'équation $x^2 + px = q$ devient dans cette supposition

$$x^2 + px = -\frac{p^2}{4} \text{ ou } x^2 + px + \frac{p^2}{4} = 0, \text{ ou enfin} \left(x + \frac{p}{2}\right)^2 = 0;$$

donc, *quand il y a égalité entre les racines, tous les termes de l'équation, transposés dans le premier membre, forment un carré parfait.*

La dernière des équations précédentes, mise sous la forme

$$\left(x + \frac{p}{2}\right)\left(x + \frac{p}{2}\right) = 0,$$

fait concevoir comment peut s'établir l'égalité entre les deux racines.

3ᵉ CAS. Lorsque $\dfrac{p^2}{4} + q$ est négatif, ce qui exige que q soit négatif et d'une valeur absolue plus grande que $\dfrac{p^2}{4}$, le radical et par suite les racines sont imaginaires (158).

Représentons par k le terme $-\dfrac{p}{2}$ et par h la racine carrée de l'expression $\dfrac{p^2}{4}+q$ prise positivement, en sorte que $-h^2 = \dfrac{p^2}{4}+q$; la formule qui donne les racines devient

$$x = k \pm \sqrt{-h^2} \quad \text{ou} \quad x = k \pm h\sqrt{-1}.$$

Afin de reconnaître la forme d'une équation du second degré dont les racines sont imaginaires, faisons passer le terme k dans le premier membre et élevons au carré (333); nous aurons

$$(x-k)^2 = -h^2 \quad \text{ou} \quad (x-k)^2 + h^2 = 0 ;$$

équation dont l'impossibilité est manifeste, puisqu'elle signifie que la somme de deux quantités positives, dont la seconde ne peut être annullée, est égale à zéro. Donc, *lorsque le membre tout connu est négatif et plus grand, abstraction faite des signes, que le carré de la moitié du coefficient du second terme, 1° les racines sont imaginaires ; 2° elles sont conjuguées et de la forme $x = k \pm h \sqrt{-1}$; 3° l'équation est impossible, et tous ses termes transposés dans le premier membre, équivalent à la somme de deux carrés.*

373. La discussion précédente fait connaître la nature des racines d'une équation du second degré, à l'inspection de ses coefficiens. Voici des exemples de tous les cas.

1er *Exemple.* $x^2 - 6x = 7$. Le second membre 7 étant positif, cette équation a deux racines réelles et de signes contraires; la plus grande des racines est positive, car leur somme est $-(-6)$ ou 6.

2e *Exemple.* L'équation $x^2 - 6x = 0$ ou bien $x(x-6) = 0$ a deux racines réelles, l'une égale à zéro et l'autre à 6.

3e *Exemple.* $x^2 - 6x = -7$. Les racines sont réelles, car 7 est $< \left(\dfrac{6}{2}\right)^2$ ou 9; 2° elles sont de même signe, attendu que leur produit 7 est positif; 3° elles sont positives, puisque leur somme est 6.

Chacune des trois équations précédentes signifie que la différence de deux carrés est égale à zéro. On tire, par exemple, de la dernière $x = 3 \pm \sqrt{2}$; et si l'on remonte à l'équation, en suivant la règle du n° 333, on trouve successivement

$$x - 3 = \pm \sqrt{2}, \quad (x-3)^2 = (\sqrt{2})^2, \quad (x-3)^2 - (\sqrt{2})^2 = 0.$$

4e *Exemple.* $x^2 + 6x = -9$. Le membre tout connu -9 étant négatif et numériquement égal à $\left(-\dfrac{6}{2}\right)^2$ ou 9, les deux racines sont égales entr'elles et à $-\dfrac{6}{2}$ ou 3; l'équation donnée peut se mettre sous la forme $x^2 + 6x + 9 = 0$, et par suite sous celle-ci $(x+3)^2 = 0$.

5e *Exemple.* $x^2 - 2x = -5$. 1° Les racines sont imaginaires, car le second membre -5 est négatif et a une valeur absolue plus grande que $\left(-\dfrac{2}{2}\right)^2$ ou 1; 2° elles sont de la forme $k \pm h\sqrt{-1}$, puisque l'on tire de l'équation $x = 1 \pm \sqrt{-4}$ ou $x = 1 \pm 2\sqrt{-1}$; 3° l'équation est impossible, ce qui résulte de la formule $x = 1 \pm 2\sqrt{-1}$, d'où l'on déduit successivement (333)

$$x - 1 = \pm 2\sqrt{-1}, \quad (x-1)^2 = -4, \quad (x-1)^2 + 4 = 0.$$

374. La discussion de l'équation $ax^2 + bx = c$ conduit à quelques nouvelles circonstances que nous allons examiner; divisée par a, elle devient

$$x^2 + \frac{b}{a}\, x = \frac{c}{a} \quad \text{d'où} \quad x = -\frac{b}{2a} \pm \sqrt{\frac{b^2}{4a^2} + \frac{c}{a}}$$

$$\text{ou} \quad x = \frac{-b \pm \sqrt{b^2 + 4ac}}{2a}. \qquad (d)$$

Ainsi, les racines seront réelles, égales ou imaginaires, selon que $b^2 + 4ac$ sera $>$, $=$ ou < 0.

Supposons d'abord que $a = 0$, il vient

$$x = \frac{-b + b}{0} \text{ ou } x = \frac{-b + b}{0} = \frac{0}{0} \text{ et } x = \frac{-b - b}{0} = \infty$$

l'une des racines se présente sous le symbole de l'indétermination et l'autre sous celui de l'impossibilité. Cependant l'équation, devenant dans cette hypothèse $0.x^2 + bx = c$, s'abaisse au premier degré et fournit seulement $x = \dfrac{c}{b}$, l'expression $\dfrac{0}{0}$ a donc ici une valeur finie.

Faisons à la fois $a = 0$, $b = 0$; on a

$$x = \frac{0 \pm 0}{0} \qquad \text{ou} \qquad x = \frac{0}{0} \qquad \text{et } x = \frac{0}{0}.$$

Ce qui semble indiquer que les racines sont indéterminées. Il est manifeste qu'il n'en est pas ainsi, car l'équation $0.x^2 + 0.x = c$ est visiblement impossible. Le symbole $\dfrac{0}{0}$ indique donc dans ce cas une absurdité.

Posons enfin $a = 0$, $b = 0$, $c = 0$; on obtient, comme précédemment, $x = \dfrac{0}{0}$ et $x = \dfrac{0}{0}$; mais alors, l'équation $0.x^2 + 0.x = 0$ étant identique, ces résultats sont exacts.

On peut donner à la formule (d) une forme telle qu'elle réponde exactement aux trois suppositions précédentes; il suffit pour cela de multiplier les deux termes de la fraction du second membre par $-b \mp \sqrt{b^2 + 4ac}$, en observant que (46)

$$(-b \pm \sqrt{b^2 + 4ac})(-b \mp \sqrt{b^2 + 4ac}) = (-b)^2 - (\sqrt{b^2 + 4ac})^2$$
$$= -4ac;$$

elle devient alors

$$x = \frac{-4ac}{2a(-b \mp \sqrt{b^2 + 4ac})} \qquad \text{ou bien} \qquad x = \frac{2c}{b \pm \sqrt{b^2 + 4ac}}.$$

Si l'on pose actuellement 1° $a = 0$; 2° $a = 0$, $b = 0$; 3° $a = 0$, $b = 0$, $c = 0$; on obtient

$$1°\ x = \frac{2c}{b \pm b} \text{ ou } x = \frac{c}{b} \text{ et } x = \frac{2c}{0}; \quad 2°\ x = \frac{2c}{0 \pm 0}; \quad 3°\ x = \frac{0}{0 \pm 0}.$$

375. *Si l'une des racines d'une équation du second degré est commensurable, incommensurable ou imaginaire, l'autre racine est aussi de la même forme,* car ces diverses circonstances ne dépendent que du radical commun aux deux racines.

Il est à remarquer que dans le cas où les racines sont commensurables, l'une d'elles peut être entière et l'autre fractionnaire. On en voit un exemple dans le n° 344.

376. *Lorsque* p *et* q *sont des nombres entiers, l'équation* $x^2 + px = q$ *ne peut avoir pour racine une fraction rationnelle.*

Imaginons en effet que la fraction rationnelle et irréductible $\dfrac{a}{b}$ soit racine d'une telle équation, l'on aurait

$$\frac{a^2}{b^2} + p\,\frac{a}{b} = q \text{ et, en multipliant par } b, \frac{a^2}{b} + pa = qb.$$

identité qui ne saurait exister, puisqu'en vertu du n° 94, la fraction $\dfrac{a^2}{b}$ est irréductible et qu'un nombre fractionnaire ne peut être égal à un nombre entier.

III. Discussion des problèmes du second degré.

377. Les problèmes du second degré sont généralement susceptibles de deux solutions, puisque les équations auxquelles ils conduisent ont la propriété d'être satisfaites par deux valeurs différentes de l'inconnue ; il existe cependant quelques problèmes, où les deux solutions s'identifient ; c'est ce qui arrive, entr'autres, quand on parvient à une équation dont les racines sont égales, ou bien encore quand il y a dans l'énoncé deux quantités inconnues parfaitement symétriques par rapport aux données. Tel est le problème du n° 346.

Ce qui précède suppose que l'équation du problème est la traduction complète de son énoncé ; s'il en était autrement, il pourrait se faire, comme on l'a vu dans quelques-unes des questions du chapitre VI, que l'une des racines ou même toutes les deux fussent inadmissibles. Tout ce qui a été dit à cet égard pour les problèmes du premier degré (284), convient également à ceux du second.

378. On peut établir, relativement aux solutions négatives, un principe absolument conforme à celui du n° 285.

Toute valeur négative de l'inconnue, tirée de l'équation d'un problème du second degré, répond, abstraction faite de son signe, à un autre problème, dont l'énoncé peut se déduire du premier, en attribuant à l'inconnue un sens opposé.

En effet, si l'on suppose que le premier problème ait conduit à l'équation $x^2+px=q$, on pourra en déduire celle du second, en y changeant x en $-x$, ce qui donnera

$$(-x)^2+p(-x)=q \qquad \text{ou} \qquad x^2-px=q\,;$$

or, ces deux équations ne diffèrent que par le signe du coefficient de la première puissance de l'inconnue; donc, en vertu du n° 344, les racines de l'une sont égales à celles de l'autre prises en signes contraires. *C. Q. F. D.*

Au surplus, il est à remarquer que ce principe n'est applicable que dans le cas où l'inconnue peut se prendre dans une acception contraire; si cette interprétation était impossible, la valeur négative de l'inconnue, prise positivement, correspondrait encore en général à une question analogue à la proposée. Nous citerons pour exemple le problème du n° 345.

Nous allons appliquer cette théorie au *problème des lumières*, remarquable en ce qu'il réunit les points les plus importans de la discussion.

379. PROBLÈME. *Trouver sur la droite* AB *un point également éclairé par les deux lumières* A *et* B, *sachant,* 1° *que la longueur de la droite qui les unit est de d mètr.;* 2° *qu'elles répandent, à un mètre de distance, des clartés représentées par les nombres* a *et* b; 3° *que, d'après une loi de physique, l'intensité d'une lumière à une distance quelconque est exprimée par une fraction, dont le dénominateur est le carré de cette distance, et dont le numérateur est l'intensité de cette lumière à un éloignement d'un mètre.*

O

E	A	C	B		D

Supposons le problème résolu, et soit c le point demandé; si l'on représente la distance AC par x, la distance AB$-$AC ou BC est exprimée par $d-x$; en vertu de l'énoncé, l'intensité de la lumière A au point c sera $\dfrac{a}{x^2}$, et celle de la lumière B au même point sera $\dfrac{b}{(d-x)^2}$; donc, puisque le point c reçoit de l'un et de l'autre la même clarté, on aura

$$\frac{a}{x^2} = \frac{b}{(d-x)^2} \quad \text{ou} \quad a(d-x)^2 = bx^2; \tag{e}$$

et, en effectuant les calculs indiqués,

$$ad^2 - 2adx + ax^2 = bx^2 \quad \text{ou} \quad (a-b)x^2 - 2adx = -ad^2; \tag{f}$$

équation d'où l'on a tiré dans le n° 335

$$x = \frac{d.\sqrt{a}}{\sqrt{a} + \sqrt{b}}, \qquad x = \frac{d\sqrt{a}}{\sqrt{a} - \sqrt{b}}.$$

On peut parvenir aux mêmes résultats fort simplement, en extrayant la racine carrée des deux membres de l'équation (e); de là résultent

$$\sqrt{a}.(d-x) = \pm\sqrt{b}.x \quad \text{et} \quad \sqrt{a}.d - \sqrt{a}.x = \pm\sqrt{b}.x;$$

changeant les membres de place et faisant passer le terme $-\sqrt{a}.x$ dans le premier, il vient

$$(\sqrt{a} \pm \sqrt{b})x = \sqrt{a}.d \quad \text{d'où} \quad x = \frac{\sqrt{a}.d}{\sqrt{a} \pm \sqrt{b}}.$$

Pour faire une application de cette formule, posons $d=48$, $a=49$, $b=25$, et substituons, en observant que $\sqrt{49}=7$ et $\sqrt{25}=5$, nous trouverons

$$x = \frac{7.48}{7 \pm 5}, \quad \text{ou} \quad x = 28 \quad \text{et} \quad x = 168.$$

Les deux points c et d, tels que AC$=28$ mètres et AD$=168$ mètres, satisfont en conséquence à la condition demandée (*).

(*) Les points c et d, où les deux lumières éclairent également, jouissent de la propriété de diviser la droite AB en parties harmoniques, c'est-à-dire que les parties sont liées par la proportion

$$\text{AC : BC :: AD : BD.}$$

En effet, l'on a évidemment

$$\frac{b}{\overline{BC}} = \frac{a}{\overline{AC}}, \quad \frac{b}{\overline{BD}} = \frac{a}{\overline{AD}}, \quad \text{d'où} \quad \frac{\overline{AC}^2}{\overline{BC}^2} = \frac{a}{b}, \quad \frac{\overline{AD}^2}{\overline{BD}^2} = \frac{a}{b},$$

et, parce que les seconds membres sont égaux,

$$\frac{\overline{AC}^2}{\overline{BC}^2} = \frac{\overline{AD}^2}{\overline{BD}^2} \quad \text{d'où} \quad \frac{AC}{BC} = \frac{AD}{BD}. \quad C.Q.F.D.$$

Discussion. Examinons d'abord la première racine

$$x = \frac{\sqrt{a}}{\sqrt{a} + \sqrt{b}} d\,;$$

elle est visiblement positive et plus petite que d, puisque le premier terme $\sqrt{a}$ de la fraction qui multiplie d est plus petit que le second $\sqrt{a} + \sqrt{b}$; cette racine est d'ailleurs $>$ ou $< \dfrac{d}{2}$, suivant que a est $>$ ou $< b$. Lorsque $a = b$, elle devient

$$x = \frac{\sqrt{a}}{\sqrt{a} + \sqrt{a}} \cdot d = \frac{\sqrt{a}}{2\sqrt{a}} \cdot d = \frac{d}{2}.$$

Ainsi, il existe toujours entre les deux flambeaux A et B, un point qu'ils éclairent également; ce point se trouve au milieu de la droite AB quand ils sont de même intensité, et en général il est compris entre le milieu de cette droite et le flambeau le moins intense.

Considérons présentement la seconde racine

$$x = \frac{\sqrt{a}}{\sqrt{a} - \sqrt{b}} \cdot d,$$

dans la triple hypothèse de $a > b$, $a < b$, $a = b$.

Si le point o est le milieu de la droite CD, la dernière des équations obtenues peut s'écrire ainsi

$$\frac{AO - CO}{CO - BO} = \frac{AO + CO}{BO + CO}, \quad \text{ou de la sorte,} \quad \overline{CO}^2 = AO \times BO,$$

après avoir chassé les dénominateurs et fait la réduction; or, si l'on désigne par i un point de la circonférence décrite sur CD comme diamètre, l'on aura, en vertu de la proposition XXXIV, livre III, de la géométrie de M. Legendre,

$$\frac{Ai}{Bi} = \frac{AC}{BC}, \quad \text{et par suite} \quad \frac{\overline{Ai}^2}{\overline{Bi}^2} = \frac{\overline{AC}^2}{\overline{BC}^2};$$

ou bien, en remplaçant le rapport de $\overline{AC}^2 : \overline{BC}^2$ par son égal $a : b$,

$$\frac{\overline{Ai}^2}{\overline{Bi}^2} = \frac{a}{b} \quad \text{ou} \quad \frac{b}{\overline{Bi}^2} = \frac{a}{\overline{Ai}^2};$$

donc tous les points de cette circonférence sont également éclairés par les lumières A et B. Si on la fait tourner autour de son diamètre CD, tous les points de la sphère engendrée jouiront également de la même propriété. Quand les flambeaux ont même intensité, la sphère dégénère en un plan perpendiculaire sur le milieu de la droite AB.

1° Si $a > b$, le dénominateur $\sqrt{a} - \sqrt{b}$ étant positif et plus petit que le numérateur $\sqrt{a}$, la valeur de x sera positive, mais plus grande que d. Il y a donc un second point D, sur le prolongement de AB et du côté du flambeau le plus faible, qui jouit de la propriété demandée.

2° Si $a < b$, le dénominateur $\sqrt{a} - \sqrt{b}$ étant négatif et d'une valeur absolue plus petite que le numérateur $\sqrt{a}$, la valeur de x est aussi négative et numériquement plus grande que d. Cette valeur de x, prise positivement, correspond à un autre problème, dont l'énoncé se déduira de celui dont il s'agit, en donnant à x une acception opposée, c'est-à-dire, en comptant la distance que représente cette lettre dans le sens AE (378); or, on conçoit aisément que ces deux problèmes sont identiques, attendu que l'on n'a pas précisé dans l'énoncé la position que doit avoir le point demandé par rapport aux deux lumières A et B. Concluons donc que, dans cette hypothèse comme dans la précédente, il existe un second point E, sur le prolongement de AB et du côté de la plus faible lumière, qui remplit la condition voulue.

3° Si $a = b$, la valeur de x prend la forme

$$x = \frac{\sqrt{a}}{\sqrt{a} - \sqrt{a}}.d = \frac{\sqrt{a}.d}{0} = \infty.$$

Le calcul, en donnant un point situé à l'infini, nous apprend que la seconde solution n'existe plus ; l'équation (f) s'abaisse effectivement au premier degré et devient

$$-2adx = -ad^2 \quad \text{d'où} \quad x = \frac{d}{2},$$

résultat déjà obtenu.

Enfin, si l'on suppose à la fois $a = b$ et $d = 0$, les valeurs de x se représentent sous la forme 0 et $\dfrac{0}{0}$; ce qu'il était facile de prévoir, car les flambeaux coïncidant et ayant même intensité, tous les points de la droite AB, en y comprenant celui où se trouvent les deux flambeaux, sont également éclairés.

380. *Tout problème qui conduit à une équation du second degré dont les racines sont imaginaires, est impossible.* Car, s'il était susceptible de solution, il y aurait au moins un nombre fini, qui, mis à la place de l'inconnue, vérifierait l'équation ; ce qui est contre la nature des équations du second degré dont les racines sont imaginaires.

Voici deux exemples :

381. PROBLÈME. *Partager le nombre* p *en deux parties dont le produit soit* q.

On voit immédiatement que les deux parties cherchées ne sont autres que les deux valeurs de x dans l'équation $x^2 - px = -q$, puisque la somme de ses racines est p et que leur produit est q (339). On en tire

$$x = \frac{p}{2} \pm \sqrt{\frac{p^2}{4} - q} ;$$

tant que q est $< \frac{p^2}{4}$, les deux parties sont réelles ; elles sont égales, si $q = \frac{p^2}{4}$; enfin, lorsque q est $> \frac{p^2}{4}$, elles deviennent imaginaires et le problème est *impossible*.

Pour prouver cette impossibilité, indépendamment des théories précédentes, il suffit de faire voir que *le produit des deux parties d'un nombre* p *ne peut être plus grand que la quantité* $\frac{p^2}{4}$, *qui exprime le carré de la moitié de ce nombre*. Si l'on désigne à cet effet par d la différence entre les deux parties du nombre p, la plus grande sera représentée par $\frac{p}{2} + \frac{d}{2}$, la plus petite par $\frac{p}{2} - \frac{d}{2}$ (5), et l'on aura (46)

$$\left(\frac{p}{2} + \frac{d}{2} \right)\left(\frac{p}{2} - \frac{d}{2} \right) = \frac{p^2}{4} - \frac{d^2}{4} ;$$

or, il est manifeste que ce produit est d'autant plus grand que la différence d est plus petite, et que sa plus grande valeur $\frac{p^2}{4}$ correspond à $d = 0$, c'est-à-dire, au cas où les deux parties sont égales.

13*

382. Problème. *Partager le nombre* p *en deux parties telles que leur produit soit égal à la somme de leurs carrés.*

Soit x l'une des parties du nombre p, l'autre sera $p-x$ et l'on aura

$$x(p-x)=x^2+(p-x)^2,$$

et, en effectuant les calculs,

$$px-x^2=x^2+p^2-2px+x^2 \quad \text{ou} \quad x^2-px=-\frac{p^2}{3};$$

équation qui fournit

$$x=\frac{p}{2}\pm\sqrt{\frac{p^2}{4}-\frac{p^2}{3}}=\frac{p}{2}\left(1\pm\sqrt{-\frac{1}{3}}\right);$$

on peut en conclure que ce problème est *impossible*, puisque les valeurs de l'inconnue sont imaginaires, quel que soit d'ailleurs le nombre donné p.

CHAPITRE VIII.

RÉSOLUTION DE QUELQUES ÉQUATIONS DE DEGRÉ SUPÉRIEUR AU SECOND.

I. *Équations à deux termes.*

383. *Les équations à deux termes* sont celles qui ne renferment que deux espèces de termes ; les uns affectés d'une certaine puissance de l'inconnue et les autres tout connus.

384. *Toute équation à deux termes est de la forme* $x^m=\pm q$, *q désignant un nombre positif quelconque.* Car, si l'on fait passer dans le premier membre les termes qui renferment l'inconnue et dans le second les termes connus, on obtiendra, réduction faite, une équation de ce genre, $ax^m=b$. Divisant par a et représentant par $\pm q$ l'expression $\dfrac{b}{a}$, en convenant de prendre le signe $+$ quand b et a sont de même signe et le signe $-$ dans le cas contraire, elle prend la forme annoncée $x^m=\pm q$.

385. Pour résoudre une équation à deux termes, *on la ramène à la forme* $x^m = \pm q$ *et l'on extrait la racine* $m^{\text{ième}}$ *des deux membres, en se rappelant :* 1° *que toute racine de degré pair d'une quantité doit être affectée du double signe plus ou moins* (156); 2° *que les racines de degré impair d'une quantité ont le signe de cette quantité* (157). Conséquemment, des équations

$$x^m = q, \qquad x^m = -q,$$

on déduit, dans le cas où m est un nombre pair,

$$x = \pm \sqrt[m]{q}, \qquad x = \pm \sqrt[m]{-q}$$

et, dans celui ou m est un nombre impair,

$$x = \sqrt[m]{q}, \qquad x = -\sqrt[m]{q}.$$

Ainsi, lorsque le degré de l'équation est pair, il y a deux racines réelles ou aucune, suivant que le second membre est positif ou négatif; lorsque le degré est impair, il y a toujours une racine réelle, mais il ne peut y en avoir qu'une.

II. *Équations résolubles par la méthode du second degré.*

386. Les équations résolubles par la méthode du second degré sont celles qui sont réductibles à la forme $x^{2m} + px^m = q$; on voit que l'exposant de l'inconnue x dans le premier terme est double de l'exposant de cette lettre dans le second, et que le dernier terme est entièrement connu.

387. Pour résoudre l'équation $x^{2m} + px^m = q$, on pose $x^m = y$, d'où l'on déduit aisément $x^{2m} = y^2$; substituant, il vient

$$y^2 + py = q, \text{ et par suite } y = -\frac{p}{2} \pm \sqrt{\frac{p^2}{4} + q};$$

or, de $x^m = y$, on tire $x = \pm \sqrt[m]{y}$ ou $x = \sqrt[m]{y}$, selon que m est un nombre pair ou impair (382), et en remplaçant y par sa valeur

$$x = \pm \sqrt[m]{\left(-\frac{p}{2} \pm \sqrt{\frac{p^2}{4} + q}\right)}, \quad x = \sqrt[m]{\left(-\frac{p}{2} \pm \sqrt{\frac{p^2}{4} + q}\right)};$$

la première formule résout l'équation proposée quand m est pair, et la seconde quand m est impair.

Discussion. Elle dépend visiblement de celles des équations à deux termes et des équations du second degré.

Supposons d'abord que m soit un nombre pair, auquel cas $x = \pm \sqrt[m]{y}$; 1° Il y aura quatre valeurs réelles, égales deux à deux et de signes contraires, si les valeurs de y sont réelles et positives; 2° il n'y aura plus que deux valeurs réelles de signes différens, si l'une des valeurs de y est positive et l'autre négative; 3° il n'en existera aucune, si les valeurs de y sont toutes deux négatives ou imaginaires.

Dans l'hypothèse où m est un nombre impair et où l'on a $x = \sqrt[m]{y}$; 1° Si y a deux valeurs réelles, x a aussi deux valeurs réelles de même signe que celles de y; 2° il n'y a pas de racines réelles, lorsque les valeurs de y sont imaginaires.

III. *Toute racine de degré pair d'une quantité négative est de la forme* $p \pm q \sqrt{-1}$.

388. La démonstration de ce théorème, qui a été annoncé dans le n° 160, et en vertu duquel les quantités imaginaires de de tous les degrés sont réductibles à celles du second, repose sur ce lemme :

La racine carrée d'une quantité imaginaire de la forme $a + b\sqrt{-1}$ *est encore de la même forme;* ou, en d'autres termes, il existe toujours des valeurs réelles de k et de h, telles que

$$\sqrt{a + b\sqrt{-1}} = k + h\sqrt{-1}.$$

en effet, élevant au carré et observant que $(\sqrt{-1})^2 = -1$, il vient

$$a + b\sqrt{-1} = k^2 - h^2 + 2kh\sqrt{-1},$$

équation qui ne peut subsister à moins qu'il n'y ait égalité entre les parties réelles et imaginaires des deux membres; de la résultent

$$k^2 - h^2 = a, \quad 2kh\sqrt{-1} = b\sqrt{-1} \text{ ou } k^2 - h^2 = a, \quad k^2 h^2 = \frac{b^2}{4};$$

ce qui apprend que k^2 et $-h^2$ sont les racines d'une équation du second degré, dont le coefficient du second terme est $-a$ et le membre tout connu $\dfrac{b^2}{4}$ (339), c'est-à-dire de

$$x^2 - ax = \frac{b^2}{4}, \qquad \text{d'où l'on tire} \qquad x = \frac{a \pm \sqrt{a^2 + b^2}}{2};$$

les deux valeurs de x sont toujours réelles et de signes différens; la racine positive correspond à k^2, la racine négative à $-h^2$, et l'on a

$$k^2 = \frac{a + \sqrt{a^2 + b^2}}{2}, \qquad -h^2 = \frac{a - \sqrt{a^2 + b^2}}{2};$$

et, en tirant les valeurs de k et de h,

$$k = \pm \sqrt{\left(\frac{a + \sqrt{a^2 + b^2}}{2}\right)}, \quad h = \pm \sqrt{\left(\frac{-a + \sqrt{a^2 + b^2}}{2}\right)},$$

ce qui démontre le lemme énoncé.

Cela posé, si l'on fait $a = 0$ et $b = 1$, auquel cas l'expression $\sqrt{a + b\sqrt{-1}}$ se réduit à $\sqrt{\sqrt{-1}}$ ou $\sqrt[4]{-1}$, on trouve

$$k = \pm \sqrt{\frac{1}{2}}, \qquad h = \pm \sqrt{\frac{1}{2}};$$

ainsi, $\sqrt[4]{-1}$ est de la forme $a + b\sqrt{-1}$; donc $\sqrt{\sqrt[4]{-1}}$ ou $\sqrt[8]{-1}$ est aussi de la même forme; il en est pareillement de $\sqrt{\sqrt[8]{-1}}$ ou $\sqrt[16]{-1}$, etc.; donc en général, *toute racine de* -1, *dont l'indice est une puissance de* 2, *est de la forme* $a + b\sqrt{-1}$.

Actuellement, tout nombre pair, étant le produit d'un nombre impair multiplié par une certaine puissance de 2, peut être représenté par $2^n.i$, et d'ailleurs l'on a identiquement

$$\sqrt[2^n.i]{-A} = \sqrt[2^n.i]{A}.\sqrt[2^n.i]{-1};$$

désignant $\sqrt[2^n.i]{A}$ par $\pm R$, et remarquant que

$$\sqrt[2^n.i]{-1} = \sqrt[2^n.]{\sqrt[i]{-1}} = \sqrt[2^n]{-1} = a + b\sqrt{-1},$$

cette identité devient

$$\sqrt[2^n.i]{-A} = \pm R(a + b\sqrt{-1}) = \pm Ra \pm Rb\sqrt{-1},$$

et, en posant $\pm Ra = p$ et $Rb = q$,

$$\sqrt[2^n.i]{-A} = p \pm q\sqrt{-1},$$

ce qu'il fallait démontrer.

LIVRE TROISIÈME.

THÉORIE

DES PROPORTIONS, DES PROGRESSIONS ET DES LOGARITHMES.

CHAPITRE I.

RAPPORTS ET PROPORTIONS PAR DIFFÉRENCE.

I. *Rapports par différence.*

589. Un *rapport arithmétique* ou *par différence* est le résultat de la comparaison de deux quantités par voie de soustraction. Ainsi, soit $a-b=r$, r sera le rapport par différence des deux quantités a et b.

590. Les quantités a et b que l'on compare s'appellent les *termes* du rapport ; le premier terme a porte aussi le nom d'*antécédent*, et le second terme b celui de *conséquent*.

591. On sépare par convention les deux termes par *un point* que l'on énonce *est à* ; en conséquence, $a.b$ signifie a *est à* b et équivaut à $a-b$.

592. Un rapport par différence est *inverse* d'un autre quand il est composé des mêmes termes pris dans un autre ordre. Ainsi, le rapport inverse de $a.b$ est $b.a$.

Le rapport *direct* étant r, le rapport *inverse* est égal à $-r$; car de $a.b=r$, on déduit $a-b=r$, puis $b-a=-r$, et enfin $b.a=-r$.

593. *On ne change point un rapport par différence en augmen-*

tant ou en diminuant ses deux termes d'une même quantité. Autrement, l'on a, quel que soit m,

$$a \cdot b = (a \pm m) \cdot (b \pm m).$$

En effet,

$$(a \pm m) \cdot (b \pm m) = (a \pm m) - (b \pm m) = a \pm m - b \mp m = a - b = a \cdot b.$$

394. Un rapport par différence est dit *composé* quand il est la somme de plusieurs rapports simples.

395. *L'antécédent et le conséquent d'un rapport composé sont égaux à la somme des antécédens et à celle des conséquens des rapports simples dont il est formé.* Ainsi, le rapport composé des trois rapports $a \cdot b$, $c \cdot d$ et $e \cdot f$ est $(a + c + e) \cdot (b + d + f)$. En effet, si l'on désigne ces trois rapports par r, s et t, l'on aura

$$r = a - b, \quad s = c - d, \quad t = e - f,$$

et, en ajoutant ces équations membre à membre,

$$r + s + t = (a + c + e) - (b + d + f) = (a + c + e) \cdot (b + d + f).$$

II. *Proportions par différence.*

396. On appelle *proportion arithmétique* ou par *différence*, ou bien encore, *équi-différence*, l'égalité de deux rapports par différence. Ainsi, soient $a \cdot b = r$ et $c \cdot d = r$, les deux rapports égaux $a \cdot b$ et $c \cdot d$ constitueront une équi-différence.

397. Les deux rapports sont ordinairement séparés par *deux points* que l'on énonce *comme*, de sorte que $a \cdot b : c \cdot d$ signifie a *est* à b *comme* c *est à* d, et équivaut à l'équation $a - b = c - d$.

398. On appelle 1° *premier* et *deuxième antécédent* d'une équi-différence, le premier et le troisième terme; 2° *premier et deuxième conséquent*, le second et le quatrième terme; 3° *premier* et *deuxième extrême*, le premier et le quatrième terme; 4° *premier et deuxième moyen*, le deuxième et le troisième terme.

399. *Dans toute équi-différence, la somme des extrêmes est égale à celle des moyens.* En effet, l'équi-différence $a.b:c.d$ peut se mettre sous la forme (397)

$$a - b = c - d,$$

équation d'où l'on tire, en changeant de membre les termes négatifs,

$$a + d = b + c.$$

400. *Réciproquement, quatre quantités constituent une équidifférence, lorsque la somme des extrêmes est égale à celle des moyens.* En effet, soient a, b, c et d quatre quantités liées par la relation

$$a + d = b + c;$$

transportant b dans le premier membre et d dans le second, il vient

$$a - b = c - d, \text{ d'où (397), } a.b:c.d.$$

Ainsi, les quatre nombres 5, 6, 9 et 10, étant tels que $5 + 10 = 6 + 9$, forment l'équi-différence $5.6 : 9.10$. Il n'en est point de même des quatre autres nombres 2, 8, 9, 12, attendu que $2 + 12$ est $< 8 + 9$.

401. PROBLÈME. *Trois termes d'une équi-différence étant donnés, déterminer le quatrième.* Il peut arriver que le terme inconnu soit un extrême ou un moyen.

1° *Si le terme inconnu est un extrême, on le détermine en retranchant l'extrême connu de la somme des moyens.* En effet, de l'équi-différence $a.b : c.d$, on tire $a + d = b + c$, d'où

$$a = b + c - d \text{ et } d = b + c - a.$$

2° *Si le terme inconnu est un moyen, on le détermine en retranchant le moyen connu de la somme des extrêmes.* Car de l'équi-différence $a.b : c.d$, on déduit $b + c = a + d$, d'où

$$b = a + d - c \text{ et } c = a + d - b.$$

402. Une équi-différence est dite *continue* quand les moyens sont égaux. Telle est $a.b : b.c$.

Souvent, pour abréger, on n'écrit qu'une seule fois le terme moyen, mais alors on fait précéder l'équi-différence de *deux points* séparés par *un trait horizontal* ainsi $\div a.b.c$ remplace $a.b : b.c$, et s'énonce a *est à* b *est à* c.

403. *Dans toute équi-différence continue, la somme des extrêmes est double du terme moyen.* En effet, de l'équi-différence continue

$\div a.b.c$, ou, ce qui revient au même, de $a.b : b.c$ on tire $a+c$ $= b+b$, ou bien, $a+c=2b$.

404. Problème. *Deux termes d'une équi-différence continue étant donnés, déterminer le troisième.* Le terme inconnu peut être l'un des extrêmes ou le terme moyen.

1° *Si l'un des extrêmes est inconnu, on l'obtient en retranchant l'extrême connu du double du terme moyen;* car, de l'équi-différence continue $\div a.b.c$, on déduit $a+c=2b$, d'où

$$a = 2b - c \text{ et } c = 2b - a.$$

2° *Si le moyen terme est inconnu, on l'obtient en prenant la demi-somme des extrêmes;* car de $\div a.b.c$ on tire $2b=a+c$, et par suite

$$b = \frac{a+c}{2}.$$

405. On appelle *moyenne arithmétique entre deux quantités* le moyen terme d'une équi-différence continue dont elles sont les extrêmes. Ainsi, dans $\div a.b.c$, b est la moyenne entre a et c.

De cette définition et de la seconde partie du problème précédent, il résulte que *la moyenne arithmétique entre deux quantités est égale à leur demi-somme.* La moyenne entre 6 et 14, par exemple, est $\frac{6+14}{2}$ ou 10.

406. En général, *la moyenne arithmétique entre plusieurs quantités* est une quantité telle que la somme des rapports par différence, résultant de sa comparaison avec chacune d'elles, est égale à zéro.

407. *La moyenne arithmétique entre plusieurs quantités est égale à la somme de ces quantités, divisée par leur nombre.* En effet, soit x la moyenne entre les m quantités a, b, c,....l. Les rapports de x à chacune d'elles sont $x-a$, $x-b$, $x-c$,... $x-l$, et, en vertu de la définition du n° 406, l'on a

$$x-a+x-b+x-c....+x-l=0;$$

transposant les termes négatifs dans le second membre, et remarquant qu'alors le premier membre se compose de m termes égaux à x, il vient

$$mx = a + b + c \ldots + l,$$

d'où,

$$x = \frac{a + b + c \ldots + l}{m}.$$

408. *Dans une suite de rapports égaux, la moyenne des antécédens est à la moyenne des conséquens comme un antécédent est à son conséquent.* Soit la suite

$$a.b : c.d : e.f \ldots : i.l,$$

composée de m rapports égaux à r; l'on a

$$a - b = r, \quad c - d = r, \quad e - f = r, \quad \ldots \quad i - l = r,$$

et, en ajoutant ces m équations,

$$(a + c + e \ldots + i) - (b + d + f \ldots + l) = mr\,;$$

divisant les deux membres par m, substituant à r le rapport $a.b$ et aux signes $-$ et $=$ un et deux points, on trouve

$$\frac{a + c + e \ldots + i}{m} . \frac{b + d + f \ldots + l}{m} : a.b.$$

III. *Exercices.*

409. PROBLÈME. *Déterminer x dans les équi-différences :*

$$3.5 : 7.x, \quad 2.9 : x.15, \quad 7.x : 8.12,$$
$$x.9 : 15.7, \quad \div 3.5.x, \quad \div 2.x.11, \quad \div x.6.7.$$

Rép. $1^\circ\ x = 9$; $2^\circ\ x = 8$; $3^\circ\ x = 11$; $4^\circ\ x = 17$; $5^\circ\ x = 7$; $6^\circ\ x = 6,5$; $7^\circ\ x = 5$.

410. PROBLÈME. *Trouver une moyenne arithmétique 1° entre* 8 *et* 12; 2° *entre* 3,17 *et* 20; 3° *entre* 5, 6, 10, 12 *et* 21. Rép. $1^\circ\ x = 10$; $2^\circ\ x = 13,333\ldots$; $3^\circ\ x = 10,8$.

411. PROBLÈME. *La somme des termes d'une équi-différence est* 10, *celle de leurs carrés est* 30, *enfin leur produit est* 24; *trouver cette équi-différence.* Rép. $1.2 : 3.4$.

412. PROBLÈME. *Deux joueurs d'égale force conviennent que celui qui aura gagné le premier trois parties recevra a fr. de l'autre, et que, s'ils se séparent avant que le sort ait décidé, le jeu* *sera réglé conformément à leurs chances d'alors. On demande combien le premier joueur devra recevoir du second 1° dans l'hypothèse où le premier aurait deux parties et le second une ; 2° Dans celle où le premier aurait deux parties et le second aucune ; 3° enfin dans celle où le premier aurait une partie et le second aucune.*

Rép. 1° $x = \dfrac{a}{2}$; 2° $x = \dfrac{3a}{4}$; 3° $x = \dfrac{3a}{8}$.

413. Problème. *Trois joueurs d'égale force conviennent que celui qui gagnera le premier trois parties recevra a fr. de chacun des deux autres ; après avoir fait trois parties dont deux ont été gagnées par le premier joueur et une par le second, ils règlent le jeu en ayant égard à leurs chances respectives. On demande le gain ou la perte de chacun.*

Rép. *le gain du premier est* $\dfrac{10a}{9}$; *les pertes du second et du troisième sont* $\dfrac{a}{3}$ *et* $\dfrac{7a}{9}$.

CHAPITRE II.

RAPPORTS ET PROPORTIONS PAR QUOTIENT.

I. *Rapports par quotient.*

414. On appelle *rapport géométrique* ou *par quotient*, ou simplement *rapport*, le résultat de la comparaison de deux quantités par voie de division. Soit $\dfrac{a}{b} = r$, r sera le rapport des deux *termes* a et b.

415. On sépare ordinairement l'*antécédent* a *du conséquent* b par deux points que l'on énonce *est à*, ou bien, *divisé par*, comme on l'a vu au commencement de ce traité ; de sorte que $a : b$ signifie a *est à* b, *ou* a *divisé par* b.

416. Un rapport est *inverse* d'un autre, quand il est composé des mêmes termes, pris dans un ordre différent. Le rapport inverse de $a : b$, par exemple, est $b : a$.

Le rapport *direct* $a : b$ étant r, le rapport *inverse* $b : a$ est égal à $\dfrac{1}{r}$. Car, si l'on désigne par r' le rapport *inverse*, on a

$$r = \frac{a}{b}, \quad r' = \frac{b}{a};$$

et, en multipliant ces égalités membre à membre,

$$rr' = \frac{a \times b}{b \times a} = 1, \qquad \text{d'où} \quad r' = \frac{1}{r}.$$

417. *On ne change point un rapport en multipliant ou en divisant ses deux termes par la même quantité.* Autrement, l'on a, quel que soit m,

$$a : b = m\,a : m\,b, \qquad a : b = \frac{a}{m} : \frac{b}{m},$$

ce qui résulte de ce qu'un rapport n'est autre chose qu'une fraction dont le numérateur est l'antécédent et dont le dénominateur est le conséquent, et de ce que l'on n'altère point une fraction, en multipliant ou en divisant ses deux termes par la même quantité.

En général, les règles relatives au calcul des fractions sont aussi applicables à celui des rapports.

418. Un rapport est dit *composé* quand il est le produit de plusieurs rapports simples.

419. *L'antécédent et le conséquent d'un rapport composé sont égaux aux produits des antécédens et des conséquens des rapports simples dont il est formé.* Ainsi, le rapport composé des trois rapports $a : b$, $c : d$ et $e : f$ est $a \times c \times e : b \times d \times f$. En effet, soient r, s et t ces trois rapports et multiplions entr'elles les trois équations

$$r = \frac{a}{b}, \; s = \frac{c}{d}, \; t = \frac{e}{f},$$

il vient

$$r \times s \times t = \frac{a \times c \times e}{b \times d \times f} = a \times c \times e : b \times d \times f.$$

II. *Proportions par quotient.*

420. On appelle *proportion géométrique* ou *par quotient*, ou bien encore, *équi-quotient*, l'égalité de deux rapports. Soient $a : b = r$ et $c : d = r$, les deux rapports égaux $a : b$ et $c : d$ constitueront une proportion par quotient, que désormais, pour abréger, nous nommerons simplement *proportion*.

421. Pour écrire une proportion, on sépare ses deux rapports par quatre points que l'on énonce *comme*; de manière que $a : b :: c : d$ signifie a *est à* b *comme* c *est à* d, et équivaut à l'équation $\dfrac{a}{b} = \dfrac{c}{d}$.

On emploie, pour désigner les termes d'une proportion, les mêmes expressions que pour nommer ceux d'une équi-différence. (Voyez le n° 398.)

422. *Dans toute proportion, le produit des extrêmes est égal à celui des moyens.* Car la proportion $a : b :: c : d$ peut se mettre sous la forme (421)

$$\frac{a}{b} = \frac{c}{d}$$

et, en chassant les dénominateurs, on trouve

$$a \times d = b \times c.$$

423. *Réciproquement, quatre quantités sont en proportion lorsque le produit des extrêmes est égal à celui des moyens.* Soient a, b, c et d quatre quantités liées entr'elles par l'équation

$$a \times d = b \times c.$$

Divisons les deux membres par $b \times d$, nous aurons

$$\frac{a \times d}{b \times d} = \frac{b \times c}{b \times d},$$

et, en supprimant le facteur d commun aux deux termes de la première fraction et le facteur b commun aux deux termes de la seconde,

$$\frac{a}{b} = \frac{c}{d}, \quad \text{d'où (421)} \quad a : b :: c : d.$$

Ainsi, les quatre nombres 5, 4, 10 et 8, étant tels que $5 \times 8 = 4 \times 10$, constituent la proportion $5 : 4 :: 10 : 8$; mais les quatre nombres 5, 8, 7 et 10 ne sont point *proportionnels*, attendu que 5×10 est $< 8 \times 7$.

424. De là résulte immédiatement que *si l'un des extrêmes est plus grand ou plus petit que l'un des moyens, l'autre extrême sera plus petit ou plus grand que l'autre moyen.*

425. *On peut sans troubler une proportion, disposer ses termes de huit manières différentes.* Car le produit des extrêmes reste égal à celui des moyens, 1° lorsqu'on intervertit l'ordre des extrêmes; 2° lorsqu'on intervertit l'ordre des moyens; 3° lorsqu'on met les extrêmes à la place des moyens et réciproquement. Conséquemment, si a et d sont les extrêmes d'une proportion, b et c ses moyens, on pourra l'écrire des huit manières suivantes :

$$1° \; a : b :: c : d; \qquad 5° \; b : a :: d : c;$$
$$2° \; d : b :: c : a; \qquad 6° \; b : d :: a : c;$$
$$3° \; a : c :: b : d; \qquad 7° \; c : a :: d : b;$$
$$4° \; d : c :: b : a; \qquad 8° \; c : d :: a : b.$$

426. Problème. *Trois termes d'une proportion étant donnés, déterminer le quatrième.* Il peut arriver que le terme inconnu soit un extrême ou un moyen.

1° *Si le terme inconnu est un extrême, on l'obtient en divisant le produit des moyens par l'extrême connu.* En effet, de la proportion $a : b :: c : d$ on déduit $a \times d = b \times c$, d'où

$$a = \frac{b \times c}{d} \;\text{ et }\; d = \frac{b \times c}{a}.$$

2° *Si le terme inconnu est un moyen, on l'obtient en divisant le produit des extrêmes par le moyen connu.* Car de la proportion $a : b :: c : d$ on tire $b \times c = a \times d$, et par suite

$$b = \frac{a \times d}{c} \;\text{ et }\; c = \frac{a \times d}{b}.$$

427. Donc *si deux proportions ont trois termes communs et disposés de la même manière, les quatrièmes termes sont égaux.*

428. Une proportion *continue* est celle dont les moyens sont égaux. Telle est $a : b :: b : c.$

On peut se dispenser de répéter le terme moyen, pourvu que l'on fasse précéder la proportion de *quatre points*, séparés *deux à deux* par un *trait horizontal*; de sorte qu'à la proportion $a:b::b:c$, on peut substituer l'expression $\div a:b:c$, que l'on énonce a *est à* b *est à* c.

429. *Dans une proportion continue, le produit des extrêmes est égal au carré du terme moyen.* Car, de la proportion continue $\div a:b:c$, ou, ce qui revient au même, de $a:b::b:c$, on tire (422)

$$a \times c = b \times b \quad \text{ou } a \times c = b^2.$$

430. PROBLÈME. *Deux termes d'une proportion continue étant donnés, déterminer le troisième.* Le terme inconnu peut être l'un des extrêmes ou le moyen.

1° *Si le terme inconnu est l'un des extrêmes, on le détermine en divisant le carré du moyen par l'extrême connu.* En effet, de $\div a:b:c$ on déduit $a \times c = b^2$, d'où

$$a = \frac{b^2}{c} \quad \text{et} \quad c = \frac{b^2}{a}.$$

2° *Si le moyen terme est inconnu, on le détermine en extrayant la racine carrée du produit des extrêmes.* Car la proportion continue $\div a:b:c$ fournit $b^2 = a \times c$; d'où l'on tire, en extrayant la racine carrée des deux membres,

$$b = \sqrt{a \times c}.$$

431. On appelle 1° *quatrième proportionnelle à trois quantités*, le quatrième terme d'une proportion dont elles sont les trois premiers termes; 2° *troisième proportionnelle à deux quantités*, le troisième terme d'une proportion continue dont elles sont les deux premiers termes; 3° *moyenne proportionnelle entre deux quantités*, le terme moyen d'une proportion continue dont elles sont les extrêmes.

432. De ces définitions et des n°s 426 et 430, il suit : 1° que *la quatrième proportionnelle à trois quantités est égale au produit de la deuxième par la troisième, divisé par la première;* 2° *que la troisième proportionnelle à deux quantités est égale au carré de la deuxième, divisé par la première;* 3° *que la moyenne* *proportionnelle entre deux quantités est égale à la racine carrée de leur produit.*

Ainsi, la quatrième proportionnelle aux trois nombres 2, 5 et 6 est $5 \times 6 : 2 = 15$; la troisième proportionnelle aux deux nombres 3 et 6 est $6^2 : 3 = 12$; la moyenne proportionnelle entre les nombres 2 et 18 est $\sqrt{2 \times 18} = 6$.

433. On appelle *moyenne proportionnelle entre plusieurs quantités*, une quantité telle que le produit des rapports, résultant de sa comparaison avec chacune d'elles, est égal à l'unité.

434. *La moyenne proportionnelle entre* m *quantités est égale à la racine* m^ème *de leur produit.* Car, si l'on appelle x la moyenne proportionnelle entre les m quantités a, b, c,...l, les m rapports, résultant de la comparaison de x avec a, b, c,...l, sont $\dfrac{x}{a}$, $\dfrac{x}{b}$, $\dfrac{x}{c}$,... $\dfrac{x}{l}$, et, en vertu de la définition de la moyenne, l'on a

$$\frac{x}{a} \times \frac{x}{b} \times \frac{x}{c} \dots \frac{x}{l} = 1 \,;$$

chassant les dénominateurs et observant qu'alors le premier membre est le produit de m facteurs égaux à x, on trouve

$$x^m = a \times b \times c \dots \times l,$$

d'où,

$$x = \sqrt[m]{a \times b \times c \dots \times l}.$$

435. *La moyenne proportionnelle entre plusieurs quantités* (on les suppose toutes positives), *est plus petite que leur moyenne arithmétique.* Pour démontrer cette proposition, nous allons d'abord établir celle-ci : *si l'on divise un nombre* s *en* m *parties, le produit de ces parties sera le plus grand possible quand elles seront égales entr'elles, c'est-à-dire que ce plus grand produit est* $\left(\dfrac{s}{m}\right)^m$.

Représentons ce plus grand produit par p et les m facteurs dont il est composé par x, y, z, u......; nous aurons

$$x + y + z + u \dots = s, \qquad\qquad (a)$$
$$x \times y \times z \times u \dots = p \,;$$

Cela posé, considérons d'abord les deux facteurs x et y ; admettons un instant qu'il y ait inégalité entre eux, et désignons leur demi-somme par a, ensorte que $x+y=2a$; nous déduirons de là, en vertu du n° 381, l'inégalité $xy<a^2$, et, en substituant dans les deux 1res équations,

$$a+a+z+u\ldots=s,$$
$$a\times a\times z\times u\ldots>p,$$

ce qui est impossible, à cause de la définition de p ; donc $x=y$; on prouverait de la même manière que $y=z$, $z=u\ldots$; donc $x=y=z=u\ldots$; ce qui change l'équation (a) en $mx=s$, d'où $x=\dfrac{s}{m}$, et par suite

$$p=\frac{s}{m}\times\frac{s}{m}\times\frac{s}{m}\ldots\frac{s}{m}=\left(\frac{s}{m}\right)^{\text{m}}.$$

Soient maintenant m quantités a, b, $c,\ldots l$; nous aurons, en vertu de ce qui précède,

$$a\times b\times c\ldots\times l<\left(\frac{a+b+c\ldots+l}{\text{m}}\right)^{\text{m}}$$

et, en extrayant la racine $m^{\text{ème}}$ des deux membres,

$$\sqrt[\text{m}]{a\times b\times c\ldots\times l}<\frac{a+b+c\ldots+l}{\text{m}}.$$

III. *Système de proportions.*

436. *Si deux proportions ont un rapport commun, les rapports non communs forment une nouvelle proportion.* Soient deux proportions

$$a:b::c:d,\qquad a:b::e:f,$$

ayant un rapport commun $a:b$; on pourra les mettre sous la forme (421)

$$\frac{a}{b}=\frac{c}{d},\qquad\qquad\frac{a}{b}=\frac{e}{f},$$

équations d'où l'on tire aisément

$$\frac{c}{d}=\frac{e}{f},\text{ et par suite, }c:d::e:f.$$

14*

437. *Si deux proportions ont les mêmes antécédens, les consé-quens sont proportionnels.* Soient les proportions

$$a : b :: c : d, \qquad a : e :: c : f$$

ayant les mêmes antécédens a et c ; faisant changer de place aux moyens dans chacune d'elles (425), elles deviennent

$$a : c :: b : d, \qquad a : c :: e : f,$$

d'où résulte, à cause du n° précédent,

$$b : d :: e : f \quad \text{ou} \quad b : e :: d : f.$$

438. On démontrerait de la même manière que *si deux pro-portions ont les mêmes conséquens, les antécédens sont propor-tionnels.*

439. *Si deux proportions ont les mêmes extrêmes, les moyens sont inversement proportionnels.* En effet, des deux proportions

$$a : b :: c : d, \qquad a : e :: f : d,$$

qui ont les extrêmes communs a et d, on déduit (422)

$$a \times d = b \times c, \; a \times d = e \times f,$$

et par conséquent

$$b \times c = e \times f \text{ d'où } (413) \; b : e :: f : c.$$

440. On démontrerait par un raisonnement analogue que *si deux proportions ont les mêmes moyens, les extrêmes sont inver-sement proportionnels.*

441. *Si l'on multiplie, terme à terme, deux ou un plus grand nombre de proportions, les produits seront proportionnels.* Soient, pour le démontrer, les proportions

$$a : b :: c : d, \quad e : f :: g : h, \quad i : j :: k : l.$$

On peut d'abord les mettre sous la forme

$$\frac{a}{b} = \frac{c}{d}, \qquad \frac{e}{f} = \frac{g}{h}, \qquad \frac{i}{j} = \frac{k}{l},$$

et, si on multiplie ces équations membre à membre, on trouve

$$\frac{a \times e \times i}{b \times f \times j} = \frac{c \times g \times k}{d \times h \times l},$$

d'où

$$a \times e \times i : b \times f \times j :: c \times g \times k : d \times h \times l.$$

442. *Si l'on divise deux proportions, terme à terme, les quotiens sont proportionnels.* En effet, des proportions

$$a : b :: c : d, \qquad e : f :: g : h,$$

on tire

$$a \times d = b \times c, \qquad e \times h = f \times g$$

et, en divisant ces équations membre à membre,

$$\frac{a \times d}{e \times h} = \frac{b \times c}{f \times g} \text{ ou } \frac{a}{e} \times \frac{d}{h} = \frac{b}{f} \times \frac{c}{g},$$

d'où l'on peut conclure (423)

$$\frac{a}{e} : \frac{b}{f} :: \frac{c}{g} : \frac{d}{h}.$$

443. *Si quatre quantités sont en proportion, leurs puissances semblables sont proportionnelles.* Car, à la proportion $a : b :: c : d$, on peut substituer l'équation

$$\frac{a}{b} = \frac{c}{d},$$

et, si l'on élève ses deux membres à la puissance m, il vient

$$\frac{a^m}{b^m} = \frac{c^m}{d^m},$$

d'où

$$a^m : b^m :: c^m : d^m.$$

444. *Si quatre quantités sont en proportion, leurs racines semblables sont proportionnelles;* car, à la proportion $a : b :: c : d$, on peut substituer l'équation

$$\frac{a}{b} = \frac{c}{d},$$

et, en extrayant la racine $m^{\text{ème}}$ des deux membres, il vient

$$\frac{\sqrt[m]{a}}{\sqrt[m]{b}} = \frac{\sqrt[m]{c}}{\sqrt[m]{d}},$$

d'où

$$\sqrt[m]{a} : \sqrt[m]{b} :: \sqrt[m]{c} : \sqrt[m]{d}.$$

IV. *Changemens que l'on peut faire subir aux termes d'une porportion sans la détruire.*

445. *On peut, sans détruire une proportion, multiplier ou diviser par une même quantité,* 1° *les deux termes d'un même rapport ;* 2° *les deux antécédens ;* 3° *les deux conséquens.* Ainsi, de la proportion $a:b::c:d$, on peut déduire, quel que soit m,

$$1°\quad ma:mb::c:d;\quad a:b::\frac{c}{m}:\frac{d}{m}.$$

$$2°\quad ma:b::mc:d;\quad \frac{a}{m}:b::\frac{c}{m}:d.$$

$$3°\quad a:mb::c:md;\quad a:\frac{b}{m}::c:\frac{d}{m}.$$

Car, après ces changemens, en vertu de l'équation $a\times d=b\times c$, le produit des extrêmes est encore égal à celui des moyens.

446. On démontrerait de la même manière que *sans détruire une proportion, on peut multiplier l'un des extrêmes ou des moyens par une quantité arbitraire, pourvu que l'on divise l'autre extrême ou l'autre moyen par la même quantité.*

447. *Dans toute proportion, la somme ou la différence des deux premiers termes est à la somme ou à la différence des deux derniers comme le premier terme est au troisième, ou comme le deuxième est au quatrième.* Car de la proportion $a:b::c:d$ on déduit

$$\frac{a}{b}=\frac{c}{d},$$

et, en ajoutant $\pm\,1$ aux deux membres de cette équation,

$$\frac{a}{b}\pm 1=\frac{c}{d}\pm 1 \text{ ou } \frac{a\pm b}{b}=\frac{c\pm d}{d};$$

d'où l'on conclut (421)

$$a\pm b:b::c+d:d. \qquad (b)$$

cette proportion et celle dont nous sommes partis ont les mêmes conséquens; donc les antécédens sont proportionnels et l'on a

$$a\pm b:a::c\pm d:c. \qquad (c)$$

Intervertissant l'ordre des moyens dans (b) et (h), il vient enfin

$$a\pm b:c\pm d::b:d,\quad a\pm b:c\pm d::a:c. \qquad (d)$$

448. *Dans toute proportion, la somme des deux premiers termes est à leur différence comme la somme des deux derniers est à leur différence.* Car, en dédoublant la proportion (b), on a les deux suivantes

$$a+b:b::c+d:d,\quad a-b:b::c-d:d,$$

et, parce qu'elles ont les mêmes conséquens,

$$a + b : a - b :: c + d : c - d. \qquad (e)$$

449. *Dans toute proportion, 1° la somme ou la différence des antécédens est à la somme ou à la différence des conséquens comme un antécédent est à son conséquent. 2° La somme des antécédens est à leur différence comme la somme des conséquens est à leur différence.* En effet, en changeant l'ordre des moyens dans la proportion $a : b :: c : d$, on obtient $a : c :: b : d$, d'où l'on tire, en vertu des n⁰ˢ 447 et 448,

$$1° \quad a \pm c : b \pm d :: a : b ;$$
$$2° \quad a + c : a - c :: b + d : b - d. \qquad (f)$$

450. Voici quelques autres transformations de la proportion $a : b :: c : d$, que nous nous dispenserons d'énoncer ; multipliant les deux membres de l'équation fondamentale

$$\frac{a}{b} = \frac{c}{d}$$

par m, et ajoutant ensuite n à l'un et à l'autre, (m et n sont deux nombres quelconques) ; il vient

$$\frac{ma}{b} + n = \frac{mc}{d} + n \text{ ou } \frac{ma + nb}{b} = \frac{mc + nd}{d},$$

d'où l'on tire

$$ma + nb : b :: mc + nd : d.$$

désignant maintenant par p et q deux autres nombres quelconques ; on trouverait, en suivant la même marche,

$$pa + qb : b :: pc + qd : d ;$$

de la comparaison de ces deux proportions, il résulte celle-ci :

$$ma + nb : pa + qb :: mc + nd : pc + qd. \qquad (g)$$

En déplaçant les moyens de la proportion $a : b :: c : d$, elle devient $a : c :: b : d$, et par conséquent l'on a aussi

$$ma + nc : pa + qc :: mb + nd : pb + qd. \qquad (h)$$

les deux proportions (g) et (h) comportent toutes celles de ce paragraphe ; si l'on suppose, par exemple, que $m = 1$, $n = 1$, $p = 1$, $q = -1$, on retombe sur les transformations (e) et (f) des n⁰ˢ 448 et 449.

En général, il sera toujours facile de reconnaître si une proportion donnée peut se déduire de $a:b::c:d$, car il suffira de s'assurer si le produit des extrêmes y est égal à celui des moyens, en vertu de la seule relation $a \times d = b \times c$.

V. *Suite de rapports égaux.*

451. Soient $a:b=r$, $c:d=r$, $e:f=r$, ...$k:l=r$; on aura la suite de rapports égaux
$$a:b::c:d::e:f:: \ldots\ldots ::k:l,$$
que l'on énoncera : a *est à* b *comme* c *est à* d *comme* e *est à* f, etc. .....*comme* k *est à* l.

Quelquefois, on écrit d'abord tous les antécédens, puis tous les conséquens, en séparant deux antécédens ou deux conséquens · consécutifs par deux points, et le dernier antécédent du premier conséquent par quatre. Ainsi, la suite précédente peut se mettre sous la forme
$$a:c:e: \ldots.. :k::b:d:f: \ldots.. :l,$$
et l'on dit alors : a *est à* c *est à* e.....*est à* k *comme* b *est à* d *est à* f.....*est à* l.

452. *Dans une suite de rapports égaux, la somme de tous les antécédens est à la somme de tous les conséquens comme un anté-cédent quelconque est à son conséquent.* Si l'on représente par r la valeur commune à tous les rapports de la suite
$$a:b::c:d::e:f:: \ldots\ldots :: k:l, \tag{i}$$
l'on a
$$\frac{a}{b}=r, \quad \frac{c}{d}=r, \quad \frac{e}{f}=r, \ldots.. \frac{k}{l}=r, \tag{j}$$
et, en faisant disparaître les dénominateurs,
$$a=br, \quad c=dr, \quad e=fr, \ldots.. k=lr ;$$
ajoutant ces équations et mettant r en facteur dans le second membre, il vient
$$a+c+e\ldots.+k=(b+d+f\ldots.+l)r ;$$
si l'on divise maintenant les deux membres par l'expression $b+d+f\ldots\ldots+l$ et si l'on remplace r par l'un des rapports de la suite, par exemple, par $\dfrac{a}{b}$, on trouve

$$\frac{a+c+e\ldots+k}{b+d+f\ldots+l} = \frac{a}{b},$$

d'où

$$a+c+e\ldots+k : b+d+f\ldots+l :: a : b. \qquad (k)$$

453. *Dans une suite de rapports égaux, la somme d'un certain nombre d'antécédens est à la somme des conséquens correspondans comme la somme d'un autre nombre d'antécédens est à la somme des conséquens correspondans.* Car la suite de rapports égaux

$$a : b :: c : d :: e : f :: g : h :: i : j$$

peut se partager en deux autres

$$a : b :: c : d :: e : f, \qquad g : h :: i : j,$$

d'où l'on déduit (452)

$$a+c+e : b+d+f :: a : b,$$
$$g+i : h+j :: g : h \text{ ou } :: a : b;$$

et, parce que ces proportions ont le rapport commun $a : b$,

$$a+c+e : b+d+f :: g+i : h+j.$$

454. Problème. *Partager le nombre a en parties proportionnelles aux nombres* m, n, p, etc. Si l'on désigne par x, y, z, etc. les parties cherchées, on a évidemment

$$x : y : z : \ldots :: m : n : p : \ldots$$

d'où l'on conclut en vertu du n° 452 et en observant que $x+y+z\ldots=a$,

$$a : m+n+p+\ldots :: x : m, \qquad\qquad x = \frac{ma}{m+n+p\ldots}$$

$$a : m+n+p+\ldots :: y : n, \qquad \text{d'où } y = \frac{na}{m+n+p\ldots}$$

$$a : m+n+p+\ldots :: z : p, \qquad\qquad z = \frac{pa}{m+n+p\ldots}$$

$$\cdots\cdots\cdots\cdots\cdots \qquad\qquad \cdots\cdots\cdots$$

455. *Dans une suite de rapports égaux, la moyenne arithmétique de tous les antécédens est à celle de tous les conséquens comme un antécédent est à son conséquent.* Car, si l'on représente par m le nombre des rapports de la suite (i), et si l'on divise par ce nombre les deux premiers termes de la proportion (k), qui en est une conséquence, il vient

$$\frac{a+c+e\ldots+k}{m} : \frac{b+d+f\ldots+l}{m} :: a:b. \quad (l)$$

456. *Dans une suite de rapports égaux, la moyenne proportionnelle de tous les antécédens est à celle de tous les conséquens comme un antécédent est à son conséquent.* En effet, si l'on multiplie, membre à membre, les m équations (j), on obtient

$$\frac{a\times c\times e\ldots\times k}{b\times d\times f\ldots\times l} = r^m$$

d'où, en extrayant la racine $m^{\text{ième}}$,

$$\frac{\sqrt[m]{a\times c\times e\ldots\times k}}{\sqrt[m]{b\times d\times f\ldots\times l}} = r\,;$$

et, en remplaçant r par $a:b$,

$$\sqrt[m]{a\times c\times e\ldots\times k} : \sqrt[m]{b\times d\times f\ldots\times l} :: a:b. \quad (m)$$

457. *Dans une suite de rapports égaux la moyenne arithmétique de tous les antécédens est à celle de tous les conséquens comme la moyenne proportionnelle de tous les antécédens est à celle de tous les conséquens.* Les proportions (l) et (m) ayant un rapport commun $a:b$ fournissent effectivement

$$\frac{a+c\ldots+k}{m} : \frac{b+d\ldots+l}{m} :: \sqrt[m]{a\times c\ldots\times k} : \sqrt[m]{b\times d\ldots\times l}.$$

VI. *Exercices.*

458. Problème. *Déterminer* x *dans les proportions* :
$$3:5::6:x, \quad 2:9::x:5, \quad 3:x::8:7,$$
$$x:7::5:3, \quad \div 1:8:x, \quad \div 4:x:9, \quad \div x:3:2.$$
Rép. 1° $x=10$; 2° $x=1,111\ldots$; 3° $x=2,625$; 4° $x=11,666\ldots$; 5° $x=64$; 6° $x=6$; 7° $x=4,5$.

459. Problème. *Trouver une moyenne proportionnelle,* 1° *entre* 15 *et* 72; 2° *entre* 9, 12 *et* 686; 3° *entre* 2, 4, 9 *et* 18. Rép. 1° $x=32,86\ldots$; 2° $x=42$; 3° $x=6$.

460. PROBLÈME. *Partager* 36o *en parties proportionnelles aux nombres* 1, 3, 4 *et* 7. Rép. *Ces parties sont* 24, 72, 96, 168.

461. PROBLÈME. *Connaissant la moyenne arithmétique de trois quantités, la moyenne de leurs carrés, enfin celle de leurs cubes; déterminer la moyenne proportionnelle entre ces trois quantités.* Rép. Si a, b et c désignent les trois moyennes données, et x la moyenne proportionnelle cherchée, l'on a

$$x = \sqrt[3]{\frac{9\,a^3 - 9\,ab + 2c}{2}}.$$

462. Démontrer qu'*une proportion non identique ne peut être à la fois arithmétique et géométrique.*

—◦—

CHAPITRE III.

PROGRESSIONS PAR DIFFÉRENCE.

I. *Définition et notation.*

463. *Une progression arithmétique* ou *par différence* est une suite de termes, dont chacun est égal à celui qui le précède, joint à une quantité invariable, que l'on appelle *raison*. Ainsi, soient

$$a+r=b, \quad b+r=c, \quad c+r=d, \quad d+r=e,\ldots$$

les termes a, b, c, d, e,.... constituent une progression par différence dont la raison est r.

464. On dit qu'une progression par différence est *croissante* ou *décroissante*, selon que les termes dont elle est composée vont en augmentant ou en diminuant; autrement, selon que la raison de cette progression est positive ou négative. Les progressions

$$2,\quad 5, 8,\quad 11,\quad 14,\quad 17,\quad 20,\quad 23,\ldots$$
$$16,\quad 12, 8,\quad 4,\quad 0,-4,-8,-12,\ldots$$

sont l'une croissante et l'autre décroissante, la raison de la première est $5-2=3$; celle de la seconde est $12-16=-4$.

465. *Un terme quelconque d'une progression par différence est*

15

égal à la moyenne arithmétique entre celui qui le précède et celui qui le suit; car, si f, g et h sont trois termes consécutifs, pris arbitrairement dans une suite de ce genre, l'on a, en désignant la raison par r,

$$f+r=g, \quad g+r=h,$$

et, en retranchant la deuxième équation de la première,

$$f-g=g-h,$$

d'où l'on conclut (397)

$$f \cdot g : g \cdot h \text{ ou } \div f \cdot g \cdot h.$$

466. Pour indiquer que plusieurs quantités forment une progression par différence, *on les sépare deux à deux par un point qui signifie* est à, *et l'on fait précéder la suite de deux points séparés par un trait horizontal.* Ainsi, l'expression

$$\div a \cdot b \cdot c \cdot d \cdot e \cdot f \ldots$$

indique que les termes a, b, c, d, e, f,.... sont en progression par différence, et s'énonce : a *est à* b *est à* c *est à* d *est à* e.... Cette notation résulte évidemment du n° précédent et de celle adoptée dans le n° 402.

II. *Formules fondamentales.*

467. Iʳᵉ FORMULE. *Un terme quelconque d'une progression par différence est égal au premier, plus autant de fois la raison qu'il y a de termes avant lui.* Soient r la raison et l le $n^{\text{ème}}$ terme de la progression

$$\div a \cdot b \cdot c \cdot d \cdot e \ldots j \cdot k \cdot l \ldots$$

on aura (463) les $n-1$ équations

$$b=a+r, \quad c=b+r, \quad d=c+r, \ldots k=j+r, \quad l=k+r,$$

et, en les ajoutant,

$$b+c+d+\ldots+k+l=a+b+c+\ldots+k+(n-1)r,$$

d'où, en supprimant les termes b, c, d,.... k communs aux deux membres,

$$l=a+(n-1)r;$$

ce qui démontre le principe énoncé.

Si l'on fait dans cette formule $n=1$, $n=2$, $n=3$, $n=4$....

l représente successivement les divers termes de la progression et l'on trouve

$$a=a, \quad b=a+r, \quad c=a+2r, \quad d=a+3r,\ldots$$

c'est pourquoi l'on donne à cette expression le nom de *terme général du rang* n.

1er *Exemple.* Le 16e terme de la progression $\div 2.5\ldots$, dont le premier terme est 2 et dont la raison est $5-2=3$, est égal à $2+(16-1)\times 3=47$.

2e *Exemple.* Le 51e terme de la progression $\div 16.12\ldots$ dont le premier terme est 16 et dont la raison est $12-16=-4$, est égal à $16+(51-1)\times-4=-184$.

468. 2e **Formule.** *La somme des termes d'une progression par différence est égale à la demi-somme des termes extrêmes multipliée par le nombre des termes.* Représentons par r et n la raison et le nombre des termes de la progression

$$\div a.b.c.d\ldots\ldots i.j.k.l, \tag{a}$$

et posons

$$s=a+b+c+d\ldots+i+j+k+l; \tag{b}$$

nous pourrons, en disposant ses termes dans un ordre inverse, former cette autre progression

$$\div l.k.j.i\ldots\ldots d.c.b.a, \tag{c}$$

dont la raison est $-r$, ce qui fait voir qu'elle est croissante si la première est décroissante et réciproquement ; mais la somme des termes n'étant point altérée par cet arrangement, nous aurons encore

$$s=l+k+j+i\ldots\ldots +d+c+b+a, \tag{d}$$

puis, en ajoutant les équations (b) et (d),

$$2s=(a+l)+(b+k)+(c+j)+(d+i)\ldots\ldots$$
$$\ldots\ldots\ldots\ldots+(k+b)+(l+a). \tag{e}$$

or, par la nature des progressions (a) et (c), il vient

$$a+r=b, \quad b+r=c, \quad c+r=d,\ldots \quad k+r=l,$$
$$l-r=k, \quad k-r=j, \quad j-r=i,\ldots \quad b-r=a,$$

et, en prenant la somme des équations correspondantes et observant en même temps que les termes r et $-r$ se détruisent,

$$a+l=b+k, \quad b+k=c+j, \quad c+j=d+i,\ldots \quad k+b=l+a,$$

d'où

$$a+l=b+k=c+j=d+i\ldots=l+a.$$

Le second membre de l'équation (e) se compose donc de n binomes égaux à $a+l$ et conséquemment elle se réduit à

$$2s=(a+l)n \quad \text{d'où} \quad s=\left(\frac{a+l}{2}\right)n.$$

1er *Exemple*. La somme des termes de la progression
$$\div 5.8.11.14.17.20.23.26.29.32,$$
dont les termes extrêmes sont 5 et 32, et dont le nombre des termes est 10, est égale à $\left(\dfrac{5+32}{2}\right).\ 10=185.$

2e *Exemple*. Si l'on proposait de sommer les 21 premiers termes de la progression $\div 15.11\ldots$, qui a pour premier terme 15 et pour raison $11-15=-4$; on observerait d'abord que le 21e terme est égal à $15+20\times-4=-65$, puis, l'on en conclurait que la somme cherchée est $\left(\dfrac{15-65}{2}\right).21=-525.$

469. *La somme des* n *premiers nombres naturels est égale à* $\dfrac{n(n+1)}{2}$; car les n premiers nombres $1, 2, 3, 4,\ldots n$ forment une progression par différence dont les termes extrêmes sont 1 et n, d'où il suit que

$$1+2+3+\ldots\ldots+n=\left(\frac{1+n}{2}\right)n=\frac{n(n+1)}{2}.$$

Ainsi la somme des 1000 premiers nombres est égale à

$$\frac{1000.1001}{2}=500500.$$

470. *La somme des* n *premiers nombres impairs est égale à* n². Car les n premiers nombres impairs $1, 3, 5, 7\ldots$ constituent une progression par différence, qui a pour premier terme 1, pour raison 2 et pour dernier terme $1+(n-1).2=2n-1$; donc

$$1+3+5+7\ldots+(2n-1)=\left(\frac{1+2n-1}{2}\right)n=n.n=n^2.$$

Ainsi, la somme des 100 premiers nombres impairs est égale à $100^2=10000.$

471. Insérer m moyens arithmétiques entre deux quantités, *c'est y intercaler* m *termes, de manière que le système de ces* m+2 *termes constitue une progression par différence.*

472. Problème. *Insérer* m *moyens arithmétiques entre les deux quantités* a *et* l. Cette question consiste évidemment à trouver la raison r d'une progression par différence composée de $m+2$ termes et ayant pour termes extrêmes les quantités a et l. Or, le terme l, étant du rang $m+2$, est précédé de $m+1$ termes, et, en vertu de la première formule de ce paragraphe, l'on a l'équation

$$l = a + (m+1)r \quad \text{d'où} \quad r = \frac{l-a}{m+1};$$

ainsi, *la raison cherchée est égale à la différence des deux quantités données, divisée par le nombre des moyens à insérer, plus un.* Actuellement, pour obtenir les m moyens, il ne s'agit plus que de substituer cette valeur de r dans les m expressions

$$a+r, \ a+2r, \ a+3r, \ldots\ldots \ a+mr.$$

Si l'on suppose $m=1$, il vient $r = \dfrac{l-a}{2}$ et le moyen demandé est égal à

$$a + \frac{l-a}{2} = \frac{a+l}{2}.$$

Exemple. Soit à insérer 7 moyens arithmétiques entre les nombres 3 et 19 ; on aura $r = \dfrac{19-3}{7+1} = \dfrac{16}{8} = 2$, et les 7 moyens cherchés seront 5, 7, 9, 11, 13, 15, 17.

473. *La moyenne arithmétique entre tous les termes d'une progression par différence est égale à la moyenne arithmétique entre les deux termes extrêmes.* Ce qui résulte immédiatement de l'équation

$$s = \left(\frac{a+l}{2}\right) n \quad \text{d'où l'on tire} \quad \frac{s}{n} = \frac{a+l}{2}.$$

III. *Problèmes sur les progressions par différence.*

474. Les formules fondamentales de la théorie des progressions
$$l = a + (n-1)r \quad (f), \qquad 2s = (a+l)n \quad (g)$$
renfermant cinq quantités a, l, n, r et s, peuvent servir à déterminer deux d'entr'elles, quand on connaît les trois autres. De là résultent dix questions, dont les inconnues sont :

$$1° \ a, \ l; \ 2° \ a, \ n; \ 3° \ a, \ r; \ 4° \ a, \ s; \ 5° \ l, \ n;$$
$$6° \ l, \ r; \ 7° \ l, \ s; \ 8° \ n, \ r; \ 9° \ n, \ s; \ 10° \ r, \ s.$$

Avant de nous en occuper, nous ferons remarquer que les quantités a, l, r et s peuvent être quelconques, positives ou négatives, entières ou fractionnaires; mais que la quantité n doit être essentiellement un nombre entier positif.

475. Problème I. *Déterminer a et l, connaissant n, r et s.* Les formules du n° précédent peuvent aisément se mettre sous la forme

$$l - a = (n-1)r, \quad l + a = \frac{2s}{n};$$

et, en faisant usage de la règle du n° 5, on trouve sur le champ

$$l = \frac{2s}{2n} + \frac{(n-1)r}{2} = \frac{2s + n(n-1)r}{2n};$$

$$a = \frac{2s}{2n} - \frac{(n-1)r}{2} = \frac{2s - n(n-1)r}{2n}.$$

476. Problème II. *Déterminer a et n, connaissant l, r et s.* On tire de la formule (f)

$$a = l + r - rn, \qquad (h)$$

et, en substituant dans la formule (g), l'on a

$$2s = (2l + r - rn)n,$$

équation du second degré par rapport à n, qui devient, par la préparation ordinaire,

$$n^2 - \frac{(2l+r)}{r} n = - \frac{2s}{r},$$

d'où l'on déduit

$$n = \frac{2l + r \pm \sqrt{(2l+r)^2 - 8rs}}{2r};$$

si l'on porte maintenant cette valeur de n dans (h), on trouve

$$a = \frac{r + \sqrt{(2\,l+r)^2 - 8\,rs}}{2}.$$

Lorsque l'expression $(2\,l+r)^2 - 8\,rs$ est négative, les valeurs des inconnues sont imaginaires et le problème est impossible; si elle est positive, il y a, algébriquement parlant, deux solutions; toutefois il ne faut point perdre de vue que l'on doit rejeter celles qui ne correspondent point à des valeurs entières et positives de n.

Si l'on pose $r=2$, $l=21$ et $s=120$, les résultats précédens donnent : 1° $n=12$, $a=-1$; 2° $n=10$, $a=3$. Ces deux solutions sont admissibles.

477. Problème III. *Déterminer* a *et* r, *connaissant* l, n *et* s. L'équation (g) fournit d'abord

$$a = \frac{2\,s - ln}{n};$$

multipliant ensuite l'équation (f) par n et éliminant a, on parvient à celle-ci :

$$l\,n = 2\,s - ln + n(n-1)\,r, \quad \text{d'où } r = \frac{2\,(ln-s)}{n\,(n-1)}.$$

478. Problème IV. *Déterminer* a *et* s, *connaissant* l, n *et* r. Il faut prendre la valeur de a dans (f) et la substituer dans (g), ce qui donne

$$a = l - (n-1)\,r, \quad s = \frac{(2\,l - (n-1)\,r)}{2}\,n.$$

479. Problème V. *Déterminer* l *et* n, *connaissant* a, r *et* s. En suivant une marche tout à fait semblable à celle dont on a fait usage pour résoudre le problème II, on trouve

$$n = \frac{r - 2\,a \pm \sqrt{(r-2\,a)^2 + 8\,rs}}{2\,r},$$

$$l = \frac{-r \pm \sqrt{(r-2\,a)^2 + 8\,rs}}{2}.$$

Si l'on fait $a=1$, $r=3$ et $s=70$, ces formules fournissent : 1° $n=7$, $l=19$; 2° $n=-6\frac{2}{3}$, $l=-22$; la deuxième solution est évidemment inadmissible.

480. Problème VI. *Déterminer* l *et* r *, connaissant* a*,* n *et* s*.*

En procédant comme dans le problème III, on obtient

$$ l = \frac{2s - an}{n}, \qquad r = \frac{2(s - an)}{n(n-1)}. $$

481. Problème VII. *Déterminer* l *et* s *connaissant* a*,* n *et* r*.*

L'inconnue l se détermine par la première formule

$$ l = a + (n-1)r, $$

et, en portant cette valeur dans la seconde, l'on a

$$ s = \frac{(2a + (n-1)r)}{2}\, n, $$

expression employée fréquemment pour sommer une progression par différence dont on connaît le premier terme, la raison et le nombre des termes.

Soit, pour exemple, à sommer les 12 premiers termes de la progression $\div 5.9\ldots\ldots$; on aura $a = 5$, $r = 4$, $n = 12$, et par suite

$$ s = \frac{(2 \times 5 + 11 \times 4)}{2}.\, 12 = 324. $$

482. Problème VIII. *Déterminer* n *et* r*, connaissant* a*,* l *et* s*.*

On tire de (g)

$$ n = \frac{2s}{a + l}; $$

mettant cette valeur dans (f), puis, résolvant l'équation résultante relativement à r, on trouve

$$ r = \frac{(l + a)(l - a)}{2s - (a + l)} = \frac{l^2 - a^2}{2s - a - l}. $$

483. Problème IX. *Déterminer* n *et* s*, connaissant* a*,* l *et* r*.*

La formule (f) fournit

$$ n - 1 = \frac{l - a}{r}, \quad \text{d'où} \quad n = \frac{l - a + r}{r}; $$

et, en substituant dans (g), il vient

$$ s = \frac{(l + a)(l - a + r)}{2r}. $$

484. Problème X. *Déterminer* r *et* s*, connaissant* a*,* l *et* n*.*

Les équations (f) et (g) donneront immédiatement

$$ r = \frac{l - a}{n - 1}, \qquad s = \frac{(a + l)n}{2}. $$

IV. *Exercices.*

485. PROBLÈME. *Etant donnée la progression ÷ 7.10..., on demande :* 1° *le* 23e *terme ;* 2° *la somme des* 17 *premiers termes ;* 3° *la somme des termes compris entre les* 7e *et* 19e *termes.* Rép. 1° 73 ; 2° 527 ; 3° 473.

486. PROBLÈME. *On demande combien de coups une horloge sonne en douze heures ?* Rép. 78.

487. PROBLÈME. *Quelqu'un achète un cheval, sous la condition que pour le* 1er *clou il paiera* 0 *fr.* 25, *pour le* 2e 0,40, *pour le* 3e 0,55, *et pareillement toujours* 0,15 *de plus pour chacun des suivans ; le cheval a* 32 *clous : combien coûtera-t-il à l'acheteur ?* Rép. 82 *fr.* 40.

488. PROBLÈME. *Un voyageur a parcouru* 198 *lieues dans* 33 *jours, en faisant chaque jour un quart de lieue de plus que dans le jour précédent ; combien a-t-il fait de lieues le premier et le dernier jour ?* Rép. 2 *et* 10 *lieues.*

489. PROBLÈME. *Partager* 95 *fr. entre* 5 *personnes de manière que chacune ait* 5 *fr. de moins que la précédente.* Rép. *Les parts sont* 29, 24, 19, 14, 9.

490. PROBLÈME. *Insérer* 5 *moyens arithmétiques entre les nombres* 11 *et* 32. Rép. *Ces moyens sont :* 1° 14,5 ; 2° 18 ; 3° 21,5 ; 4° 25 ; 5° 28,5.

491. PROBLÈME. *Un levrier fait* 60 *sauts dans la* 1re *minute de sa course,* 55 *dans la* 2e, 50 *dans la* 3e, *et pareillement toujours* 5 *sauts de moins dans chacune des suivantes, combien fera-t-il de sauts avant de s'arrêter ?* Rép. 390.

492. PROBLÈME. *Trouver quatre termes en progression par différence, sachant que le produit des extrêmes est* 70 *et que celui des moyens est* 88. Rép. ÷ 5.8.11.14.

493. PROBLÈME. *Déterminer les élémens d'une progression par différence, connaissant :* 1° *le nombre des termes* 2n ; 2° *la moyenne arithmétique* m *entre les termes de rang impair ;* 3° *la moyenne* m′ *entre les termes de rang pair.* Rép. En conservant les notations de ce chapitre, l'on a

$$a = m - n(m - m'), \quad l = m' + n.(m - m')$$
$$r = m - m', \qquad s = (m + m')n.$$

494. Problème. *Une droite, longue de* a *mètres, étant divisée en* m *parties égales, on propose de trouver* 1° *un point tel que la somme de ses distances aux* m + 1 *points de cette droite (en y comprenant ses extrémités) soit la plus petite possible;* 2° *l'expression de cette plus petite somme.* Rép. 1° *Si* m *est pair, le point cherché se trouve au milieu de la droite donnée; si* m *est impair, les deux points de division les plus voisins de ce milieu et tous les points intermédiaires jouissent de la propriété demandée;* 2° *l'expression de la plus petite somme est* $\dfrac{(m+2)a}{4}$ *si* m *est pair, et*

$\dfrac{(m+1)^2 a}{4m}$ *si* m *est impair.*

495. Démontrer que *si l'on insère le même nombre de moyens arithmétiques entre tous les termes d'une progression par différence, considérés deux à deux; l'ensemble de ces termes et des moyens insérés constitue une progression unique.*

⸺❧⸺

CHAPITRE IV.

PROGRESSIONS PAR QUOTIENT.

I. *Définition et notation.*

496. *Une progression géométrique* ou *par quotient* est une suite de termes dont chacun est égal à celui qui le précède, multiplié par une quantité invariable que l'on appelle *raison.* Ainsi, soient

$$ar = b, \; br = c, \; cr = d, \; dr = e, \; er = f, \ldots$$

les termes $a, b, c, d, e, f, \ldots$ forment une progression par quotient dont la raison est r.

Lorsque la raison r est positive, tous les termes de la progression sont de même signe ; quand elle est négative, ils sont alternativement positifs et négatifs.

497. Une progression par quotient est dite *croissante* ou *décroissante*, selon que la valeur numérique de la raison est plus grande ou plus petite que l'unité ; les deux progressions

$$3, \quad 6, \quad 12, \quad 24, \quad 48, \quad 96,\ldots\ldots$$

$$5, \; -\frac{5}{2}, \quad \frac{5}{4}, \; -\frac{5}{8}, \quad \frac{5}{16}, \; -\frac{5}{32},\ldots\ldots$$

sont l'une croissante et l'autre décroissante ; la raison de la première est $6:3=2$; celle de la seconde est $-\dfrac{5}{2}:5=-\dfrac{1}{2}$.

498. *Un terme quelconque d'une progression par quotient est égal à la moyenne proportionnelle entre celui qui le précède et celui qui le suit.* Car, soient f, g et h trois termes consécutifs quelconques d'une telle suite, l'on a, en représentant la raison par r,

$$fr=g, \quad gr=h,$$

et, en divisant ces équations membre à membre,

$$\frac{f}{g}=\frac{g}{h} \text{,}$$

d'où (421)

$$f:g::g:h \text{ ou } \div f:g:h.$$

499. Pour exprimer qu'une suite de termes constitue une progression par quotient, *on les écrit les uns à la suite des autres, en les séparant par deux points qui signifient* est à, *et l'on fait précéder le premier terme de quatre points séparés deux à deux par un trait horizontal.* Ainsi, l'expression

$$\div a:b:c:d:e:f:\ldots$$

indique que les quantités a, b, c, d, e, f,…. sont en progression par quotient, et s'énonce : a *est à* b *est à* c *est à* d *est à* e *est à* f…. Cette notation résulte de la proposition précédente et de celle adoptée dans le n° 428.

II. Formules fondamentales.

500. Iʳᵉ Formule. *Un terme quelconque d'une progression par quotient est égal au premier, multiplié par la raison élevée à la*

puissance marquée par le nombre des termes qui le précèdent.
Soient r la raison et l le $n^{\text{ème}}$ terme de la progression
$$\div a : b : c : d : e \ldots : j : k : l : \ldots ;$$
on aura les $n - 1$ équations (496)
$$b = ar, \quad c = br, \quad d = cr, \quad e = dr, \ldots \ k = jr, \quad l = kr,$$
et en les multipliant,
$$b\,c\,d\,e \ldots k\,l = a\,b\,c\,d \ldots j\,k\,r^{n-1}$$
d'où, en divisant par $b\,c\,d\,e \ldots k$,
$$l = ar^{n-1},$$
ce qui démontre le principe énoncé.

Si l'on fait dans cette formule $n = 1$, $n = 2$, $n = 3$, $n = 4, \ldots$
l représente successivement les divers termes de la progression
et l'on trouve
$$a = a, \quad b = ar, \quad c = ar^{2}, \quad d = ar^{3}, \ldots$$
c'est pourquoi l'on donne à cette expression le nom de *terme général du rang* n.

1er *Exemple.* Le 7e terme de la progression $\div 3 : 6 : \ldots$, dont
le premier terme est 3 et dont la raison est $6 : 3 = 2$, est égal à
$3 \times 2^{6} = 192$.

2e *Exemple.* Le 6e terme de la progression $\div 2 : -3 : \ldots$ qui a
pour premier terme 2 et pour raison $-3 : 2 = -\dfrac{3}{2}$, est égal à
$$2\left(-\frac{3}{2}\right)^{5} = -\frac{243}{16} = -15\,\frac{3}{16}.$$

501. 2e FORMULE. *La somme des termes d'une progression géométrique est égale au quotient que l'on obtient, en divisant, par la raison moins l'unité, le produit du dernier terme par la raison diminué du premier terme.* Considérons la progression
$$\div a : b : c : d : \ldots\ldots : i : j : k : l,$$
et posons
$$s = a + b + c + d + \ldots + i + j + k + l;$$
d'où résulte, en multipliant par la raison r,
$$sr = ar + br + cr + dr + \ldots + ir + jr + kr + lr;$$
retranchant la première équation de la seconde, mettant s en

facteur dans le premier membre et observant, relativement au dernier, que $ar=b$, $br=c$, $cr=d,\ldots\ldots kr=l$, il vient

$$s(r-1)=lr-a \quad \text{d'où} \quad s=\frac{lr-a}{r-1}.$$

1er *Exemple.* La somme des termes de la progression

$$\div 3:6:12:24:48:96:192:384,$$

dans laquelle $a=3$, $l=384$, $r=2$, est égale à $\dfrac{384\times 2-3}{2-1}$

$=765$.

2e *Exemple.* Soit à sommer les 9 premiers termes de la progression $\div 1:-3:\ldots\ldots$; on observera d'abord qu'ici $a=1$, $r=-3$, et que le 9e terme $=1\times(-3)^8=6561$; puis, on en conclura que la somme cherchée est $\dfrac{6561\times-3-1}{-3-1}=4921$.

502. Insérer m moyens proportionnels entre deux quantités, *c'est y intercaler* m *termes, tels que l'ensemble des* m$+$2 *termes constitue une progression par quotient.*

503. Problème. *Insérer* m *moyens proportionnels entre les deux quantités* a *et* l. Cette question se réduit évidemment à trouver la raison r d'une progression par quotient, dont les extrêmes sont a et l et dont le nombre des termes est $m+2$; or, le terme l, étant du rang $m+2$, se trouve précédé de $m+1$ termes, et par conséquent l'on a (500)

$$l=ar^{m+1},$$

d'où l'on tire, en divisant par a et en extrayant la racine du degré $m+1$ des deux membres,

$$r=\sqrt[m+1]{\frac{l}{a}};$$

ainsi, *la raison cherchée s'obtient en extrayant du rapport des deux quantités* l *et* a *la racine marquée par le nombre des moyens à insérer, plus un.* La raison r étant déterminée, les m moyens sont visiblement

$$ar,\,ar^2,\,ar^3,\ldots\ldots\ldots ar^m.$$

Si l'on suppose $m=1$, il vient

$$r=\sqrt{\frac{l}{a}},$$

et le moyen demandé est

$$a\sqrt{\dfrac{l}{a}}=\sqrt{al}.$$

Exemple. Soit à insérer 7 moyens entre les nombres 5 et 1280, on aura $a=5$, $l=1280$, $m=7$, et par suite

$$r=\sqrt[8]{\dfrac{1280}{5}}=\sqrt[8]{256}=2\,;$$

donc les 7 moyens cherchés sont 10, 20, 40, 80, 160, 320 et 640.

504. *La moyenne proportionnelle entre tous les termes d'une progression par quotient est égale à la moyenne proportionnelle entre les termes extrêmes.* En effet, si l'on représente par r la raison de la progression

$$\div a : b : c : d : \ldots\ldots\ldots : l$$

on a les équations suivantes

$$a=a,\ b=ar,\ c=ar^{2},\ d=ar^{3},\ \ldots\ldots\ l=ar^{n-1},$$

et, en faisant leur produit,

$$abcd\ldots\ldots l=a\times ar\times ar^{2}\times ar^{3}\times\ldots\times ar^{n-1}$$
$$=a\times a\times a\times\ldots\ldots\times a\times r\times r^{2}\times r^{3}\times\ldots\times r^{n-1},$$

ou bien, en observant que $1+2+3+\ldots+(n-1)=\dfrac{n(n-1)}{2}$,

$$abcd\ldots\ldots l=a^{n}\,r^{\frac{n(n-1)}{2}}\,;$$

si l'on extrait actuellement la racine du degré n, il vient

$$\sqrt[n]{abcd\ldots\ldots l}=ar^{\frac{n-1}{2}}=\sqrt{a\times ar^{n-1}}=\sqrt{al}.$$

III. *Progressions par quotient décroissantes à l'infini.*

505. *La somme des termes d'une progression décroissante, prolongée à l'infini, est égale au quotient du premier terme divisé par l'unité diminuée de la raison.* Soient

$$\div a : ar : ar^{2} : ar^{3} : \ldots\ldots \tag{a}$$

Une telle progression et L la somme de tous ses termes, dont le dernier ar^{∞} peut être considéré comme moindre que toute quantité assignable, attendu que l'on suppose $r<1$ et que les puissances successives d'une fraction diminuent de plus en plus et tendent vers zéro (90). L'équation

$$\mathrm{L} = a + ar + ar^2 + ar^3 + \ldots\ldots$$

multipliée par r devient

$$\mathrm{L}r = ar + ar^2 + ar^3 + ar^4 + \ldots\ldots;$$

retranchant celle-ci de la première, on obtient

$$\mathrm{L}(1 - r) = a \quad \text{d'où} \quad \mathrm{L} = \frac{a}{1 - r}.$$

Si l'on divise a par $1 - r$, on retrouve effectivement la suite indéfinie $a + ar + ar^2 + ar^3 + \ldots\ldots$

Soit, pour exemple, à sommer la progression décroissante à l'infini

$$\div 1 : \frac{1}{2} : \frac{1}{4} : \frac{1}{8} : \frac{1}{16} : \ldots\ldots ;$$

il faudra faire, dans la formule précédente, $a = 1$ et $r = \dfrac{1}{2}$, ce qui donnera

$$\mathrm{L} = 1 : \left(1 - \frac{1}{2} \right) = 2 : (2 - 1) = 2.$$

C'est ce que l'on peut d'ailleurs facilement vérifier en observant que

$$2 = 1 + 1, \quad 1 = \frac{1}{2} + \frac{1}{2}, \quad \frac{1}{2} = \frac{1}{4} + \frac{1}{4}, \quad \frac{1}{4} = \frac{1}{8} + \frac{1}{8}, \ldots$$

d'où il résulte, par des substitutions successives,

$$2 = 1 + \frac{1}{2} + \frac{1}{4} + \frac{1}{8} + \ldots\ldots$$

506. Voici une autre manière de parvenir à la même formule qu'il est important de connaître. Soit s_n la somme des n premiers termes a, ar, $ar^2 \ldots\ldots ar^{n-1}$ de la progression décroissante (a), on aura (501)

$$s_n = \frac{ar^{n-1} \cdot r - a}{r - 1} = \frac{a - ar^n}{1 - r},$$

ou bien, en décomposant le dernier membre,

$$s_n = \frac{a}{1 - r} - \frac{a}{1 - r} r^n ;$$

actuellement, si l'on pose $n = \infty$, auquel cas $r^\infty = 0$ et $s_\infty = \mathrm{L}$, il vient, comme on l'a déjà trouvé,

$$\mathrm{L} = \frac{a}{1-r} \, .$$

En retranchant la valeur de s_n de celle de L, on a

$$\mathrm{L} - s_n = \frac{a}{1-r}\, r^n, \qquad\qquad (b)$$

ce qui fait voir que la valeur numérique de la différence $\mathrm{L} - s_n$ décroit à mesure que n augmente, et que l'on ne peut avoir $\mathrm{L} - s_n = 0$ ou $\mathrm{L} = s_n$ que lorsque $n = \infty$. L'expression L vers laquelle convergent les sommes $s_1,\ s_2,\ s_3,\ s_4,\ldots$ est donc la *limite* de la quantité variable s_n

Lorsque r est positif, le premier membre $\mathrm{L} - s_n$ a toujours le même signe que a, quel que soit n; conséquemment les sommes $s_1,\ s_2,\ s_3,\ldots$ sont toutes plus petites ou plus grandes que L, suivant que a est positif ou négatif.

Quand au contraire r est négatif, les puissances successives de r et par suite les valeurs de $\mathrm{L} - s_n$ sont alternativement positives et négatives; de sorte que la limite L est constamment comprise entre deux valeurs consécutives de s_n.

507. Soit fait $r = 1$ dans l'équation identique

$$\frac{a}{1-r} = a + ar + ar^2 + ar^3 + ar^4 + \ldots;$$

elle produit

$$\frac{a}{0} = a + a + a + a + a + \ldots = \infty ,$$

résultat qui a déjà été établi ailleurs.

Soit encore fait $r = -1$; elle devient

$$\frac{a}{2} = a - a + a - a + a - \ldots;$$

ici, l'on a évidemment $s_1 = a$, $s_2 = 0$, $s_3 = a$, $s_4 = 0,\ldots$ mais l'équation (b), se changeant en

$$\mathrm{L} - s_n = \frac{a}{2}\, (-1)^n,$$

apprend que l'erreur commise est alternativement $\dfrac{a}{2}$ et $-\dfrac{a}{2}$.

508. Si la raison r est numériquement plus grande que l'unité, auquel cas la progression est croissante, le second membre de l'équation (b) et par suite le premier $\mathrm{L} - s_\mathrm{n}$, croît, abstraction faite des signes, en même temps que n; de sorte qu'en posant $n = \infty$, cette différence surpasse toute quantité imaginable. On voit donc que dans cette hypothèse, les sommes s_1, s_2, s_3, ... diffèrent de plus en plus de l'expression L, qui ne saurait alors être considérée comme leur limite. Il s'ensuit que la somme des termes d'une progression croissante, prolongée à l'infini, est elle-même infinie.

509. On peut employer la formule précédente pour réduire en fraction ordinaire une fraction périodique donnée : prenons pour exemple la fraction décimale $0{,}777\ldots\ldots$; nous aurons

$$0{,}777\ldots = \frac{7}{10} + \frac{7}{100} + \frac{7}{1000} + \ldots = \frac{7}{10} : \left(1 - \frac{1}{10}\right) = \frac{7}{9}.$$

En général, soit p un nombre entier composé de n chiffres et considérons la fraction décimale périodique $0{,}ppp\ldots$; nous aurons également

$$0{,}ppp\ldots = \frac{p}{10^\mathrm{n}} + \frac{p}{10^{2\mathrm{n}}} + \frac{p}{10^{3\mathrm{n}}} \ldots = \frac{p}{10^\mathrm{n}} : \left(1 - \frac{1}{10^\mathrm{n}}\right) = \frac{p}{10^{\mathrm{n}-1}}.$$

Ce qui conduit à la règle connue, laquelle consiste, comme on le sait, à diviser la période par un nombre composé d'autant de 9 qu'elle contient de chiffres.

IV. *Problèmes sur les progressions par quotient.*

510. Les formules fondamentales de la théorie des progressions par quotient

$$l = a\,r^{\mathrm{n}-1}, \qquad (c) \qquad s\,(r - 1) = l\,r - a; \qquad\qquad (d)$$

renfermant, comme celle des progressions par différence, cinq quantités a, l, n, r et s peuvent servir à déterminer deux d'entr'elles, quand les trois autres sont connues. De là résultent dix questions analogues à celles du n° 474.

La résolution des quatre problèmes dont les inconnues sont : 1° a, n; 2° l, n; 3° n, r; 4° n, s; exigeant l'emploi des logarithmes, sera renvoyée à l'un des chapitres suivans.

16

511. Problème I. *Déterminer* a *et* l, *connaissant* n, r *et* s. Si l'on élimine l entre les équations (c) et (d), il vient

$$s(r-1) = a(r^n - 1) \quad \text{d'où} \quad a = \frac{s(r-1)}{r^n - 1},$$

et, en substituant dans (c),

$$l = \frac{s(r-1)\, r^{n-1}}{r^n - 1}.$$

512. Problème II. *Déterminer* a *et* r, *connaissant* l, n *et* s. L'équation (d) multipliée par r^{n-1} devient

$$s r^n - s r^{n-1} = l r^n - a r^{n-1}$$

et, en y remplaçant $a r^{n-1}$ par l,

$$s r^n - s r^{n-1} = l r^n - l \quad \text{ou} \quad (s-l) r^n - s r^{n-1} + l = 0 ;$$

il faudra donc, pour trouver l'inconnue r, résoudre une équation du degré n, après quoi, l'équation $a = l : r^{n-1}$ fera connaître la deuxième inconnue a.

513. Problème III. *Déterminer* a *et* s, *connaissant* l, n *et* r. La formule (c) fournit immédiatement la valeur de a, et la substitution de cette valeur dans la formule (d) donne s ; on trouve de cette manière

$$a = \frac{l}{r^{n-1}}, \quad s = \frac{(r^n - 1)\, l}{(r-1)\, r^{n-1}}.$$

514. Problème IV. *Déterminer* l *et* r, *connaissant* a, n *et* s. Éliminant l entre (c) et (d), on a, pour résoudre ce problème, les deux équations

$$a r^n - s r + s - a = 0, \quad l = a r^{n-1} ;$$

il dépend, comme celui du n° 512, de la résolution d'une équation du degré n.

515. Problème V. *Déterminer* l *et* s, *connaissant* a, n *et* r. L'équation (c) donne la valeur de l, et cette valeur, substituée dans l'équation (d), conduit à celle de s. Ces valeurs sont

$$l = a r^{n-1}, \quad s = \frac{a(r^n - 1)}{r - 1}.$$

516. Problème VI. *Déterminer* r *et* s, *connaissant* a, l *et* n. On tire d'abord de l'équation (c)

$$r = \sqrt[n-1]{\frac{l}{a}} ;$$

si ensuite l'on substitue dans l'équation (d), il vient, après avoir multiplié par $\sqrt[n-1]{a}$,

$$s(\sqrt[n-1]{l}-\sqrt[n-1]{a})=l\sqrt[n-1]{l}-a\sqrt[n-1]{a}, \quad \text{d'où} \quad s=\frac{l\sqrt[n-1]{l}-a\sqrt[n-1]{a}}{\sqrt[n-1]{l}-\sqrt[n-1]{a}}.$$

517. Le premier terme a, la raison r et la somme L de tous les termes d'une progression par quotient décroissante à l'infini, étant liés par la relation

$$L=\frac{a}{1-r},$$

on pourra également, lorsqu'on connaîtra deux de ces quantités, déterminer la troisième. De là résultent trois questions qui sont résolues par les formules suivantes

$$1° \; L=\frac{a}{1-r} \; ; \; 2° \; r=\frac{L-a}{L} \; ; \; 3° \; a=L\,(1-r).$$

V. *Exercices.*

518. Problème. *Étant donnée la progression* $\div 3 : 6 : \ldots\ldots,$ *on demande :* $1°$ *le* 13e *terme ;* $2°$ *la somme des* 24 *premiers termes ;* $3°$ *la somme des termes compris entre les* 6e *et* 28e *termes.* Rép. $1°$ 12288 ; $2°$ 50331645 ; $3°$ 402652992.

519. Problème. *Insérer* 5 *moyens proportionnels entre les nombres* 7 *et* $286\overline{7}2$. Rép. *Ces moyens sont :* 28, 112, 448, 1792, 7168.

520. Problème. *Trouver une moyenne proportionnelle entre les* 7 *premiers termes de la progression* $\div 5 : 15 : \ldots$ Rép. 135.

521. Problème. *Sommer les progressions décroissantes à l'infini* $\div 1 : \frac{1}{3} : \ldots\ldots, \; \div 1 : -\frac{1}{3} : \ldots\ldots$ Rép. $1°$ $\frac{3}{2}$; $2°$ $\frac{3}{4}$.

522. Problème. *Trouver quatre termes en progression par quotient, tels que la somme des deux premiers soit* 8 *et que celle des deux derniers soit* 72. Rép. *Il y a deux solutions :*

$$1° \; \div 2 : 6 : 18 : 54, \quad 2° \; \div -4 : 12 : -36 : 108.$$

523. Problème. $1°$ *Trouver la somme* s *des* n *premiers termes* de la suite $1 + 2\,x + 3\,x^2 + 4\,x^3 + 5\,x^4 + \ldots$; 2° *sommer la suite indéfinie* $1 + \dfrac{2}{3} + \dfrac{3}{3^2} + \dfrac{4}{3^3} + \ldots\ldots$

$$\text{Rép. } 1^o\ s = \frac{n\,x^{n+1} - (n+1)\,x^n + 1}{(x-1)^2}\ ;\ 2^o\ 2\,\frac{1}{4}\,.$$

524. Problème. *Déterminer les élémens d'une progression par quotient, connaissant :* 1° *le nombre des termes* $2\,n$; 2° *la moyenne proportionnelle* m *entre les termes de rang impair ;* 3° *la moyenne proportionnelle* m' *entre les termes de rang pair.* Rép. En conservant les notations de ce chapitre, l'on a

$$a = \frac{m'^{\,n}}{m^{\,n-1}}\,,\ l = \frac{m^{\,n}}{m'^{\,n-1}}\,,\ r = \frac{m}{m'}\,,\ s = \frac{m^{2n} - m'^{\,2n}}{m^{n-1}\,m'^{\,n-1}\,(m-m')}\,.$$

525. Démontrer que *si l'on insère le même nombre de moyens proportionnels entre tous les termes d'une progression par quotient, considérés deux à deux, l'ensemble de ces termes et des moyens insérés constitue une progression unique.*

⸺⊷⸺

CHAPITRE V.

THÉORIE DES LOGARITHMES.

I. *Notions préliminaires.*

526. On appelle *logarithmes* d'un nombre l'exposant de la puissance à laquelle il faut élever une quantité invariable pour produire ce nombre. La quantité invariable prend le nom de *base.*

Soient a la base et x l'exposant de la puissance à laquelle il faut élever a pour obtenir y, en sorte que l'on ait $y = a^x$; x sera le logarithme de y relatif à la base a, ce que l'on est convenu d'écrire ainsi : $\log y = x$.

Réciproquement, de l'équation $\log y = x$ on peut déduire $y = a^x$, en désignant toujours par a la base par rapport à laquelle le logarithme de y a été pris.

527. En vertu de cette définition, l'on a encore, quel que soit le nombre représenté par y, l'équation identique

$$y = a^{\log y},$$

dont on fera souvent usage par la suite.

528. Supposons que, dans l'équation $y = a^x$, l'on fasse passer y successivement par tous les états de grandeur et que, par un procédé quelconque, on parvienne à calculer les valeurs correspondantes de x; l'ensemble des valeurs de y et de x constituera le *système de logarithmes dont la base est* a.

Comme on peut répéter la même série d'opérations en attribuant à la base a telle valeur que l'on voudra, il s'ensuit qu'*il existe une infinité de systèmes de logarithmes.*

529. *L'unité ne peut être prise pour base d'un système de logarithmes;* car, en faisant varier x dans l'équation $y = 1^x$, on obtient constamment $y = 1$; ainsi, l'unité aurait une infinité de logarithmes tandis que les autres nombres n'en auraient pas.

530. *Dans tout système de logarithmes, le logarithme de l'unité est égal à zéro;* car, quelle que soit la valeur de la base a, l'on a $1 = a^0$, d'où l'on tire, à cause de la définition des logarithmes, $\log 1 = 0$.

531. *Dans tout système de logarithmes, le logarithme de la base est égal à l'unité;* car quelle que soit la base a, l'on a $a = a^1$ d'où l'on conclut $\log a = 1$.

532. Nous distinguerons *deux cas* relativement aux divers systèmes de logarithmes : 1° *celui où la base est plus grande que l'unité;* 2° *celui où la base est plus petite que l'unité.*

Nous n'examinerons point les systèmes de logarithmes à bases négatives, attendu qu'ils sont rarement employés et qu'ils présentent des difficultés étrangères aux élémens.

533. 1er CAS. *Dans tout système de logarithmes dont la base est plus grande que l'unité :* 1° *les logarithmes des nombres plus grands que l'unité sont positifs et d'autant plus grands que ces nombres sont plus grands eux-mêmes, en sorte que le logarithme de l'infini est égal à l'infini positif;* 2° *les logarithmes des nombres plus petits que l'unité sont négatifs et d'autant plus grands,* *abstraction faite des signes, que ces nombres sont plus petits, en sorte que le logarithme de zéro est égal à l'infini négatif.*

1° Si l'on fait successivement

$$x = 0,\ x = 1,\ x = 2,\ x = 3, \ldots\ldots x = \infty,$$

dans l'équation $y = a^x$, on trouve pour y les valeurs croissantes

$$y = 1,\ y = a,\ y = a^2,\ y = a^3, \ldots\ldots y = a^\infty = \infty\ ;$$

on a donc en vertu de la définition des logarithmes,

$$log\ 1 = 0,\ log\ a = 1,\ log\ a^2 = 2,\ log\ a^3 = 3, \ldots log\ \infty = \infty\ ;$$

d'où il suit que les nombres compris entre 1 et a, a et a^2, a^2 et a^3, ... ont leurs logarithmes compris entre 0 et 1, 1 et 2, 2 et 3, ... ; ce qui prouve la première partie de l'énoncé.

2° Si l'on pose, dans la même équation $y = a^x$,

$$x = 0,\ x = -1,\ x = -2,\ x = -3, \ldots\ldots x = -\infty,$$

on obtient pour y, en observant que $a^{-x} = \dfrac{1}{a^x}$, les valeurs décroissantes

$$y = 1,\ y = \frac{1}{a},\ y = \frac{1}{a^2},\ y = \frac{1}{a^3}, \ldots y = \frac{1}{a^\infty} = 0\ ;$$

d'où l'on conclut

$$log\ 1 = 0,\ log\ \frac{1}{a} = -1,\ log\ \frac{1}{a^2} = -2,\ log\ \frac{1}{a^3} = -3, \ldots log\ 0 = -\infty\ ;$$

conséquemment, les fractions comprises entre 1 et $\dfrac{1}{a}$, $\dfrac{1}{a}$ et $\dfrac{1}{a^2}$, $\dfrac{1}{a^2}$ et $\dfrac{1}{a^3}$, ... ont leurs logarithmes compris entre 0 et -1, -1 et -2, -2 et -3, ... ce qui prouve la deuxième partie.

534. 2° CAS. *Dans tout système de logarithmes dont la base est plus petite que l'unité :* 1° *les logarithmes des nombres plus grands que l'unité sont négatifs et d'autant plus grands, abstraction faite des signes, que ces nombres sont plus grands, en sorte que le logarithme de l'infini est égal à l'infini négatif;* 2° *les logarithmes des nombres plus petits que l'unité sont positifs et d'autant plus grands que ces nombres sont plus petits, en sorte que le logarithme de zéro est égal à l'infini positif.*

En effet, si l'on pose

1° $x=0$, $x=-1$, $x=-2$, $x=-3$,...... $x=-\infty$,

2° $x=0$, $x=1$, $x=2$, $x=3$,........ $x=\infty$,

dans l'équation $y=a^x$, on trouve (90)

1° $y=1$, $y=\dfrac{1}{a}$, $y=\dfrac{1}{a^2}$, $y=\dfrac{1}{a^3}$,......$y=\dfrac{1}{a^\infty}=\infty$,

2° $y=1$, $y=a$, $y=a^2$, $y=a^3$,......$y=a^\infty=0$,

d'où l'on déduit par la définition des logarithmes

1° $\log 1=0$, $\log\dfrac{1}{a}=-1$, $\log\dfrac{1}{a^2}=-2$, $\log\dfrac{1}{a^3}=-3$,.. $\log\infty=-\infty$,

2° $\log 1=0$, $\log a=1$, $\log a^2=2$, $\log a^3=3$,.....$\log 0=\infty$;

de là il suit 1° que les nombres compris entre les expressions croissantes 1 et $\dfrac{1}{a}$, $\dfrac{1}{a}$ et $\dfrac{1}{a^2}$, $\dfrac{1}{a^2}$ et $\dfrac{1}{a^3}$,........ ont leurs logarithmes compris entre 0 et -1, -1 et -2, -2 et -3,..... ; 2° que les fractions comprises entre les expressions décroissantes 1 et a, a et a^2, a^2 et a^3,...... ont leurs logarithmes compris entre 0 et 1, 1 et 2, 2 et 3,......

535. *Dans tout système de logarithmes à base positive, les logarithmes des nombres négatifs sont imaginaires.* Car, en faisant passer x par tous les états de grandeur depuis $x=-\infty$ jusqu'à $x=\infty$, l'équation $y=a^x$ n'a fourni pour y que des valeurs positives. Conséquemment, si y est négatif, la valeur correspondante de x ne peut être ni positive ni négative ; donc elle est imaginaire.

536. Si l'on réduit en décimales tous les logarithmes d'un système, chacun d'eux se trouve composé d'un nombre entier que l'on appelle *caractéristique* et d'une fraction décimale ; ces deux parties ont essentiellement le même signe, mais elles peuvent être nulles individuellement.

Si l'on représente par x le logarithme de 11 dans le système qui a pour base 2, on a $11=2^x$ et l'on voit sur le champ que la valeur de x est comprise entre 3 et 4, puisque 11 est $>2^3$ ou 8 et que 11 est $<2^4$ ou 16 ; ainsi, le logarithme de 11 est égal à 3 plus une fraction ; la caractéristique de ce logarithme est donc 3.

II. *Propriétés des logarithmes.*

537. *Le logarithme d'un produit est égal à la somme des loga-rithmes de ses facteurs.*

Réciproquement, *la somme des logarithmes de plusieurs quan-tités est égale au logarithme du produit de ces quantités.*

Soient un nombre quelconque de quantités représentées par y, y', y'',........, et a la base du système dans lequel on prend les logarithmes ; on aura identiquement (527)

$$y = a^{\log y},\ y' = a^{\log y'},\ y'' = a^{\log y''},\dots\dots$$

et, en multipliant ces équations,

$$y y' y''\dots = a^{\log y} \times a^{\log y'} \times a^{\log y''} \times\dots\dots\dots$$
$$= a^{\log y + \log y' + \log y'' +\dots}$$

d'où l'on tire, à cause de la définition des logarithmes,

$$\log y y' y''\dots = \log y + \log y' + \log y'' +\dots$$

La réciproque a lieu, car en transposant les membres de la dernière des équations précédentes, il vient

$$\log y + \log y' + \log y'' +\dots = \log y y' y''\dots$$

538. *Le logarithme du quotient d'une division est égal au loga-rithme du dividende moins le logarithme du diviseur.*

Réciproquement, *la différence des logarithmes de deux quan-tités est égale au logarithme du quotient de la première divisée par la seconde.*

Si l'on désigne par y et y' deux quantités quelconques, on aura identiquement

$$y = a^{\log y},\ y' = a^{\log y'},$$

et, en divisant les équations membre à membre,

$$\frac{y}{y'} = a^{\log y} : a^{\log y'} = a^{\log y - \log y'}$$

d'où, par la définition des logarithmes,

$$\log \frac{y}{y'} = \log y - \log y'. \tag{a}$$

Arrêtons-nous un instant à la discussion de ce résultat ; si l'on suppose d'abord $y' = y$, il vient

$$log \frac{y}{y'} = log\ y - log\ y \quad \text{ou} \quad log\ 1 = 0,$$

ce que l'on sait déjà.

Dans le cas où la base a est plus grande que l'unité, si y est $> y'$, $log\ y$ est aussi $> log\ y'$ et par suite $log \frac{y}{y'}$ est positif ; si y est $< y'$, $log\ y$ est $< log\ y'$ et $log \frac{y}{y'}$ est négatif, ce qui s'accorde parfaitement avec l'énoncé du n° 533.

Dans le cas où la base est plus petite que l'unité, on obtient aisément des résultats absolument contraires aux précédens et conformes à ceux du n° 534.

On démontre *la réciproque*, en renversant les membres de l'équation (a), ce qui donne

$$log\ y - log\ y' = log \frac{y}{y'}.$$

539. *Le logarithme d'une expression fractionnaire est égal au logarithme du numérateur diminué du logarithme du dénominateur ;* car, une telle expression est équivalente au quotient d'une division dont le dividende est le numérateur et dont le diviseur est le dénominateur.

540. *Le logarithme de la puissance* m *d'une quantité est égal à* m *fois le logarithme de cette quantité.*

Réciproquement, *si l'on multiplie le logarithme d'une quantité par* m, *le produit est égal au logarithme de la puissance* m *de cette quantité.*

Si l'on élève à la puissance m les deux membres de l'identité

$$y = a^{log\ y}, \tag{b}$$

il vient

$$y^m = (a^{log\ y})^m = a^{m\ log\ y},$$

d'où l'on tire (526)

$$log\ y^m = m\ log\ y \quad \text{et} \quad m\ log\ y = log\ y^m.$$

541. *Le logarithme de la racine* m^{ième} *d'une quantité est égal au logarithme de cette quantité divisé par* m.

Réciproquement, *si l'on divise le logarithme d'une quantité*

16*

par m, *le quotient est égal au logarithme de la racine* m^{ième} *de cette quantité.*

En effet, si l'on extrait la racine m^{ième} des deux membres de l'équation (*b*), on trouve

$$\sqrt[m]{y} = \sqrt[m]{a^{\,log\,y}} = a^{\frac{log\,y}{m}},$$

d'où résultent

$$log\,\sqrt[m]{y} = \frac{log\,y}{m} \quad \text{et} \quad \frac{log\,y}{m} = log\,\sqrt[m]{y}.$$

542. Voici deux exemples propres à faire concevoir le parti que l'on peut tirer des règles précédentes :

$$1° \; log\,\sqrt[5]{\frac{a\,b^2}{c^3\,d^4}} = \frac{1}{5}\,log\,\frac{a\,b^2}{c^3\,d^4} = \frac{log\,a\,b^2 - log\,c^3\,d^4}{5}$$

$$= \frac{log\,a + log\,b^2 - log\,c^3 - log\,d^4}{5}$$

$$= \frac{log\,a + 2\,log\,b - 3\,log\,c - 4\,log\,d}{5}$$

$$2° \; 7\,log\,a + 4\,log\,b - \frac{2\,log\,c}{3} = log\,a^7 + log\,b^4 - \frac{log\,c^2}{3}$$

$$= log\,a^7\,b^4 - log\,\sqrt[3]{c^2} = log\,\frac{a^7\,b^4}{\sqrt[3]{c^2}}.$$

543. *Les logarithmes de quatre quantités en proportion par quotient constituent une équi-différence.* Car, en mettant la proportion $a:b::c:d$ sous la forme

$$\frac{a}{b} = \frac{c}{d},$$

et en prenant les logarithmes des deux membres, il vient

$$log\,\frac{a}{b} = log\,\frac{c}{d} \quad \text{ou} \quad log\,a - log\,b = log\,c - log\,d,$$

d'où l'on peut conclure l'équi-différence

$$log\,a.log\,b : log\,c.log\,d.$$

544. *Les logarithmes de plusieurs quantités en progression par quotient forment une progression par différence.* Soit r la raison de la progression

$$\div\,a:b:c:d:e:\ldots\ldots,$$

on aura
$$b = a\,r,\ c = b\,r,\ d = c\,r,\ e = d\,r,\ \ldots\ldots$$
et, en prenant les logarithmes,
$$\log b = \log a + \log r, \quad \log c = \log b + \log r,$$
$$\log d = \log c + \log r, \quad \log e = \log d + \log r, \ldots\ldots$$
d'où résulte la progression par différence
$$\div\ \log a \,.\, \log b \,.\, \log c \,.\, \log d \,.\, \log e \ldots\ldots\ldots$$

545. *Le logarithme de la moyenne proportionnelle entre plu-sieurs quantités est égal à la moyenne arithmétique entre les lo-garithmes de ces quantités.* En effet, si l'on désigne m quantités par a, b, c, $\ldots\ldots l$, on aura
$$\log \sqrt[m]{abc\ldots l} = \frac{\log abc\ldots l}{m} = \frac{\log a + \log b + \log c \ldots + \log l}{m}.$$

III. *Du système de logarithmes dont la base est* 10.

546. Parmi les systèmes de logarithmes, il en est un qui est spécialement usité et que pour cette raison il est essentiel d'étu-dier en particulier; c'est celui dont la base est 10. Nous appelle-rons *logarithmes décimaux* les logarithmes de ce système, et pour les distinguer des autres, nous les exprimerons par la lettre unique l. Ainsi ly signifiera *logarithme décimal de* y.

547. Le système des logarithmes décimaux jouit des pro-priétés communes à tous ceux dont la base est plus grande que l'unité. En conséquence, 1° le logarithme décimal de zéro est égal à l'infini négatif; 2° les logarithmes decimaux des fractions sont négatifs; 3° le logarithme décimal de l'unité est égal à zéro; 4° les logarithmes décimaux des nombres plus grands que l'unité sont positifs; 5° le logarithme décimal de l'infini est égal à l'in-fini positif; 6° les logarithmes décimaux des nombres négatifs sont imaginaires.

548. 1° *Le logarithme décimal de l'unité suivie de* n *zéros est égal à* n; 2° *le logarithme de l'unité du* n^{ième} *ordre décimal est égal à* —n. En effet, l'on a
$$1 \text{ suivi de } n \text{ zéros} = 10^n,$$

$$\text{l'unité du } n^{\text{ième}} \text{ ordre décimal} = \frac{1}{10^n} = 10^{-n};$$

et l'on tire de là, à cause de la définition des logarithmes déci-maux,

$$l\,(1 \text{ suivi de } n \text{ zéros}) = n,$$

$$l\,(\text{l'unité du } n^{\text{ème}} \text{ ordre décimal}) = -n.$$

Si l'on fait dans ces résultats $n=0$, $n=1$, $n=2$, $n=3$,... il vient

$$l\,1=0,\ \ l\,10=1,\ \ l\,100=2,\ \ l\,1000=3,\dots\dots$$

$$l\,1=0,\ \ l\,0,1=-1,\ \ l\,0,01=-2,\ \ l\,0,001=-3,\dots$$

549. *La caractéristique du logarithme décimal d'un nombre plus grand que l'unité se compose d'autant d'unités qu'il y a de chiffres moins un dans sa partie entière.* Soient p un tel nombre et n le nombre de chiffres que contient sa partie entière; il est visible que p est tout au moins égal à l'unité suivie de $n-1$ zéros, et qu'en outre il est moindre que l'unité suivie de n zéros; on a donc

$$p = \text{ou} > 10^{n-1},\ p < 10^n,$$

puis, en prenant les logarithmes (548),

$$lp = \text{ou} > n-1,\quad lp < n;$$

ainsi, lp, étant compris entre $n-1$ et n, est égal à $n-1$ plus une fraction; donc la caractéristique de ce logarithme est $n-1$; c'est précisément ce qu'il fallait démontrer.

On voit, d'après cette proposition, que la caractéristique de $l.\,3547$ est 3 et que celle de $l.\,27,261$ est 1.

550. *La caractéristique du logarithme d'une fraction décimale se compose d'autant d'unités négatives qu'il y a de zéros décimaux avant son premier chiffre significatif.* Soient p une fraction décimale et n le nombre des zéros compris entre la virgule et son premier chiffre significatif; si on la multiplie par 10^{n+1}, ce qui revient à transporter la virgule de $n+1$ rangs vers la droite, le produit $p \times 10^{n+1}$ sera plus grand que 1, mais plus petit que 10; donc la caractéristique de son logarithme sera nulle, et en désignant la partie décimale par f, il viendra

$$l\,(p \times 10^{n+1}) = f,$$

d'où, par la règle du n° 537 et en remarquant que $l\,10^{n+1} = n+1$,

$$lp + n + 1 = f \quad \text{et} \quad lp = -n - (1 - f); \tag{c}$$

or, f étant positif et plus petit que 1, l'expression $1 - f$ sera aussi positive et plus petite que l'unité; donc la caractéristique de lp est $-n$.

Ainsi, la caractéristique de $l\,0,17$ est 0; celle de $l\,0,00271$ est -2.

Cette règle se trouve en défaut toutes les fois que $f = 0$, auxquels cas la caractéristique est $-(n+1)$; il n'y a par conséquent d'exception qu'à l'égard des fractions $0,1$, $0,01$, $0,001$,.......... dont, comme on l'a vu plus haut, les logarithmes sont -1, -2, -3,......

551. L'équation (c) peut s'écrire de la sorte

$$lp = -(n+1) + f,$$

ce qui donne naissance à un nouveau genre de logarithmes, car on peut regarder $-(n+1)$ comme la caractéristique du logarithme de la fraction p et f comme sa partie décimale, et alors la caractéristique seule se trouve négative; pour ne point confondre ces nouveaux logarithmes avec ceux qui sont entièrement négatifs, on est convenu de placer le signe $-$ au-dessus de la caractéristique; supposons, pour fixer les idées, que la caractéristique soit -3 et la partie décimale $0,45678$, on écrira $\overline{3}, 45678$ et cette expression équivaudra à $-3 + 0,45678$.

552. *Si l'on multiplie ou si l'on divise une quantité par l'unité suivie de* n *zéros, le logarithme du produit ou du quotient sera égal au logarithme de cette quantité augmenté ou diminué de* n *unités.*

Réciproquement, si l'on augmente ou si l'on diminue le logarithme d'une quantité de n *unités, la somme ou le reste sera égal au logarithme de cette quantité multipliée ou divisée par l'unité suivie de* n *zéros.*

En effet, en représentant cette quantité par y, l'on a

$$l(y \times 10^n) = ly + l.\,10^n = ly + n,$$

$$l.\,\frac{y}{10^n} = ly - l.\,10^n = ly - n;$$

et, en transposant les membres de chaque équation,

$$ly + n = l(y \times 10^n),$$

$$ly - n = l\,\frac{y}{10^n}\,.$$

553. De là résulte que *les logarithmes de tous les nombres décuples ont la même partie décimale.* Car, en supposant que l'on ait $l.\ 38 = 1,57978$, il s'ensuit (552)

$l.\ 380 = 2,57978,\quad l.\ 3800 = 3,57978,\quad l.\ 38000 = 4,57978,\dots\dots$

$l.\ 3,8 = 0,57978,\quad l.\ 0,38 = \overline{1},57978,\quad l.\ 0,038 = \overline{2},57978,\dots\dots$

CHAPITRE VI.

CONSTRUCTION ET USAGE DES TABLES DE LOGARITHMES.

I. *Un nombre étant donné, trouver son logarithme et réciproquement.*

554. 1er PROBLÈME. *Trouver le logarithme d'un nombre dans un système donné.* Soient a la base, b le nombre donné et x son logarithme, on aura à résoudre l'équation *exponentielle*

$$a^x = b\,; \qquad\qquad (a)$$

supposons d'abord que l'on ait $a > 1$ et $b > 1$ ou $a < 1$ et $b < 1$, auxquels cas, ainsi qu'on l'a vu dans les n°s 533 et 534, la valeur de x est positive. On fera $x = 0$, $x = 1$, $x = 2$, $x = 3\dots\dots$ jusqu'à ce que l'on parvienne à deux puissances consécutives n et $n+1$ de a, qui comprennent le nombre b.

Si a est > 1, on aura les inégalités $b > a^n$ et $b < a^{n+1}$, ou, en remplaçant b par a^x, $a^x > a^n$ et $a^x < a^{n+1}$; de là résultent celles-ci $x > n$ et $x < n+1$.

Si a est < 1, on aura au contraire $b < a^n$ et $b > a^{n+1}$, ou, $a^x < a^n$ et $a^x > a^{n+1}$; de là résultent encore (90) $x > n$ et $x < n+1$.

Ainsi, dans tous les cas, on pourra conclure, à une unité près, $x = n$; cette première valeur de x est évidemment trop faible.

Pour en obtenir une plus approchée, on pose $x = n + \dfrac{1}{x'}$; il est essentiel de remarquer que la valeur inconnue de x' doit être plus grande que l'unité, car, si l'on avait $x' < 1$, il s'ensuivrait $\frac{1}{x'} > 1$ et $x > n+1$, ce qui est impossible; substituant dans l'équation (a), il vient successivement

$$a^{n+\frac{1}{x'}} = b, \quad a^n.a^{\frac{1}{x'}} = b, \quad a^{\frac{1}{x'}} = \frac{b}{a^n} \, ;$$

désignons, pour simplifier, $\frac{b}{a^n}$ par a' ; puis, élevons les deux membres à la puissance x' et transposons, nous trouverons

$$a'^{x'} = a, \qquad\qquad (b)$$

équation de même nature que celle dont nous sommes partis; en y faisant, comme ci-dessus, $x' = 1$, $x' = 2$, $x' = 3, \ldots$ on déterminera les puissances consécutives n' et $n'+1$ de a' entre lesquelles le second membre a est compris; on aura en conséquence, à une unité près, $x' = n'$, et par suite une deuxième valeur de x, qui sera trop forte, attendu que celle de x' est trop petite.

Pour approcher davantage, posons $x' = n' + \frac{1}{x''}$ et substituons dans (b); l'équation résultante pourra être déduite de (b) comme cette dernière l'a été de (a); ainsi, en représentant $\frac{a}{a'^{n'}}$ par a'', il vient

$$a''^{x''} = a', \qquad\qquad (c)$$

équation exponentielle que l'on peut traiter comme les précédentes; soit n'' la valeur entière de x''; on aura

$$x'' = n'', \quad x' = n' + \frac{1}{x''}, \quad x = n + \frac{1}{x'},$$

et, par deux substitutions, une troisième valeur de x; celleci sera trop faible; car, de ce que la valeur de x'' est trop petite, il s'ensuit que celle de x' est trop grande et enfin que celle de x est trop faible.

Si l'on pose de nouveau dans l'équation (c)

$$x'' = n'' + \frac{1}{x'''}, \qquad \frac{a'}{a''^{n''}} = a''',$$

on aura

$$a^{\prime\prime\prime x^{\prime\prime\prime}} = a^{\prime\prime},$$

et, en appelant $n^{\prime\prime\prime}$ la valeur entière approchée de $x^{\prime\prime\prime}$,

$$x^{\prime\prime\prime} = n^{\prime\prime\prime}, \; x^{\prime\prime} = n^{\prime\prime} + \frac{1}{x^{\prime\prime\prime}}, \; x^{\prime} = n^{\prime} + \frac{1}{x^{\prime\prime}}, \; x = n + \frac{1}{x^{\prime}} \; ;$$

d'où l'on concluera, au moyen de trois substitutions successives, une quatrième valeur de x; mais cette valeur sera trop forte, comme il est facile de s'en assurer en remontant de la valeur de $x^{\prime\prime\prime}$, qui est trop faible, à celle de x.

Si, en continuant de la sorte, on trouve pour l'une des quantités x, $x^{\prime}$, $x^{\prime\prime}$,....... une valeur entière exacte, il est visible que le logarithme de b sera commensurable; s'il en est autrement, ce logarithme sera incommensurable.

Au surplus, il sera toujours possible d'estimer le degré d'approximation, car, de ce que les valeurs approchées successives de x sont alternativement plus petites et plus grandes que sa véritable valeur, il suit que l'erreur commise, en prenant l'une d'elles pour x, est moindre que sa différence à la valeur approchée précédente.

Présentement, si l'on avait $a > 1$ et $b < 1$, ou, $a < 1$, et $b > 1$, suppositions en vertu desquelles la valeur de x est négative (voyez les n°s 533 et 534); on ferait $x = -y$, ce qui changerait l'équation $a^x = b$ en

$$a^{-y} = b \quad \text{d'où} \quad \frac{1}{a^y} = b \quad \text{et} \; a^y = \frac{1}{b} \; ;$$

les nombres a et $\dfrac{1}{b}$ étant en même temps plus grands ou plus petits que l'unité, cette équation exponentielle pourra être résolue par la méthode que l'on vient d'exposer.

Soit, pour exemple, à calculer le logarithme de 12, à 0,01 près, dans le système dont la base est 6; si l'on pose $\log 12 = x$, on aura à résoudre l'équation

$$6^x = 12 \; ;$$

on voit sur-le-champ que 6 est < 12 et $6^2 > 12$; donc $x = 1$, à une unité près.

Faisons dans cette équation $x = 1 + \dfrac{1}{x'}$; il vient, en employant la loi de déduction mentionnée plus haut,

$$(12:6)^{x'} = 6 \quad \text{ou} \quad 2^{x'} = 6;$$

or, 2^2 est < 6 et $2^3 > 6$; de là résulte, en nous bornant aux unités, $x' = 2$; conséquemment $x = 1 + \dfrac{1}{2}$, à $1 + \dfrac{1}{2} - 1$ ou $\dfrac{1}{2}$ près.

Posons encore $x' = 2 + \dfrac{1}{x''}$ et substituons, nous trouverons

$$(6:2^2)^{x''} = 2 \quad \text{ou} \quad \left(\dfrac{3}{2}\right)^{x''} = 2;$$

puis, en observant que $\dfrac{3}{2}$ est < 2 mais que $\left(\dfrac{3}{2}\right)^2$ est > 2, $x'' = 1$; d'où $x' = 2 + \dfrac{1}{1} = 3$ et $x = 1 + \dfrac{1}{3}$. L'erreur commise est moindre que $1 + \dfrac{1}{2} - 1 - \dfrac{1}{3}$ ou $\dfrac{1}{6}$.

En posant $x'' = 1 + \dfrac{1}{x'''}$ dans l'équation précédente, on trouve

$$\left(2:\dfrac{3}{2}\right)^{x'''} = \dfrac{3}{2} \quad \text{ou} \quad \left(\dfrac{4}{3}\right)^{x'''} = \dfrac{3}{2};$$

ici, $\dfrac{4}{3}$ est $< \dfrac{3}{2}$ et $\left(\dfrac{4}{3}\right)^2 > \dfrac{3}{2}$; donc $x''' = 1$, à une unité près, et par suite

$$x'' = 1 + \dfrac{1}{1} = 2, \quad x' = 2 + \dfrac{1}{2} = \dfrac{5}{2}, \quad x = 1 + 1 : \dfrac{5}{2} = 1 + \dfrac{2}{5}.$$

L'erreur est plus petite que $1 + \dfrac{2}{5} - 1 - \dfrac{1}{3}$ ou $\dfrac{1}{15}$.

Si l'on fait $x''' = 1 + \dfrac{1}{x^{\text{IV}}}$, on a cette nouvelle équation

$$\left(\dfrac{3}{2}:\dfrac{4}{3}\right)^{x^{\text{IV}}} = \dfrac{4}{3} \quad \text{ou} \quad \left(\dfrac{9}{8}\right)^{x^{\text{IV}}} = \dfrac{4}{3};$$

d'où l'on tire, en négligeant les fractions, $x^{\text{IV}} = 2$, attendu que $\left(\dfrac{9}{8}\right)^2 < \dfrac{4}{3}$ et que $\left(\dfrac{9}{8}\right)^3$ est $> \dfrac{4}{3}$; on a par conséquent $x''' =$

$$1 + \frac{1}{2} = \frac{3}{2}, \; x'' = 1 + 1 : \frac{3}{2} = \frac{5}{3}, \; x' = 2 + 1 : \frac{5}{3} = \frac{13}{5},$$

$$x = 1 + 1 : \frac{13}{5} = 1 + \frac{5}{13}.$$

L'erreur ne peut s'élever à $1 + \frac{2}{5} - 1 - \frac{5}{13}$ ou $\frac{1}{65}$.

Soit $x^{\text{iv}} = 2 + \frac{1}{x^{\text{v}}}$; on trouve, en substituant et en remarquant que $\left(\frac{9}{8} \right)^2 = \frac{81}{64}$,

$$\left(\frac{4}{3} : \frac{81}{64} \right)^{x^{\text{v}}} = \frac{9}{8} \quad \text{ou} \quad \left(\frac{256}{243} \right)^{x^{\text{v}}} = \frac{9}{8};$$

il est facile de reconnaître que le second membre est compris entre le carré et le cube de l'expression renfermée dans la parenthèse ; donc $x^{\text{v}} = 2$, et de là

$$x^{\text{iv}} = 2 + \frac{1}{2} = \frac{5}{2}, \; x''' = 1 + 1 : \frac{5}{2} = \frac{7}{5}, \; x'' = 1 + 1 : \frac{7}{5} = \frac{12}{7},$$

$$x' = 2 + 1 : \frac{12}{7} = \frac{31}{12}, \quad x = 1 + 1 : \frac{31}{12} = 1 + \frac{12}{31}.$$

L'erreur est alors moindre que $1 + \frac{12}{31} - 1 - \frac{5}{13}$ ou $\frac{1}{403}$; ainsi, en réduisant la fraction $\frac{12}{31}$ en décimales, l'on a

$$log \; 6 = 1,38\ldots\ldots$$

555. 2e PROBLÈME. *Un logarithme étant donné dans un système connu, déterminer le nombre qui lui correspond.* Si l'on met ce logarithme sous la forme d'expression fractionnaire irréductible, il pourra être représenté par $\frac{m}{n}$ ou par $-\frac{m}{n}$ (*m* et *n* étant deux nombres entiers), suivant qu'il sera positif ou négatif. Cela posé, soient *a* la base donnée et *y* le nombre cherché, on aura, dans le premier cas,

$$y = a^{\frac{m}{n}} = \sqrt[n]{a^m} \; ;$$

et dans le second

$$y = a^{-\frac{m}{n}} = \frac{1}{\sqrt[n]{a^m}}.$$

S'il s'agit, par exemple, de déterminer le nombre y qui correspond au logarithme $1,125$ du système dont la base est 2; on observe que

$$1,125 = \frac{1125}{1000} = \frac{9}{8},$$

et il s'ensuit

$$y = 2^{\frac{9}{8}} = \sqrt[8]{2^9} = \sqrt[8]{512} = 2,18\ldots\ldots$$

556. *Lorsque les nombres entiers* a *et* b *sont composés des mêmes facteurs premiers et que leurs exposans forment une suite de rapports égaux, le logarithme de* b, *relatif à la base* a, *est commensurable; si ces conditions ne sont point remplies, ce logarithme est incommensurable.* Pour le démontrer, cherchons les relations qui doivent subsister entre a et b, pour que le log. b, pris dans la base a, soit commensurable, c'est-à-dire de la forme $\frac{m}{n}$. Nous aurons d'abord

$$b = a^{\frac{m}{n}} \quad \text{d'où} \quad b^n = a^m; \tag{d}$$

or, tout facteur premier de b, divisant b^n, divise aussi a^m et par suite a (94); on prouverait de la même manière que tout facteur premier de a se trouve dans b; on voit donc déjà que les deux nombres a et b doivent être composés des mêmes facteurs premiers.

Soient p, q, r,.... ces facteurs premiers, p', q', r'.... et p'', q'', r'',.... leurs exposans dans a et b, en sorte que

$$a = p^{p'} q^{q'} r^{r'},\ldots \qquad b = p^{p''} q^{q''} r^{r''} \ldots; \tag{e}$$

substituant dans (d), il vient

$$p^{p''n} q^{q''n} r^{r''n} \ldots = p^{p'm} q^{q'm} r^{r'm} \ldots$$

Cette égalité ne peut avoir lieu à moins que les exposans de p, q, r.... ne soient égaux dans les deux membres : en effet, si les exposans de p, par exemple, étaient inégaux, on pourrait diviser par la plus haute puissance de ce facteur et l'on obtiendrait une équation dont l'un des membres serait entier et dont l'autre serait fractionnaire, ce qui est absurde. Conséquemment, l'on a

$$p''n = p'm, \quad q''n = q'm, \quad r''n = r'm,\ldots\ldots$$

d'où l'on tire

$$\frac{p''}{p'} = \frac{m}{n}, \quad \frac{q''}{q'} = \frac{m}{n}, \quad \frac{r''}{r'} = \frac{m}{n}, \ldots\ldots$$

et par suite

$$\frac{p''}{p'} = \frac{q''}{q'} = \frac{r''}{r'} = \ldots\ldots \qquad\qquad (f)$$

557. *Lorsque la base est le produit de plusieurs facteurs premiers élevés à la première puissance; 1° il n'y a, parmi les nombres entiers, que les puissances de cette base qui aient des logarithmes commensurables; 2° les logarithmes de ces puissances sont des nombres entiers.* En effet, l'on a par hypothèse

$$p' = q' = r'\ldots = 1, \quad a = p\,q\,r\ldots\ldots,$$

et de là, à cause de la suite (f) et de l'équation (e),

$$p'' = q'' = r''\ldots, \quad b = p^{p''}\, q^{p''}\, r^{p''} \ldots = (p\,q\,r\ldots)^{p''},$$

ou bien

$$b = a^{p''} \quad \text{d'où} \quad log\, b = p''.$$

Ainsi, dans le système dont la base est $10 = 2 \times 5$, les logarithmes des nombres entiers autres que $1, 10, 100, 1000,\ldots$ sont incommensurables.

II. *Construction des Tables de logarithmes.*

558. PROBLÈME. *Construire une table de logarithmes dans un système donné.* On déterminera d'abord, par la méthode du n° 554, les logarithmes des nombres premiers $2, 3, 5, 7, 11, 13,\ldots$ relativement à la base de ce système; il ne s'agira plus ensuite que de trouver ceux des nombres non premiers $4, 6, 8, 9, 10, 12,\ldots$ car les tables ne renferment que les logarithmes des nombres entiers; or, c'est ce que l'on fera aisément en les décomposant en facteurs premiers et en y appliquant les règles des n°s 537 et 540.

Qu'il s'agisse, par exemple, de déterminer le logarithme de 12; on observe que $12 = 2^2 \times 3$, d'où résulte, en prenant les logarithmes,

$$log\, 12 = log\, (2^2 \times 3) = log\, 2^2 + log\, 3 = 2\, log\, 2 + log\, 3;$$

équation au moyen de laquelle on pourra calculer le logarithme de 12, quand on connaîtra ceux de 2 et de 3.

Soit encore à trouver le logarithme de 504; on a $504 = 2^3 \times 3^2 \times 7$, et, en prenant les logarithmes,

$$log\ 504 = log\ (2^3 \times 3^2 \times 7) = log\ 2^3 + log\ 3^2 + log\ 7 = 3\ log\ 2 + 2\ log\ 3 + log\ 7.$$

Ainsi, le logarithme de 504 peut se déduire immédiatement des logarithmes des nombres 2, 3 et 7.

559. *Les tables de Lalande,* dont nous ferons constamment usage, contiennent les logarithmes décimaux des nombres entiers depuis 1 jusqu'à 10000; ces logarithmes ont cinq décimales; chaque page de ces tables est divisée en trois cases séparées, deux à deux, par un double trait; chaque case est sous-divisée en trois colonnes : la première colonne renferme les nombres; la deuxième renferme leurs logarithmes; enfin, la troisième fait connaître les différences entre les logarithmes consécutifs; ces différences expriment des cent millièmes et ne sont indiquées qu'à partir de la case où se trouve le nombre 1000, parce que les précédentes, comme on le verra bientôt, ne pourraient être d'aucune utilité.

560. Problème. *Connaissant le logarithme d'un nombre dans un certain système, trouver le logarithme du même nombre dans un autre système.* Soient a et b les bases de ces deux systèmes et y un nombre quelconque; convenons de représenter par la lettre L les logarithmes du second système, afin de ne point les confondre avec ceux du premier; nous aurons les équations identiques

$$y = a^{log\ y}, \qquad y = b^{\text{L}.y}, \qquad \text{d'où il suit}\ b^{\text{L}y} = a^{log\ y};$$

prenant les logarithmes des deux membres dans la base a et observant que le $log\ a = 1$, il vient

$$\text{L}.y \times log\ b = log\ y \times log\ a = log\ y,$$

et de là

$$\text{L}.y = \frac{log\ y}{log\ b} \qquad \text{ou} \qquad \text{L}.y = log\ y \times \frac{1}{log\ b}.$$

Conséquemment, *lorsqu'on a une table de logarithmes relativement à une certaine base, on peut en déduire une table de logarithmes relativement à une base quelconque, en divisant les loga-*

*rithmes de la première table par le logarithme de la nouvelle base
par rapport à l'ancienne.*

L'expression $\dfrac{1}{log\,b}$ par laquelle il faudrait multiplier les logarithmes du premier système pour obtenir ceux du second, se
nomme le *Module* du second système par rapport au premier.

Ainsi, s'il s'agissait, avec le secours d'une table décimale, de
calculer la table qui correspond à la base 6, il suffirait de diviser
les logarithmes décimaux par le logarithme décimal de 6, ou, ce
qui serait plus simple, de les multiplier par le module $\dfrac{1}{l.6}$. Si
l'on considère en particulier le nombre 12, on aura donc,

$$\text{L}.12 = \frac{l.12}{l.6} = \frac{1,07918..}{0,77815..} = 1,38685...;$$

cette valeur de L.12 s'accorde, à un centième près, avec celle
trouvée à la page 258.

III. *Principes relatifs à l'usage des tables.*

561. *La différence entre les logarithmes de deux nombres est
d'autant plus petite que ces nombres sont plus grands et qu'ils
diffèrent moins.* En effet, si l'on considère les deux nombres
$y+\text{D}$ et y, on aura (538)

$$log\,(y+\text{D}) - log\,y = log\,\frac{y+\text{D}}{y} = log\left(1 + \frac{\text{D}}{y}\right),$$

ce qui fait voir que la différence entre les logarithmes de $y+\text{D}$
et de y tendra d'autant plus vers *log* 1 ou zéro que la fraction
$\dfrac{\text{D}}{y}$ sera plus faible, c'est-à-dire que y sera plus grand et que D
sera plus petit.

562. De là résulte, en supposant $\text{D}=1$, que *les différences
entre les logarithmes des nombres naturels décroissent et convergent vers zéro.*

563. Lemme. *Si deux progressions, l'une par différence et
l'autre par quotient, ont leurs termes extrêmes communs et sont
composées d'un pareil nombre de termes ; la différence entre deux*

termes de même rang dans les deux progressions est moindre que le carré de la différence entre les termes extrêmes divisé par le double du plus petit. Soient γ et Y les termes extrêmes et $m+1$ le nombre des termes communs aux deux progressions; si l'on représente leurs raisons par R et r, on aura, pour les déterminer, les deux équations

$$\gamma + m\,\text{R} = \text{Y}, \qquad \gamma\, r^{\text{m}} = \text{Y},$$

d'où l'on tire aisément

$$\text{R} = \frac{\text{Y} - \gamma}{m}, \qquad r = \sqrt[\text{m}]{\frac{\text{Y}}{\gamma}};$$

et, en substituant dans les deux suites,

$$\gamma, \gamma + \text{R}, \quad \gamma + 2\text{R}, \ldots\ldots\ldots \gamma + m\text{R} \text{ ou } \text{Y}, \qquad (g)$$
$$\gamma, \gamma r, \quad \gamma r^2, \ldots\ldots\ldots\ldots \gamma r^{\text{m}} \text{ ou } \text{Y}, \qquad (h)$$

on obtiendra les valeurs des termes dont elles sont composées.

Cela posé, observons que la somme des m différences,

$$\gamma r - \gamma, \; \gamma r^2 - \gamma r, \; \gamma r^3 - \gamma r^2, \ldots\ldots \gamma r^{\text{m}} - \gamma r^{\text{m}-1},$$

entre les $m+1$ termes de la deuxième progression, considérés deux à deux, est égale à $\gamma r^{\text{m}} - \gamma$ ou $\text{Y} - \gamma$, et que par conséquent la moyenne arithmétique entre toutes ces différences est $\dfrac{\text{Y} - \gamma}{m}$ ou R. Or, en les mettant sous la forme

$$\gamma\,(r-1), \; \gamma\,(r-1)\,r, \; \gamma\,(r-1)\,r^2, \ldots\ldots \gamma\,(r-1)\,r^{\text{m}-1},$$

on voit immédiatement qu'elles constituent une progression par quotient dont la raison est encore r; de là il suit que leur moyenne R est comprise entre la plus grande et la plus petite, et que l'on a

$$\gamma\,(r-1) < \text{R}, \qquad\qquad (i)$$
$$\gamma\,(r-1)\,r^{\text{m}-1} > \text{R} \;\text{ d'où }\; \text{Y}\,(r-1) > \text{R},$$

attendu que Y est $> \gamma r^{\text{m}-1}$.

Actuellement, si l'on imagine deux progressions par différence ayant pour premier terme γ et pour raisons $\text{Y}\,(r-1)$ et $\gamma\,(r-1)$, il est visible que deux termes correspondans dans ces deux suites comprendront les termes du même rang dans (g) et (h); donc, en appelant z la différence entre les termes du rang $n+1$ dans les dernières, l'on aura

$$z < [\gamma + n\,\text{Y}\,(r-1)] - [\gamma + n\gamma\,(r-1)]$$

ou bien, en réduisant,

$$z < n\,(\mathrm{Y} - y)\,(r - \mathrm{I}). \qquad (j)$$

Disposons les termes de (g) et de (h) dans un ordre inverse, de manière que les termes précédemment du rang $n + \mathrm{I}$ soient du rang $m - n + \mathrm{I}$; puis, imaginons deux nouvelles progressions par différence, ayant pour premier terme Y et pour raison $-y$ $(r - \mathrm{I})$ et $-\mathrm{Y}\,(r - \mathrm{I})$; deux termes correspondans dans celles-ci comprendront encore les termes du même rang dans celles-là, et par conséquent il viendra

$$z < [\,\mathrm{Y} - (m - n)\,y\,(r - \mathrm{I})\,] - [\,\mathrm{Y} - (m - n)\,\mathrm{Y}\,(r - \mathrm{I})\,]$$

ou, en effectuant les calculs,

$$z < (m - n)\,(\mathrm{Y} - y)\,(r - \mathrm{I}). \qquad (k)$$

Ajoutant les inégalités (j) et (k) membre à membre, on a

$$2\,z < m\,(\mathrm{Y} - y)\,(r - \mathrm{I});$$

or, de l'inégalité (i) on déduit, en remplaçant n par $\dfrac{\mathrm{Y} - y}{m}$,

$$r - \mathrm{I} < \frac{\mathrm{Y} - y}{my}$$

puis, en substituant dans la précédente et divisant par $\mathbf{2}$,

$$z < \frac{(\mathrm{Y} - y)^2}{2y}$$

c'est précisément ce qu'il s'agissait de démontrer.

564. *Les différences entre les nombres approchent d'autant plus d'être proportionnelles aux différences entre leurs logarithmes, que ces nombres sont plus grands et qu'ils diffèrent moins.*

Soient trois membres croissans y, y' et y'' et posons

$$y'' - y = \mathrm{D}, \qquad\qquad \log y'' - \log y = d,$$
$$y' - y = \frac{m}{n}\,\mathrm{D}, \qquad\qquad \log y' - \log y = \frac{p}{q}\,d; \qquad (l)$$

$\dfrac{m}{n}$ et $\dfrac{p}{q}$ désignent évidemment des nombres plus petits que l'unité; il est visible que la proportion

$$\mathrm{D} : \frac{m}{n}\,\mathrm{D} :: d : \frac{p}{q}\,d \qquad (m)$$

équivaut à l'équation

$$\frac{m}{n}\,\mathrm{D}d = \frac{p}{q}\,\mathrm{D}d \quad \text{ou à celle-ci} \quad \frac{m}{n} = \frac{p}{q}\,;$$

il suffira donc de démontrer que la différence entre les deux membres $\frac{m}{n}$ et $\frac{p}{q}$ décroît à mesure que y augmente et que D diminue.

Remarquons à cet effet qu'en vertu du n° 538 les équations (l) peuvent s'écrire de cette manière

$$log\,\frac{y''}{y} = d, \qquad log\,\frac{y'}{y} = \frac{p}{q}\,d,$$

et, en représentant la base par a,

$$\frac{y''}{y} = a^{\mathrm{d}}, \qquad \frac{y'}{y} = a^{\frac{\mathrm{p}}{\mathrm{q}}\mathrm{d}},$$

ou bien encore, si on chasse les dénominateurs,

$$y'' = y\,a^{\mathrm{d}} = y\left(a^{\frac{\mathrm{d}}{\mathrm{q}}}\right)^{\mathrm{q}}, \quad y' = y\,a^{\frac{\mathrm{p}}{\mathrm{q}}\mathrm{d}} = y\left(a^{\frac{\mathrm{d}}{\mathrm{q}}}\right)^{\mathrm{p}}\,;$$

ce qui nous apprend que y' est le $p + 1^{\mathrm{e}}$ terme d'une progression par quotient, dont le premier terme est y et dont le $q + 1^{\mathrm{e}}$ terme est y''.

Or, si l'on conçoit une progression par différence composée de $q + 1$ termes et ayant pour termes extrêmes y et y'', sa raison sera exprimée par $\frac{y'' - y}{q}$ et son $p + 1^{\mathrm{e}}$ terme par $y + \frac{p}{q}(y'' - y)$; donc, à cause du lemme précédent, il viendra

$$y' - y - \frac{p}{q}(y'' - y) < \frac{(y'' - y)^2}{2y}$$

et, en remplaçant $y'' - y$ et $y' - y$ par D et $\frac{m}{n}\,\mathrm{D}$,

$$\frac{m}{n}\,\mathrm{D} - \frac{p}{q}\,\mathrm{D} < \frac{\mathrm{D}^2}{2y}, \quad \text{ou,} \quad \frac{m}{n} - \frac{p}{q} < \frac{\mathrm{D}}{2y}, \qquad (n)$$

après avoir divisé par D; ce qui prouve bien que la différence de $\frac{m}{n}$ à $\frac{p}{q}$ est d'autant moindre que y est plus grand et que D est plus petit.

565. Problème. *Déterminer les limites des erreurs que l'on peut commettre en faisant usage de la proportion* (m) *du n° précédent.* Ces erreurs proviennent visiblement de ce que l'on y suppose $\dfrac{m}{n} = \dfrac{p}{q}$, ce qui n'a lieu, comme on vient de le voir, que par approximation.

1° Supposons d'abord que les différences D, $\dfrac{m}{n}$ D et d soient connues, et qu'il s'agisse de calculer $\dfrac{p}{q} d$; la proportion (m) fournira $\dfrac{m}{n} d$ au lieu de $\dfrac{p}{q} d$; par conséquent, l'erreur commise, abstraction faite des signes, sera $\left(\dfrac{m}{n} - \dfrac{p}{q} \right)d$, expression qui, à cause de l'inégalité (n), est moindre que $\dfrac{D\,d}{2\,y}$.

Dans le cas de D $=1$, d est la différence des logarithmes des nombres $y+1$ et y, et la limite de l'erreur est $\dfrac{d}{2\,y}$; si l'on fait $y=100$, l'on a $l.\,101 - l.\,100 = 0,00432\ldots$ et par suite

$$\frac{d}{2\,y} = \frac{0,00432\ldots}{2.100} = 0,0000216\ldots$$

L'erreur peut donc influer sur les cent millièmes; voilà pourquoi l'on a pu se dispenser d'indiquer dans les tables les différences des logarithmes consécutifs de 100 à 1000, et, à plus forte raison, celles de 1 à 100.

Si l'on pose $y=1000$, auquel cas $d = l.\,1001 - l.\,1000 = 0,00043$, il vient

$$\frac{d}{2\,y} = \frac{0,00043\ldots}{2.1000} = 0,000000215\ldots$$

Ainsi, l'erreur ne peut influer que sur la septième décimale; on peut donc employer en toute confiance la proportion dont il s'agit de 1000 à 10000, en tant que l'on ne veut pousser les calculs que jusqu'aux cent millièmes.

2° Supposons maintenant que les différences D, d, $\dfrac{p}{q} d$ soient données, et qu'il s'agisse de déterminer $\dfrac{m}{n}$ D. La proportion (m)

fournit $\dfrac{p}{q}$ D au lieu de $\dfrac{m}{n}$ D ; l'erreur commise $\left(\dfrac{m}{n} - \dfrac{p}{q} \right)$ D

sera donc, à cause de (n), moindre que $\dfrac{\text{D}^2}{2\,y}$; dans l'hypothèse de

D $= 1$, cette limite devient $\dfrac{1}{2\,y}$.

Dans le cas de $y = 1000$, on a

$$\frac{1}{2\,y} = \frac{1}{2\,.\,1000} = 0,0005 ;$$

on pourrait donc compter sur les trois premières décimales si la

fraction $\dfrac{p}{q}$ était entièrement connue ; mais comme elle se déduit

de l'équation

$$\frac{p}{q} = \frac{p}{q}\ d : d,$$

et que la table ne donne que le premier ou les deux premiers chiffres significatifs de la différence d, il s'ensuit qu'en général on ne sera certain que de l'exactitude de la première décimale.

IV. *Usage des tables.*

566. 1ᵉʳ Problème. *Trouver au moyen des tables le logarithme d'un nombre proposé.* Ce nombre peut être entier, décimal ou fractionnaire ; nous allons examiner successivement ces trois cas.

567. 1ᵉʳ Cas. *Trouver le logarithme d'un nombre entier.* Si ce nombre est plus petit que 10000, on trouve immédiatement son logarithme dans les tables.

S'il est plus grand que 10000, on sépare quatre chiffres sur sa gauche par une virgule, et l'on cherche dans les tables les deux nombres entiers consécutifs entre lesquels est compris le nombre décimal résultant ; le logarithme cherché, tombant entre leurs logarithmes, est égal à celui du plus petit joint à une fraction que l'on détermine, en calculant le quatrième terme de la proportion suivante (564) :

Si pour une unité de différence entre les deux nombres entiers consécutifs, il y a entre leurs logarithmes la différence fournie par les tables, combien, pour celle qui existe entre le nombre décimal et le nombre entier immédiatement inférieur, y aura-t-il de différence entre leurs logarithmes?

On ajoute ensuite au logarithme du nombre décimal autant d'unités qu'il y a de chiffres à la droite de la virgule introduite dans le nombre proposé et on a le logarithme de ce dernier (552).

Soit à trouver le logarithme de 40617 ; je sépare quatre chiffres sur sa gauche, et j'obtiens $4061,7$; j'ai donc

$$4062-4061=1, \qquad 4061,7-4061=0,7,$$
$$l.4062-l.4061=0,00011, \quad l.4061,7-l.4061=x,$$

et par suite la proportion

$$1:0,00011::0,7:x,$$

d'où l'on tire $x=0,000077$, ou bien, en supprimant la sixième décimale, $x=0,00008$; conséquemment

$$l.4061,7=l.4061+x=3,60863+0,00008=3,60871 ;$$

si j'omets maintenant la virgule dans le premier membre, ce qui revient à augmenter le second membre d'une unité, il vient

$$l.40617=4,60871.$$

568. 2ᵉ **CAS.** *Trouver le logarithme d'un nombre décimal.* On cherche le logarithme du nombre entier provenant de la suppression de la virgule, et on retranche ensuite autant d'unités qu'il y a de figures décimales dans le nombre proposé (552). Ainsi

$$1° \quad l.40,617=l.40617-3=4,60871-3=1,60871.$$
$$2° \quad l.0,01756=l.1756-5=3,24452-5=-1,75548.$$

Si l'on voulait, dans le second exemple, que la caractéristique fût seule négative, on remarquerait que

$$l.0,01756=3,24452-5=-2+0,24452=\overline{2},24452.$$

Quand le nombre décimal donné est *périodique*, il est plus exact de le mettre sous forme fractionnaire et d'opérer comme ci-dessous :

569. 3ᵉ **CAS.** *Trouver le logarithme d'une expression fractionnaire.* Il suffit pour cela de retrancher le logarithme du dénominateur de celui du numérateur (539). Voici deux exemples :

$$1^{\circ}\; l.23\frac{4}{7} = l.\frac{165}{7} = l.165 - l.7 = 2,21748 - 0,84510$$

$$= 1,37238.$$

$$2^{\circ}\; l.\frac{451}{1623} = l.451 - l.1623 = 2,65418 - 3,21032$$

$$= -0,55614.$$

Si la caractéristique de ce dernier logarithme devait être seule négative, on ferait usage de la règle suivante, dans laquelle on désigne sous le nom de *complément* d'un nombre le reste que l'on obtient en le retranchant de 10 : *le logarithme d'une fraction est égal au logarithme du numérateur, augmenté du complément du logarithme du dénominateur, moins dix unités.* En effet :

$$l\frac{y}{y'} = l.y - l.y' = l.y + 10 - l.y' - 10 = l.y + comp.\,l.y' - 10.$$

Cela posé, puisque *comp. l.* 1623 = 10 - 3,21032 = 6,78968, il vient

$$l.\frac{451}{1623} = l.451 + comp.\,l.\,1623 - 10$$

$$= 2,65418 + 6,78968 - 10 = -1 + 0,44386 = \overline{1},44386.$$

570. 2ᵉ **Problème.** *Trouver, au moyen des tables, le nombre qui correspond à un logarithme donné.* Il faut distinguer trois cas : celui où ce logarithme est positif; celui où il est négatif; celui enfin où sa caractéristique est négative et sa partie décimale positive.

571. 1ᵉʳ **Cas.** *Trouver le nombre qui correspond à un logarithme positif.* Supposons d'abord que la caractéristique du nombre donné soit égale à trois unités :

Si ce logarithme est exactement dans la table, on trouve à côté le nombre qui lui correspond.

S'il en est autrement, il est compris entre deux logarithmes consécutifs. Le nombre cherché, tombant entre les deux nombres entiers auxquels ces logarithmes appartiennent, est donc égal au plus petit de ces nombres joint à une fraction que l'on détermine, en calculant le quatrième terme de la proportion suivante (564) :

Si pour la différence des deux logarithmes consécutifs, il y a une unité de différence entre les nombres entiers correspondans, combien, pour la différence du plus petit de ces logarithmes à celui qui est donné, y aura-t-il de différence entre les nombres auxquels ils appartiennent ?

Si la caractéristique du logarithme donné n'est point trois unités, on la rend telle en l'augmentant ou en la diminuant d'un nombre d'unités convenable ; on trouve, comme on vient de le dire, le nombre qui correspond au logarithme ainsi préparé ; puis, on transporte la virgule d'autant de rangs vers la gauche ou vers la droite que l'on a ajouté ou retranché d'unités au logarithme primitif (552).

Soit à déterminer le nombre dont le logarithme est $4,60871$; je diminue d'abord la caractéristique d'une unité, ce qui donne $3,60871$; or, ce dernier tombe entre les logarithmes consécutifs $3,60863$ et $3,60874$ qui correspondent aux nombres 4601 et 4602 ; donc le nombre cherché est égal à 4601 joint à une fraction que je désigne par x ; actuellement, l'on a

$$l.\ 4062 - l.\ 4061 = 0,00011,$$
$$l.\ (4601 + x) - l.\ x = 3,60871 - 3,60863 = 0,00008,$$
$$4062 - 4061 = 1, \qquad (4601 + x) - 4061 = x,$$

et par conséquent

$$0,00011 : 1 :: 0,00008 : x ;$$

proportion d'où l'on tire

$$x = \frac{0,00008}{0,00011} = \frac{8}{11} = 0,7\ldots$$

Ainsi, $3,60871 = l.\ 4061,7$; augmentant le premier membre d'une unité et supprimant la virgule dans le second membre, il vient $4,60871 = l.\ 40617$, ce qui apprend que le nombre cherché est 40617, à une unité près.

572. 2ᵉ Cas. *Trouver le nombre qui correspond à un logarithme négatif.* On ajoute à ce logarithme autant d'unités plus quatre qu'il y en a dans sa caractéristique ; on obtient de la sorte un logarithme positif dont la caractéristique est trois ; on détermine le nombre qui lui correspond et l'on transporte ensuite la

virgule d'autant de rangs vers la gauche que l'on a ajouté d'unités au logarithme donné.

Soit, pour exemple, le logarithme négatif $-2,45679$; j'y ajoute $2+4$ ou 6 unités, ce qui donne $3,54321$; or, ce logarithme correspond au nombre 3493, à une unité près; donc le nombre cherché est $0,003493$, à un millionième près.

573. 3ᵉ Cas. *Trouver le nombre qui correspond à un logarithme dont la caractéristique est négative et la partie décimale positive.* On y ajoute autant d'unités plus trois qu'il y en a dans sa caractéristique; on a ainsi un logarithme positif dont la caractéristique est trois. On cherche le nombre auquel il appartient et l'on transporte la virgule d'autant de rangs vers la gauche que l'on a ajouté d'unités au logarithme proposé.

Soit le logarithme $\overline{2},35817$; j'y ajoute $2+3$ ou 5 unités et j'obtiens $3,35817$, logarithme qui correspond au nombre 2281, à une unité près. Donc le nombre cherché est $0,02281$, à un cent millième près.

V. Exercices.

574. PROBLÈME. *Déterminer par la méthode du nᵒ 554, les logarithmes des nombres* 13 *et* $\dfrac{2}{3}$ *dans le système dont la base est* 7.
Rép. 1° $1,31...$ 2° $-0,20...$

575. PROBLÈME. *Trouver par la règle du nᵒ 555, le nombre qui a pour logarithme* $1,375$ *dans le système dont la base est* 17.
Rép. $49,19....$

576. PROBLÈME. *Trouver, à l'aide des tables, le logarithme de* $3,215$ *dans le système dont la base est* $1,72$. Rép. $2,15335....$

577. PROBLÈME. *Trouver, à l'aide des tables, le logarithme décimal,* 1° *de* 16458; 2° *de* $0,0014567$; 3° *de* $2,535353....$; 4° *de* $257\dfrac{3}{11}$; 5° *de* $\dfrac{19}{31}$. Rép. 1° $4,21638$; 2° $-2,83663$ ou $\overline{3},16337$; 3° $0,40403$; 4° $2,41040$; 5° $-0,21261$ ou $\overline{1},78739$.

578. PROBLÈME. *Trouver, à l'aide des tables, le nombre qui*

correspond, $1°$ au logarithme décimal $4,26793$; $2°$ à $—2,57831$;
$3°$ à $\overline{3},46709$. Rép. $1°$ 18532; $2°$ $0,0026405$; $3°$ $0,0029315$.

⎯⎯•◦•⎯⎯

CHAPITRE VII.

APPLICATIONS DE LA THÉORIE DES LOGARITHMES.

I. *Usage des Logarithmes en Arithmétique.*

579. Multiplication. On prend la somme des logarithmes des nombres que l'on veut multiplier pour avoir le logarithme de leur produit (537); on cherche le nombre qui lui correspond : c'est le produit demandé.

Soit à effectuer le produit $342 \times 4627 \times 5429$; on a
$$l\,(342 \times 4627 \times 5429) = l.\,342 + l.4627 + l.\,5429.$$
$$= 2,53403 + 3,66530 + 3,73472 = 9,93405;$$
en suivant la règle du n° 570, on trouve que $9,93405$ est le logarithme de 8591200000; tel est donc le produit cherché à 100000 près.

Lorsque les facteurs sont plus petits que l'unité, il est plus simple d'opérer par complémens; voici un exemple :
$$l\left\{\frac{23}{152} \times \frac{171}{4673}\right\} = l\,\frac{23}{152} + l\,\frac{171}{4673}$$
$$= l.\,23 + comp.\,l.\,152 - 10 + l.\,171 + comp.\,l.\,4673 - 10$$
$$= 1,36173 + 7,81816 - 10 + 2,23300 + 6,33040 - 10$$
$$= \overline{3},74329;$$
ce dernier logarithme correspond au nombre $0,0055372\ldots$; on a donc le produit demandé à $0,0000001$ près.

580. Division. On retranche le logarithme du diviseur de celui du dividende pour avoir le logarithme du quotient (538); on trouve le nombre qui répond à ce dernier et on a le quotient demandé; si le dividende est moindre que le diviseur, il est plus expéditif de faire usage des complémens.

1er *Ex.* $l\,(352:45)=l.\,352-l.\,45=2,54654-1,65321$
$$=0,89333=l.\,7,8222....;$$

et de là $352:45=7,8222....$

2e *Ex.* $l\,(459:8642)=l.\,459+comp.\,l.\,8642-10=2,66181$
$+6,06339-10=\overline{2},72520=l.\,0,053112...$ et par suite
$459:8642=0,053112....$

581. FORMATION DES PUISSANCES. On multiplie le logarithme du nombre donné par l'exposant de la puissance que l'on veut calculer, afin d'obtenir le logarithme de cette puissance (540); on cherche ensuite à quel nombre ce logarithme appartient.

1er *Ex.* $l.\,3^{17}=17\,l.\,3=17\times0,47712=8,11104$
$$=l.\,129120000;$$

conséquemment $3^{17}=129120000$.

2e *Ex.* $l\left(\dfrac{35}{62}\right)^{7}=7\,l\,\dfrac{35}{62}=7\,(l.\,35+comp.\,l.\,62-10)$
$=7\,(1,54407+8,20761-10)=7\,(-1+0,75168)$
$=-7+5,26176=\overline{2},26176=l.\,0,018270...;$

d'où résulte $\left(\dfrac{35}{62}\right)^{7}=0,018270...;$

582. EXTRACTION DES RACINES. On divise le logarithme du nombre donné par l'indice de la racine que l'on veut extraire, pour déterminer le logarithme de cette racine (541); on cherche après cela le nombre qui lui correspond.

1er *Ex.* $l.\,\sqrt[5]{3627}=\dfrac{l.\,3627}{5}=\dfrac{3,55955}{5}=0,71191$
$$=l.\,5,1512......$$

donc $\sqrt[5]{3627}=5,1512......$

2e *Ex.* $l.\,\sqrt[7]{\dfrac{2}{3}}=\dfrac{1}{7}\,l\,\dfrac{2}{3}=\dfrac{l.\,2+comp.\,l.\,3-10}{7}$
$=\dfrac{0,30103+9,52288-10}{7}=\dfrac{9,82391-10}{7}=\dfrac{13,82391-14}{7}$
$=1,97484-2=\overline{1},97484=l.\,0,94372....;$

par conséquent $\sqrt[7]{\dfrac{2}{3}}=0,94372.....$

583. Soit à déterminer le 4e terme de la proportion
$$356 : 17 :: 2561 : x ;$$
en prenant les logarithmes, on aura (543) l'équi-différence
$$l\,356 . l\,17 : l\,2561 . l\,x ;$$
d'où l'on tire
$$l\,x = l.\,17 + l.\,2561 - l.\,356 = 1,23045 + 3,40841 - 2,55145$$
$$= 2,08741 = l.\,122,29.... ;$$
et par suite $x = 122,29.....$

584. Soit enfin à trouver une moyenne proportionnelle entre les nombres 9, 87 et 532 ; on aura (545)
$$l.\sqrt[3]{9 \times 87 \times 532} = \frac{l.\,9 + l.\,87 + l.\,532}{3}$$
$$= \frac{0,95424 + 1,93952 + 2,72591}{3} = 1,87322 = l.\,74,683.. ;$$
d'où l'on conclut que la moyenne cherchée est 74,683......

II. Résolution des équations exponentielles par la théorie
des logarithmes.

585. Soit d'abord à résoudre *l'équation exponentielle du premier ordre*
$$a^x = b$$
dans laquelle a et b désignent des quantités données ; si l'on prend les logarithmes des deux membres, il vient
$$x \log a = \log b \quad \text{d'où} \quad x = \frac{\log b}{\log a}.$$
Ainsi, de l'équation $7^x = 23$, on tire $x\,l.\,7 = l.\,23$, et de là
$$x = \frac{l.\,23}{l.\,7} = \frac{1,36173}{0,84510} = 1,6113......$$

586. Soit, en second lieu, à tirer la valeur de x dans *l'équation exponentielle du second ordre*
$$a^{b^x} = c ;$$
elle devient, en prenant les logarithmes et en regardant b^x comme l'exposant de a,
$$b^x \log a = \log c \quad \text{ou} \quad b^x = \frac{\log c}{\log a} ;$$

Si l'on prend de nouveau les logarithmes, on trouve, après avoir divisé par $log\, b$,

$$x = \frac{log\,.\,log\,c - log\,.\,log\,a}{log\, b}\,.$$

587. En traitant *l'équation exponentielle du troisième ordre*

$$a^{b^{c^x}} = d$$

comme les précédentes, on en déduit

$$x = \frac{log\,(log\,.\,log\,d - log\,.\,log\,a) - log\,.\,log\,b}{log\, c}\,;$$

celles des ordres suivans se résolvent également par le même procédé.

588. S'il s'agissait de résoudre une équation de la forme
$$a^{mx+n} = b^{px+q}\,;$$
on prendrait encore les logarithmes des deux membres et on aurait

$$(m\,x + n)\, log\, a = (p\,x + q)\, log\, b\,,$$
équation du premier degré en x, qui fournit

$$x = \frac{q\, log\, b - n\, log\, a}{m\, log\, a - p\, log\, b}\,.$$

589. Prenons, pour dernier exemple, l'équation
$$m\, a^x + n\, a_{-x} = k\,;$$
multipliant d'abord par a^x et observant que $a^x \times a^{-x} = a^0 = 1$, il vient

$$m\, (a^x)^2 + n = k\, a_x\,;$$
cette nouvelle équation est du second degré en tant que l'on considère a^x comme l'inconnue ; on en retire

$$a^x = \frac{k \pm \sqrt{k^2 - 4\, m\, n}}{2\, m}\,,$$

puis, en prenant les logarithmes et en divisant par $log\, a$,

$$x = \frac{log\,(k \pm \sqrt{k^2 - 4\, m\, n}) - log\, m - log\, 2}{log\, a}\,.$$

III. *Résolution des quatre derniers problèmes relatifs aux progressions par quotient.*

590. Problème vii. *Déterminer* a *et* n, *connaissant* l, r *et* s. Reprenons les deux formules du n° 510

$$l = a\,r^{n-1}, \qquad (a) \qquad s\,(r-1) = lr - a; \qquad (b)$$

nous tirerons d'abord de la seconde

$$a = lr - s\,(r-1);$$

prenant ensuite les logarithmes dans la première et transposant, nous aurons

$$\log a + (n-1)\log r = \log l,$$

d'où

$$n = 1 + \frac{\log l - \log a}{\log r} = 1 + \frac{\log l - \log (lr - sr + s)}{\log r}.$$

591. Problème viii. *Déterminer* l *et* n, *connaissant* a, r *et* s. L'équation (b) fournit immédiatement la valeur de l ; si on la substitue dans (a) et si l'on prend les logarithmes, on aura une nouvelle équation d'où l'on pourra tirer l'inconnue n ; on trouve ainsi :

$$l = \frac{sr - s + a}{r}, \qquad n = \frac{\log (sr - s + a) - \log a}{\log r}.$$

592. Problème ix. *Déterminer* n *et* r, *connaissant* a, l *et* s. On déduit de (b)

$$r = \frac{s-a}{s-l} \qquad \text{et par suite } \log r = \log (s-a) - \log (s-l);$$

changeant de place les membres de (a) et prenant les logarithmes, il vient,

$$\log a + (n-1)\log r = \log l$$

d'où

$$n = 1 + \frac{\log l - \log a}{\log r} = 1 + \frac{\log l - \log a}{\log (s-a) - \log (s-l)}.$$

593. Problème x. *Déterminer* n *et* s, *connaissant* a, l *et* r. On tire immédiatement de l'équation (b)

$$s = \frac{lr - a}{r - 1};$$

si ensuite on prend les logarithmes des deux membres de (a), on obtient

$$\log l = \log a + (n-1)\, \log r \quad \text{d'où} \quad n = 1 + \frac{\log l - \log a}{\log r}.$$

IV. *Questions d'intérêt.*

594. Rappelons d'abord en peu de mots les principales questions relatives à l'intérêt simple.

Si l'on désigne par t le *taux de l'intérêt* et par r *l'intérêt annuel d'un franc*, on a évidemment $t = 100\, r$ et $r = t : 100$. Ainsi, les quantités t et r peuvent se déduire l'une de l'autre par un calcul fort simple. Dans le cas de $t = 5$, par exemple, l'on a $r = 5 : 100 = 0{,}05$; réciproquement, de ce que $r = 0{,}05$, il suit que $t = 0{,}05 \times 100 = 5$.

Cela posé, soit i l'intérêt annuel d'une somme quelconque a, puisque 1 franc rapporte r, a francs rapporteront ar et l'on aura $i = ar$, d'où $a = i : r$ et $r = i : a$. De là résultent les règles connues pour déterminer 1° *l'intérêt annuel d'un capital placé à un taux donné;* 2° *le capital, quand on connaît ce qu'il rapporte annuellement et le taux de l'intérêt;* 3° *le taux, quand on connaît le capital et son rapport annuel.*

Passons à la *règle d'escompte.* Si l'on représente par a la valeur actuelle d'une somme A payable dans un an, l'escompte sera exprimé par A — a; or, l'intérêt annuel de a étant ar, cette somme au bout d'un an, vaut $a + ar = a(1+r)$, et par conséquent l'on a $a(1+r) = $ A; d'où l'on déduit

$$a = \frac{A}{1+r} \quad \text{et} \quad A - a = A - \frac{A}{1+r} = \frac{Ar}{1+r}.$$

Souvent, dans les opérations commerciales, on prend pour escompte le rapport annuel Ar de la somme A; c'est ce que l'on appelle *escompter en dehors;* on commet ainsi une erreur exprimée par

$$Ar - \frac{Ar}{1+r} = \frac{Ar^2}{1+r};$$

Lorsque l'on suppose $r = 0{,}05$, on trouve que cette erreur s'élève à A : 5oo, en sorte que l'escompte en dehors d'une somme de 5oo francs est trop forte d'un franc.

Si l'intérêt, au lieu d'être relatif à un an, l'était à un nombre de jours n, on observerait que l'intérêt journalier d'un franc est r : 365 et par conséquent il suffirait de remplacer dans les résultats précédens r par nr : 365.

595. Problème. *Déterminer la relation qui existe entre l'intérêt annuel d'un franc, une somme quelconque* a, *le nombre* n *des années pendant lesquelles cette somme est abandonnée à elle-même en intérêt composé et enfin la somme* A *qu'elle produit au bout de ce temps.* La somme a, rapportant ar, deviendra après un an $a + ar = a(1 + r)$; donc le produit d'une somme par $1 + r$ exprime ce qu'elle vaut au bout d'un an. Cela posé, la somme a, valant $a(1 + r)$ au bout de la première année, devient $a(1+r)$ $(1+r)$ ou $a(1+r)^2$ au bout de la deuxième année; $a(1+r)^2$ $(1+r)$ ou $a(1+r)^3$ au bout de la troisième; $a(1+r)^3(1+r)$ ou $a(1+r)^4$ au bout de la quatrième, etc., et en général $a(1+r)^n$ à l'expiration de la n^{me}; d'où il suit que la relation demandée est

$$A = a(1+r)^n,$$

ou, en prenant les logarithmes,

$$log\ A = log\ a + n\ log\ (1 + r). \qquad (c)$$

On peut donc déterminer l'une quelconque des quatre quantités A, a, n, r quand les trois autres sont données. De là résultent les solutions des quatre questions suivantes :

1° *Déterminer la somme* A *produite par une somme* a, *placée en intérêt composé, à raison de* r *pour un franc, pendant* n *années.* L'inconnue A est donnée par la formule (c). Supposons $a = 100$, $n = 10$, $r = 0,05$; il vient

$$log\ A = l.\ 100 + 10.l.\ 1,05 = 2 + 10 \times 0,02119$$
$$= 2,21190 = l.\ 162,89 :$$

et de là A = 162 fr., 89.

2° *Le rapport annuel d'un franc étant* r, *déterminer la valeur actuelle* a *d'une somme* A *payable dans* n *années.* On tire de la formule (c)

$$log\ a = log\ A - n\ log\ (1 + r).$$

Cette question constitue *la règle d'escompte composé*; l'escompte, comme pour l'intérêt simple, est exprimé par $A—a$.

3° *Déterminer le nombre des années* n *pendant lesquelles une somme* a *doit être placée en intérêt composé et à raison de* r *pour un franc, afin de produire une somme* A. On déduit de l'équation (c)

$$n = \frac{log\ A — log\ a}{log\ (1 + r)}.$$

Si l'on demandait le nombre d'années essentiel pour que la somme a devînt p fois plus grande, c'est-à-dire pour que l'on ait $A = pa$ ou $log\ A = log\ p + log\ a$; il suffirait de substituer cette valeur de $log\ A$ dans celle de n, ce qui donnerait

$$n = \frac{log\ p}{log\ (1 + r)}.$$

Si l'on suppose $p = 2$ et $r = 0,05$, il vient $n = 14$ ans 2 mois. Si l'on suppose encore $p = 1000000$ et $r = 0,05$, on trouve $n = 283$ ans 2 mois.

4° *Déterminer le taux auquel on doit placer une somme* a *en intérêt composé, pour qu'elle produise, au bout de* n *années, une somme* A. La formule (c) fournit

$$log\ (1 + r) = \frac{log\ A — log\ a}{n};$$

et celle-ci servira à calculer la valeur de $1 + r$ que je désigne par K; l'on aura alors $1 + r = K$ d'où $r = K — 1$ et $100\ r = 100\ (K — 1)$.

596. **Problème.** *Un négociant, qui doit* A *fr., veut se libérer en* n *paiemens égaux effectués à la fin de chaque année; quelle est la valeur de chaque paiement?* Soit a la valeur demandée; les paiemens a, faits à la fin de la 1re, 2e, 3e,.... n^{me} année, deviennent au bout de la n^{me} année $a(1 + r)^{n-1}$, $a(1 + r)^{n-2}$, $a(1 + r)^{n-3}$,...a; la somme A, à cette époque, vaut pareillement $A(1 + r)^{n}$; or, en vertu de l'énoncé, la somme des n premières expressions doit être égale à la dernière; donc

$$a(1 + r)^{n-1} + a(1 + r)^{n-2} + a(1 + r)^{n-3}...+ a = A(1 + r)^{n},$$

et, parce que les termes du premier membre constituent une progression par quotient ayant pour raison $1 + r$,

$$\frac{a\,(1+r)^n - a}{1+r-1} = A\,(1+r)^n \text{ ou } \frac{a}{r}\left[(1+r)^n - 1\right] = A\,(1+r)^n;$$

et de là

$$a = \frac{A\,r\,(1+r)^n}{(1+r)^n - 1},$$

ou, en prenant les logarithmes,

$$log\ a = log\ A + log\ r + n\ log\ (1+r) - log\left[(1+r)^n - 1\right].$$

Cette question peut être envisagée sous trois autres faces, en prenant successivement pour l'inconnue A, n ou r.

597. Le problème précédent pourrait s'énoncer ainsi : *une personne place* A *fr. en rente viagère; quelle est la valeur de cette rente dans l'hypothèse où elle a encore* n *années à vivre.* Dans les questions de ce genre, la difficulté est de déterminer n avec quelque exactitude; il existe à la vérité des tables qui font connaître le temps moyen qui reste à vivre lorsqu'on est parvenu à un certain âge; mais on sent qu'elles ne sont applicables qu'à une grande masse d'individus.

V. *Exercices.*

598. PROBLÈME. *Déterminer par la théorie des logarithmes :* 1° *le produit des nombres* 0,154, 3,25 *et* 0,1628; 2° *le quotient de* 32679 *divisé par* 958; 3° *la puissance* 17ᵐᵉ *de* 0,956; 4° *la racine* 13ᵐᵉ *de* 4692; 5° *le quatrième terme de la proportion* 256 : 42 :: 19 : x; 6° *la moyenne proportionnelle entre les cinq nombres* 3, 29, 363, 421 *et* 4729. Rép. 1° 0,08148..; 2° 3,4111..; 3° 0,46539...; 4° 1,9160...; 5° 3,1171....; 6° 14,444....

599. PROBLÈME. *Résoudre* 1° *l'équation* 43^x = 17; 2° *l'équation* 19^x = 325. Rép. 1° x = 0,753.......; 2° x = 1,964.........

600. PROBLÈME. *Tirer la valeur de x* 1° *dans l. l. x* = 0,54481; 2° *dans l. l. l x* = $\overline{2}$,67797. Rép. 1° x = 3206,2...; 2° x = 13,06...

601. PROBLÈME. *Escompter, à raison de* 7 *pour* 100, *un billet de* 1000 *fr. payable dans* 15 *ans.* Rép. *L'escompte demandé est* 637 *fr.* 50.

602. PROBLÈME. *Un particulier place* 1000 *fr. au commence-*

ment de chaque année à 5 pour 100 ; on demande après combien de temps, il aura 1000 *fr.* de rente? Rép. 13 *ans* 9 *mois.*

603. Problème. *On suppose que la population croît annuellement en progression par quotient et l'on demande après combien de temps un pays aura* c *habitans, sachant qu'il en possède actuellement* b *et qu'il en possédait* a *il y a* n *années.* Rép.

$$x = \frac{n.(\log c - \log b)}{\log b - \log a}.$$

604. Problème. *Un particulier a un tonneau de* a *litres de vin ; il en tire chaque jour un litre qu'il remplace par un litre d'eau ; on demande après combien de jours le tonneau ne contiendra plus que* b *litres de vin.* Rép.

$$x = \frac{\log a - \log b}{\log a - \log (a-1)}.$$

605. Problème. *Deux vases renferment le premier* a *litres de vin et le second* a *litres d'eau ; on a deux mesures d'un litre chacune, que l'on plonge en même temps dans l'un et dans l'autre pour les remplir ; après quoi l'on verse dans chaque vase le liquide extrait de l'autre ; combien faudra-t-il d'opérations de ce genre pour que le premier vase renferme* a : m *litres d'eau.* Rép.

$$x = \frac{\log m - \log (m-2)}{\log a - \log (a-2)}.$$

FIN DU TROISIÈME ET DU DERNIER LIVRE.

TABLE DES MATIÈRES.

LIVRE Ier.

CHAPITRE Ier.

Notions préliminaires.

CHAPITRE II.

Addition et Soustraction Algébriques.

CHAPITRE III.

Multiplication Algébrique.

CHAPITRE IV.

Division Algébrique.

LIVRE II.

CHAPITRE 1er.

Notions préliminaires.

CHAPITRE II.

Equations et problèmes du premier degré à une seule inconnue.

CHAPITRE III.

Équations et problèmes du premier degré à plusieurs inconnues.

CHAPITRE IV.

Discussion des problèmes

CHAPITRE V.

Discussion générale des équations du premier degré

CHAPITRE VI.

Équations et problèmes du second degré à une seule inconnue.

CHAPITRE VII.

Discussion des équations et des problèmes du second degré.

CHAPITRE VIII.

Résolution de quelques équations de degré supérieur au second.

LIVRE III.

CHAPITRE Ier.

Rapports et proportions par différence.

CHAPITRE II.

Rapports et proportions par quotient.

CHAPITRE III.

Progressions par différence.

CHAPITRE IV.

Progressions par quotient.

CHAPITRE V.

Théorie des logarithmes.

CHAPITRE VI.

Construction et usage des tables de logarithmes.

CHAPITRE VII.

Applications de la théorie des logarithmes.

FIN DE LA TABLE.